中国传统文化与品牌传播

——中国新闻史学会博物馆与史志传播专业委员会2023年会论文集

郭　鹏　主　编
宋红梅　徐　苒　副主编

中国纺织出版社有限公司

内 容 提 要

本书以“中国传统文化与品牌传播”为主题，围绕文化复兴、民族品牌、广告学专业建设等方面，择优选取了30多位作者的学术论文结集成册，从学理角度深入探讨如何在新时代背景下打造大国品牌，传承中国传统文化的命题，为实现对中国传统文化的创造性转化与创新性发展贡献学界力量。

本书适合从事品牌传播等相关工作的人员阅读。

图书在版编目（CIP）数据

中国传统文化与品牌传播：中国新闻史学会博物馆与史志传播专业委员会2023年会论文集 / 郭鹏主编；宋红梅，徐苒副主编．-- 北京：中国纺织出版社有限公司，2024. 9. -- ISBN 978-7-5229-2062-7

Ⅰ. G125-53

中国国家版本馆CIP数据核字第2024GG2440号

责任编辑：范雨昕　由笑颖　　责任校对：高　涵
责任印制：王艳丽

中国纺织出版社有限公司出版发行
地址：北京市朝阳区百子湾东里A407号楼　邮政编码：100124
销售电话：010—67004422　传真：010—87155801
http：//www. c-textilep. com
中国纺织出版社天猫旗舰店
官方微博 http：//weibo. com/2119887771
北京虎彩文化传播有限公司印刷　各地新华书店经销
2024年9月第1版第1次印刷
开本：787×1092　1/16　印张：11. 5
字数：252千字　定价：128. 00元

《中国传统文化与品牌传播——中国新闻史学会博物馆与史志传播专业委员会2023年会论文集》编委会

前　言

习近平总书记在党的二十大报告中明确指出“传承中华优秀传统文化”。这一论断深刻阐明了我们党对待中华优秀传统文化的立场，集中体现了当代中国共产党人的鲜明文化观，指明了永葆中华文化生机活力的必由之路。对于学界来说，传承中华优秀传统文化也是我们义不容辞的责任。

借助数字技术与国潮兴起的浪潮，激荡品牌传播的新构思，探索品牌文化的新路径，中国新闻史学会博物馆与史志传播专业委员会联合山东建筑大学，于2023年12月8~10日在山东建筑大学围绕“中国传统文化与品牌传播”主题举办了学术交流活动。本届论坛聚焦中国传统文化与品牌传播，从文化复兴、民族品牌、广告学专业建设等角度探讨了如何在新时代背景下打造大国品牌，传承中华优秀传统文化的命题，实现对中华优秀传统文化的创造性转化与创新性发展，这对增强中国文化自信心和民族凝聚力具有重大意义。

在论坛准备前期，我们面向开设相关专业的科研机构、博物馆等进行了论文的征集工作，此次论坛的主题是“中国传统文化与品牌传播”。围绕该主题，并结合相关领域，论坛对以下具体议题展开了征稿：博物馆传播与传统文化复兴、乡村振兴与文旅传播、文化复兴与品牌传播、和平发展与品牌传播、齐鲁文化与数字营销、广告学专业建设与持续发展。

本次征稿比较顺利，多所大学的教师与硕士、博士研究生踊跃投稿，共收到了120多篇学术论文，会务组经过认真评选，选出了23篇文章，并结集成册作为本次学术活动的成果。基于此，我们希望为中国传统文化与品牌传播提供一些理论上的探索和借鉴。上述论文从不同的角度、用多元的研究方法来分析上述主题。从论文来看，论文作者立场不同，观点各异，在撰写过程中难免存在一些问题。编者忠实保留了各位创作者的内容，只进行了文字上的勘误，从而最大限度地呈现各位作者对研究内容的深入思考。本论文集由山东建筑大学郭鹏担任主编，由中国传媒大学宋红梅、山东建筑大学徐苒担任副主编。

感谢各位论文作者的积极投稿，感谢各位师生积极参加此次论坛活动，并贡献了较高价值的认知和思考。感谢山东建筑大学艺术学院及其广告学专业师生在此次活动中的付出。感谢组委会人员的辛勤付出。

编者

2024年5月

目　录

品牌理论与实践篇

对品牌资产概念的反思与澄清
——基于品牌营销传播策略视角
…… 徐卫华（2）

"三转一响"的时代传承与品牌传播
——以山东品牌为例
…… 张维杰　刘效东　魏　红（9）

成为全球民俗：文化母体视角下中国品牌国际传播思考
…… 刘佳佳（17）

新文科背景下地方理工类高校的广告学专业转型升级路径探索
——以山东理工大学为例
…… 郭晓丽　刘博仁　付于冰倩（24）

"大广赛"的坐标：教学本体与教学方法的交叉
…… 由磊明　郭　鹏（34）

基于线下门店的中国品牌海外传播媒介研究
——以蜜雪冰城为例
…… 焦　玥（39）

品牌传播视域下中华优秀传统文化的创新发展：现状洞察与路径突破
…… 牛　昆（44）

红色文旅与数字传播篇

品牌叙事理论视角下"三农"短视频对乡村品牌的建构研究
——以抖音平台为例
…… 梁　辰（52）

基于心流理论的山东省红色文化旅游品牌建设对策研究
——以济南市为例
…… 李梦琪　赖祯黎（59）

我国“非遗+奢侈”品牌的社媒营销策略
——基于品牌端木良锦的研究
…… 张媛媛（69）

智媒背景下乡村旅游品牌传播研究
——以青岛崂山村落为例
…… 刘铭羽（76）

比较视域下博物馆盈利模式的国际经验及启示
…… 宫月晴　董　晨（82）

博物馆数字化传播与地方文化形象构建的传播模式创新研究
…… 刘玉芝（90）

文旅融合背景下挖掘乡村红色基因，打造红色文旅品牌路径探索
——以常熟市芦荡村为例
…… 高佳佳（94）

乡村振兴背景下文化赋能乡村的品牌构建与推广
——以峪见·非遗项目为例
…… 王乐萱（105）

博物馆文化与传播篇

寓传于器（物）与符号再造
——基于器物文明的品牌传播
…… 韩志强　王晨帆（112）

从弘扬优秀传统文化的角度认识博物馆的媒体属性
…… 柯　宁（124）

融媒体时代齐鲁文化传播的有效路径探析
——基于社会主义核心价值观视角
…… 高方方（130）

具身认知理论视野下博物馆美育数字化路径
…… 房倩格（138）

博物馆文化的游戏化传播路径研究
…… 许甜甜　姒晓霞（145）

基于 SWOT 分析的博物馆文化创意产品营销策略研究

…………………………………………………………………… 李羿贤（150）

中国文化类综艺节目海外文化认同塑造与对策研究

——以《国家宝藏》YouTube 传播为例

…………………………………………………………………… 范家萁（158）

被书写的记忆：论工业遗址的空间再构

——以重庆"鹅岭二厂"为例

…………………………………………………………… 邓颀杭　徐仲博（168）

品牌理论与实践篇

对品牌资产概念的反思与澄清

——基于品牌营销传播策略视角

徐卫华

摘　要： 四十多年来，品牌资产概念的定义可谓繁多，并长期受到了品牌价值概念的干扰。学者们搭建了普适性的解释框架，力图包容所有的相关研究成果，却并未能推动品牌资产概念共识的形成。与品牌价值服务于企业收购与兼并不同，品牌资产概念提出的动因，是要服务于品牌营销传播实践，为企业提供策略性的支持。从策略角度来看，凯文·凯勒对于品牌资产的经典定义——“消费者基于自身的品牌知识而对品牌营销活动所作的差异化反应”，其实可以提出三个关键要素：差异化反应作为品牌资产的指向、差异化反应源于消费者的品牌知识、用口语报道捕捉消费者的品牌知识。因此，品牌资产可以操作性地定义为大众关于品牌的口语报道。

关键词： 品牌资产；品牌价值；口语报道

尽管品牌的起源被认为可以追溯到中国史前、古希腊、古罗马等文明古国的陶器刻画符号，但现代意义的品牌管理实践，始于宝洁公司尼尔·麦克罗伊（Neil McElroy）提出和建立的品牌经理制和品牌管理系统。至于战略性品牌管理理论，则源于 20 世纪 80 年代品牌资产（brand equity）概念的提出。

此后的四十多年来，品牌资产作为学术概念，一直风靡于全球的广告营销学界，成为炙手可热的研究课题。以中文文献为例，根据中国知网的检索，截至 2023 年 8 月 20 日，标题中出现“品牌资产”（包括品牌权益、品牌价值）的文献多达 17023 篇，在标题中出现“品牌”一词的所有文献中，占比超过 5%。单从数量而论，品牌资产研究可以说取得了丰硕的成果。

令人遗憾的是，品牌资产研究却在某种程度上忘记了“初心”。纷繁复杂的观点及模型，不仅没有廓清对品牌资产概念的理解，反而“雾里看花”，如同“瞎子摸象”。更为重要的是，“品牌资产”常常被等同于“品牌价值”，造成了概念的混淆和实践的混乱。

基于此，有必要反思现有的品牌资产概念，澄清品牌资产概念背后的策略性动机，从营销传播策略的视角，更具操作性地重新定义品牌资产，从而有效地指导品牌营销传播实践。

一、品牌资产概念的理解及脉络

四十年来，对于品牌资产概念的定义可谓繁多，如支流众多的河流，令人顿生无从涉足之感。

虽然学者们同样使用品牌资产概念，但对这一概念的理解其实并不相同。美国明尼苏达州大学威廉·威尔斯（William Wells）教授曾尖锐地指出：对品牌资产的研究“好像是瞎子摸象，不同的人出于不同的目的和受个人背景的限制，赋予品牌其不同的含义，给出了不同的评价方法”。

为此，有学者搭建起具有普适性的解释框架，试图包容已有的品牌研究成果。其中，最具代表性的观点有以下三种。

1. 卢泰宏：品牌资产概念模型

中山大学卢泰宏教授用概念模型，对品牌资产概念进行了系统的回顾，将各种品牌资产定义归为以下三类。

一是财务会计概念模型。该模型主要着眼于对公司品牌提供一个可以衡量的价值指标。它认为，品牌资产本质上是一种无形资产，因此必须为这种无形资产提供一个财务价值；一个强势品牌是非常有价值的，应该被视为具有巨大价值的可交易资产。

二是基于市场的概念模型。该模型将品牌资产理解为“品牌力”，即品牌在市场上的成长和扩张能力。与财务会计模型着眼于品牌短期利益不同，该模型是顺应品牌的不断扩张和成长而提出的，其中心转移到品牌的长远发展潜力。

三是基于消费者的概念模型。该模型认为，如果品牌对消费者而言没有任何意义（价值），那么它对于投资者、生产商或零售商也就没有任何意义了。因此品牌资产的核心便成为如何为消费者建立品牌的内涵。

2. 奥利弗·罗：品牌资产的二元模型

荷兰马斯特里赫特大学的奥利弗·罗（Oliver Loh）则用二元模型来解释各种不同的品牌资产评估模型及维度之间的内在关联（图1）。

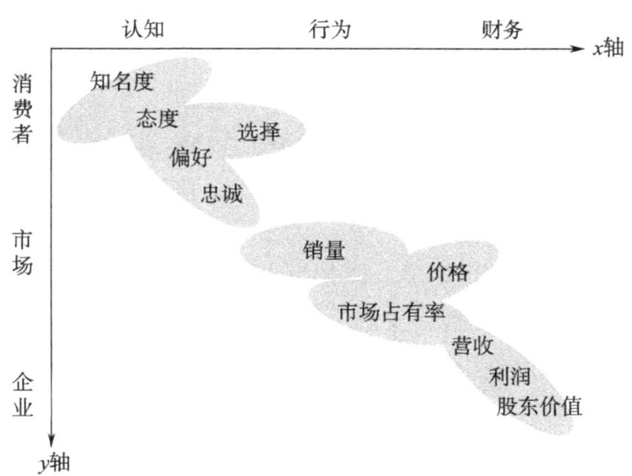

图1　品牌资产各种维度之间的关系

该模型的 y 轴表示品牌资产概念所关注的对象，包括三种类型，即企业、市场、消费者。

（1）品牌资产出现的时代背景，是品牌作为一种无形资产所具有的价值，在风起云涌的企业并购中得到初步的确认，因此，企业是品牌资产概念最早指向的对象。

（2）学者们逐渐认识到，企业的各项指标并不能直接替代品牌市场表现，因此市场逐渐成为品牌资产所关注的对象。

（3）学者们进一步发现，品牌市场表现只是“因果链条”的中间环节，而消费者认知才是品牌资产的根本性动因。

可见，品牌资产概念关注的对象，从企业到市场、再到消费者，是品牌资产研究不断深入的结果。

该模型的 x 轴梳理了品牌资产概念所测量的维度类型。各种品牌资产评估模型纷繁复杂，但它们的概念维度却可以被“认知—行为—财务连续体”（the perception-behavior-finance continuum）囊括为以下内容。

（1）认知、偏好、态度，基本上属于认知维度。

（2）选择、销量、市场占有率，则与行为变量有关。

（3）价格、营收、利润、股东价值，显然是财务指标。

这个“认知—行为—财务连续体”存在着连锁效应（a chain of effect），即“认知”带来“行动”，“行动”导致“财务”结果（图 2）。“认知”一端的维度，是“财务”一端的各种维度的“前因变量”（antecedents）。概言之，“认知”作为“行动”和“财务”的根本原因，是品牌资产的“源头”。

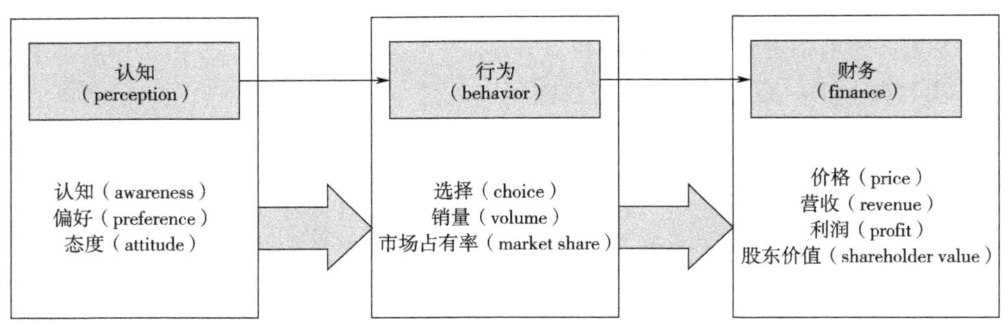

图 2　品牌资产三类维度之间的连锁效应

3. 凯勒：品牌价值链理论

凯勒等则以“品牌价值”为主线，提出了“品牌价值链”（brand value chain）理论：品牌价值根源于企业，即品牌价值创造过程始于企业投资于某项营销活动；该活动影响顾客的认知，从而在市场上形成品牌业绩；品牌业绩被投资团体注意，而达成股东总体价值评估（图 3）。

尽管这些普适性的解释框架包容了纷繁复杂的品牌资产定义及模型，但却并未实质性地推动品牌资产概念共识的形成。

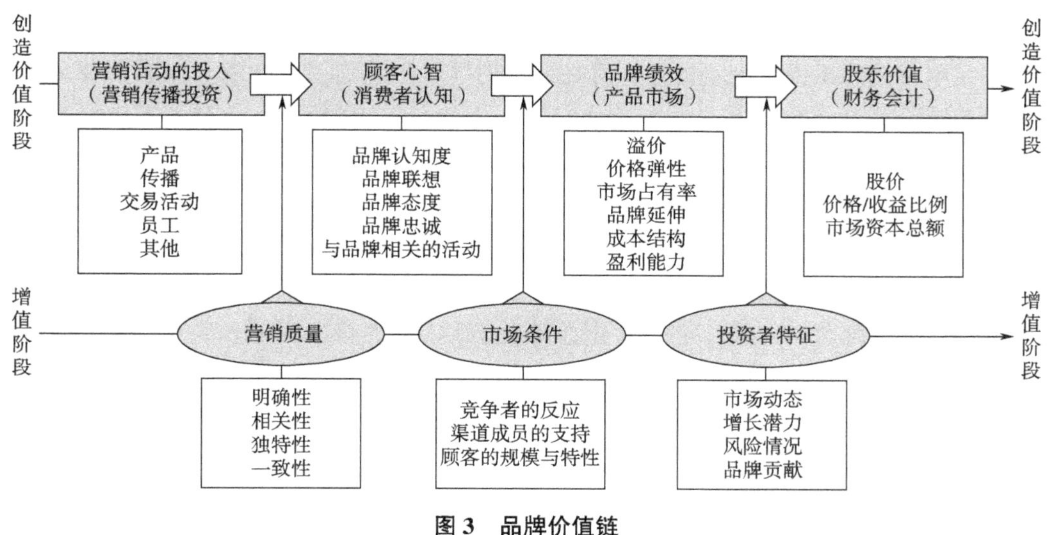

图 3　品牌价值链

二、品牌资产概念的策略性动机

妨碍品牌资产概念达成共识的，很大程度上是因为品牌价值概念的干扰。只有梳理这两个概念的关联，同时揭示两者背后的动机，才能还原品牌资产概念的真相。

1. 品牌资产与品牌价值的纠缠

客观地说，“品牌资产”概念的提出，受到了“品牌价值”概念的启发和推动。印第安纳大学伯明顿分校克里斯南（Krishnan H. S.）教授明确地指出，“对品牌资产的关注最早来自品牌价值（brand value）”。

20 世纪 80 年代，伴随着大规模的企业兼并和收购浪潮涌现，品牌作为无形资产所具有的价值得到了初步的确认。如 1985 年，瑞基特 & 戈尔曼 · 艾瑞维奇（Reckitt & Colman Airwich）公司兼并工业（Industries）品牌，为继续使用品牌名，多付出 1.25 亿英镑；1988 年雀巢（Nestle）花费了 26 亿英镑收购了账面价值只有 3 亿英镑的雅各布斯 · 祖哈德（Jacobs Suchard）公司［拥有妙卡（Milka）、莱拉 · 帕斯（Lila Pause）和托布勒龙（Toblerone）品牌］。

正是在这种背景下，品牌资产概念才应运而生；也正是这个历史原因，品牌资产与品牌价值两个概念，始终纠缠在一起，“剪不断理还乱”。时至今日，在不少文献中，品牌资产和品牌价值经常被混用，给品牌资产研究蒙上了一层阴影。

2. 品牌资产对策略和效率的追求

事实上，品牌资产和品牌价值既相互联系，又互相区别。前文中所引的三位学者，都注意到了它们的内在关联：两个概念是同一条链条的两端，品牌资产偏向于投入（input）一端，是“因”；而品牌价值则偏向于产出（outcome）的一端，是“果”。厦门大学黄合水教授指出，“品牌资产是品牌价值的基础，品牌价值是品牌资产的货币表达形式”。

至于两者的区别，则必须回到它们所暗含的目标：品牌价值概念用来支持企业收购和兼并等经营活动，因此只关注企业各项数据指标等结果；而品牌资产的提出，本意上是要为品牌营销传播提供策略指导。凯文·凯勒早就注意到了品牌资产概念的背后潜藏着企业营销传播策略的动机（strategy-based motivation）。在他看来，品牌资产概念的真正目标，是优化目标市场和产品定位的战略决策，改善特定营销组合的战术选择，从根本上提高营销效率（marketing productivity）。

可见，与品牌价值有根本性的不同，品牌资产概念之所以提出，是要服务于品牌营销传播实践，为企业提供策略性的支持；究竟应该如何开展品牌营销传播，尤其是如何高效率地开展品牌营销传播，是品牌资产概念应该回答的核心问题。换句话说，与品牌价值只在乎“What（result）”不同，品牌资产关注的是“Ho（to do）”这个实践问题。

3. 品牌资产研究背离了其核心目标

吊诡的是，尽管凯文·凯勒在其著名的《概念化、测量与管理基于顾客的品牌资产》一文中表示，要“支持那些对于策略视角的品牌资产感兴趣的经理们和研究者们”，但是他先后提出的“品牌联想模型”（1993）和“品牌整合模型”（2003）都是结果（outcome）导向的理论模型，无法应用于品牌营销传播实践，无法提供策略支持。

众所周知，四十多年来，各种品牌价值评估模型不断被提出。其中，最为知名的当属国际品牌集团（Interbrand）、金融世界杂志（*Financial World*），他们持续数十年发布全球品牌价值年度报告，在全球产生了重大的影响。在品牌价值评估的影响下，品牌资产研究也着迷于搭建越来越复杂的评估体系，满足于逻辑自洽却漠视实践需求的理论模型，背离了服务于营销传播策略、提高营销传播效能这个核心目标。

凯文·凯勒曾感叹：“品牌资产是 20 世纪 80 年代出现的最流行和最有潜在价值的营销概念之一。然而，品牌资产概念的出现，对于营销人员来说可能既有利也有弊。有利的一面在于：品牌资产提升了品牌在营销策略中的重要性，同时为管理和研究活动提供了重心。不利的一面在于：品牌资产概念因为不同的目的而有各种不同的定义，从而导致混乱和概念上的混淆。到目前为止，还没有就如何对品牌资产进行概念化和评估形成一致的观点。”

品牌资产概念上的混淆固然让营销人员迷惑，而品牌资产研究背离其核心目标、忽视品牌营销传播策略的取向则让营销人员无所适从。

三、品牌资产作为营销传播资产

那么，品牌资产研究究竟应该如何回应自己的核心目标，为品牌营销传播提供策略支持呢？不妨从凯文·凯勒的定义入手，抓住品牌资产概念的三个关键。

1. 差异化反应作为品牌资产的指向

凯文·凯勒在提出“基于顾客的品牌资产”概念模型（customer-based brand equity，CBBE）的同时，对品牌资产作出过一个言简意赅的定义，即“品牌资产可以界定为消费者基于自身的品牌知识，而对品牌营销活动所作的差异化反应”。可见，从概念内核而言，“差异化反应”是品牌资产的根本性指向。

实际上，品牌资产所指向的“差异化反应”可以细分为三种类型，它们分别对应于品牌资产的三大功能，即留存功能、降低功能和提高功能（图4）。

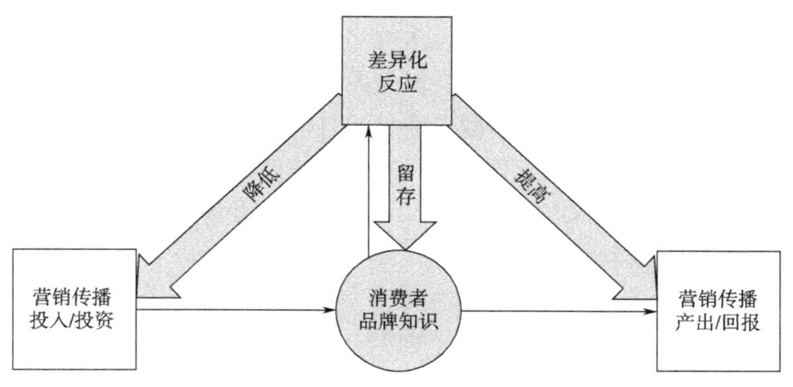

图4　品牌资产的三大功能

功能1：留存反应。“差异化反应”可以储存下来，持续地影响企业未来的营销传播活动。正是这种功能的发现，企业开始建立一种“长期主义”的品牌理念。

功能2：降低投入。既然“差异化反应”可以留存，那么企业营销传播投入（input）不再只是“支出”（expenditure），而是“投资”（investment），可以降低企业未来的投入。

功能3：提高产出。留存下来的“差异化反应”，不仅可以降低未来的投入，还可以进一步强化消费者的“差异化反应”，提高企业营销传播产出（output）。

2. 差异化反应源于消费者的品牌知识

实际上，凯文·凯勒在上述对品牌资产的定义中，第一次提出了“品牌知识”（brand knowledge），并将消费者的“差异化反应”归结为消费者的品牌知识。

在凯勒看来，品牌知识对于企业的营销策略具有重要的意义——“企业在提高营销效率方面最有价值的资产，也许就是该企业之前营销活动的投资，在消费者心智中创建的品牌知识”。因此，他进而提出，“品牌知识是创造品牌资产的关键”，“营销者必须找到一种能使品牌知识留在顾客记忆中的方法”。

也就是说，从策略的角度而言，品牌营销传播的本质上就是在消费者心智中创建品牌知识，并让这些品牌知识留存于消费者的记忆之中。

3. 用口语报道捕捉消费者的品牌知识

于伟在其博士学位论文中，曾系统地梳理过品牌知识测量方法，认为较为经典的测量方法主要包括自由联想测试、隐喻引发法、心智地图法等。这些不尽相同的测量都有一个共同的特点，即总体上依赖于被试的自我报告。

虽然研究者们对自我报告心存疑虑，认为“认知加工受到多方面的影响而改变”，因此“进行报告的行为”本身会改变认知，同时“认知加工也会在有意识加工之外发生”，但自我报告始终作为认知心理学研究的重要方法，通过被试的日记、回忆、口语记录等形式来收集研究数据，被许多品牌知识研究所广泛采用。

换言之，从品牌营销策略的角度来说，消费者的自我报告，也是建立消费者品牌知识的重要手段。只不过，为了确保报告不因为意识加工而改变，这里所说的自我报告，应该是消费者的口语报道：不需要他们概况或总结，而只要他们不思而得的“原话”；不需要他们使用书面语言，而只要随口说出的“俗话说”。

如此说来，品牌资产的操作性定义，就是大众关于品牌的口语报道。一切品牌营销传播活动，其实就是设计不思而得、脱口而出的口语报道；这些口语报道可以作为消费者的品牌知识，带来其自身的差异化反应，并通过他们的口碑传播影响身边的大众，带来更大范围的差异化反应。最终，品牌资产不仅沉淀在消费者的记忆之中，而且活跃在大众的口耳相传之中，推动消费者“买我产品，传我美名”。

作者简介：徐卫华，浙江传媒学院广告学专业负责人、副教授。

“三转一响”的时代传承与品牌传播

——以山东品牌为例

张维杰　刘效东　魏　红

摘　要：“三转一响”以婚嫁陪嫁物品为主题，全方位诠释了特定时代党的英明领导、社会主义优越性和人民生活逐步提高的全过程。“三转一响”的载体是自行车、缝纫机、钟表、收音机，是中华人民共和国成立以来有关民生领域的轻工业和电子工业中的品牌。“好品山东”的称谓就包含着轻工业和电子工业的重要份额。本文对在中华人民共和国成立这个时段山东省有关“三转一响”领域中的品牌进行梳理，结合“三转一响”博物馆在展陈传播中的点滴做法，寻找对“时代传承与品牌传播”的有效途径。

关键词：“三转一响”；时代；山东；品牌

一、“三转一响”是一个时代的文化传承

（一）婚嫁与嫁妆逐梦“三转一响”

婚姻在中国古代被认为“将合二姓之好，上以事宗庙，而下以继后世”的头等大事，中国婚俗文化是中国文化的重要组成部分。中华人民共和国的婚姻结束了传统的“父母之命，媒妁之言”的习俗，但在婚姻礼仪上还有旧体制带来的痕迹，以陪嫁物品为总称的“嫁妆”依然延续至今，且嫁妆的发展演变也镌刻着时代的印记。

中华人民共和国成立这个阶段的“嫁妆”以“三转一响”著称，且成为新婚夫妇筹办婚礼置办嫁妆的梦想，也是全社会追逐的梦想，有着众多的故事演绎，成为一个时代的记忆符号。它记录着这个时段有关民生工业的发展状况，反映了人民生活逐步提高的全过程；是近三代人家庭发展、个人成长进步等乡愁记忆的主要载体；是中国以婚嫁为素材、没有行业之分、囊括华夏大地全民共同经历的一个时代符号；也是人类发展史上空前绝后的特殊案例遗存。区别于其他工业遗产，“三转一响”给予的是多方面、立体的多维画面。它是在党的领导下中国工业体系发展的化石，是人民生活体现社会主义优越性的载体，是每个过来人成长记忆的源头。

（二）“三转一响”博物馆

“三转一响”博物馆是自 2017 年个人公益举办的“全国唯一一家以多类器物展示时代主题的综合性特色民间博物馆”。以中国特定时期的婚俗为统领，集器物展陈、品牌

荟萃、社会发展、故事抢救征集、史志传播于一体，以印记国家工业发展之步履、展现中国民生进步之辉煌、彰显社会主义制度之优越为宗旨。几年来已成为居民回忆乡愁的好去处，社会团体进行党建教育和主题党日活动的目的地、实施爱国主义教育的主阵地。

二、“三转一响”时代的山东品牌

以婚嫁为主题的“三转一响”及其物品为“时代传承与品牌传播”创造了丰厚的故事述说，至今让许多过来人魂牵梦绕，构成了一个系统主题——“三转一响”时代的山东品牌。

中华人民共和国成立后，在党的领导下，自行车、缝纫机、手表等日用机械产品在产业职工自力更生、奋发图强下，一切以“满足人们日益增长的物质文化需要”为目标，走出了一条从无到有、创新创业之路，打造了令人瞩目的“山东品牌”，为“好品山东”奠定了良好的技术平台，为改革开放后的山东工业发展做出了人才和智力积累，中华人民共和国成立后到改革开放初期“三转一响”生产能力见表1。

表1　中华人民共和国成立后到改革开放初期“三转一响”生产能力表

品名	单位	1949年	1957年	1965年	1975年	1981年	1985年
自行车	万辆	—	5.24	14.77	38.32	116.3	223.34
缝纫机	万架	—	0.67	3.05	13.43	45.9	48.62
钟	万只	0.36	22.83	30.3	100.86	256.73	324.87
表	万只	—	—	0.85	22.42	153.37	351.28
收音机	万台	—	—	0.105	46.88	210.44	21.4
扩音机	万台	—	—	—	0.1729	0.0200	0.5011
电唱机	万台	—	—	—	0.0883	5.4001	2.5820
电视机	万台	—	—	—	0.0883	13.029	41.606
录音机	万台	—	—	—	—	2.6335	34.3797

（一）山东自行车

山东自行车产业始于1915年，青岛商人曹海泉在青岛开设同泰车行，进行自行车的贩卖、修理和部分零部件的制造。1929年开始组装“铁锚”牌自行车，成为中国最早、当时组装自行车行业中规模最大的企业之一。

1949年6月，青岛解放后，自行车业逐步恢复生产。1952年，青岛自行车制造业两个联营社成立，恢复自行车整车生产。“一五”期间，上海地区、天津地区、沈阳地区、广州地区、青岛地区成为全国自行车行业的主导力量。沈阳的“白山”、天津的“飞鸽”、上海的“永久”、青岛的“国防”成为全国的四大自行车名牌，“国防”牌是独一的以德系技术为主的“大飞轮”自行车。继“国防”之后，青岛自行车厂生产的“大金鹿”自行车，成为计划经济中人们对自行车的首选，一度号称“不吃草的小毛驴”。

之后，始于1956年的烟台自行车厂生产的“飞碟”牌、始于1970年的鲁南自行车厂生产的“泰山”牌、1971年更名为张店自行车厂生产的“千里马”牌、1974年成立的济南自行车厂生产的“白鹤”牌，还有军转民的国防工业山东自行车厂生产的“白象”牌等，成就了山东自行车产业的辉煌。

（二）山东缝纫机

1952年10月，青岛市13家修理和贩卖缝纫机的厂、店组成了缝纫机生产联营社，取名为“青岛联华缝纫机厂”，使用“鹰轮”牌商标装配缝纫机整机，揭开了山东省缝纫机生产历史的新篇章。青岛成为中华人民共和国继上海、广州之后的第三个缝纫机整机生产基地。20世纪80年代，该企业成为山东省缝纫机生产规模最大的企业之一，也是全国重点企业之一，产品于1985年荣获轻工业部优质产品称号。继“鹰轮”牌之后，于20世纪60年代生产的“工农”牌，既是一段政治历史的追忆，又是百姓购买使用的家庭发展史。

在山东缝纫机发展的历程中，1966年4月，由青岛缝纫机针厂生产的“旗鱼”牌缝纫机针，首次进入国际市场，也成为该行业领域的山东骄傲。

1979年，烟台缝纫机厂生产的“百灵”牌缝纫机，在全国北方六省二市缝纫机质量评比第一名。20世纪80年代后，以性能优良、操作方便、造型新颖的JB型缝纫机深受用户欢迎，在山东形成了该机型的生产集散地。1981年，潍坊缝纫机厂“金马”牌JB7-3型缝纫机获全国缝纫机监测站A级产品证书；1982年，济南缝纫机厂生产的“梅花”牌JB1-3型缝纫机，全国鉴定为C级产品；1985年，鲁南缝纫机厂生产的“玫瑰”牌JB1-3型缝纫机获山东省一轻厅优良产品证书，1982年全国鉴定为C级产品。这些品牌，为山东缝纫机生产注入新的活力。1982年，山东缝纫机生产量位居全国第四，成为山东缝纫机行业的鼎盛时期。

山东缝纫机工业是中华人民共和国成立后的新兴工业，配套体系相对完整，发展速度较快，社会经济效益较高，以品种齐全、价格低廉、质量稳定、操作方便等著称于全国，亦是时代传承的好故事、品牌传播的好素材。

（三）山东钟表

1915年，民族资本家李东山在烟台开办宝时造钟厂，开启了山东制钟业。1928年，烟台“宝”字牌座、挂钟销往菲律宾、新加坡、越南等国，自此，烟台地区涌出“宝”“永”“盛”“业”“慈”“八卦”等品牌，为我国机械制钟工业的发展做出了贡献。解放后，烟台造钟厂成为我国最大的机械报时摆钟制造工厂之一，在产品类别和品牌拓展方面都为全国的领军企业。1955年，烟台永业造钟厂试制出三大针闹钟“宝”字牌闹钟，后改为“北极星”牌。1964年，“北极星”牌闹钟被中华人民共和国对外贸易部评为免检产品。

1955年10月，烟台造钟厂试制成功10-1航运钟，1960年试制成功104船钟，1963年由海军装备订货鉴造部、轻工业部、三机部的联合技术鉴定。1964年108潜水艇钟通过山东省轻工业厅技术鉴定。这些都为我国的国防工业做出了贡献。

1959年，烟台造钟厂试制成功仿苏联基洛夫三长针手表，1975年烟台第三钟表厂试制成功ZYT型快摆17钻手表200只，商标为“北极星”牌。1982年“北极星”牌统机男表在全国手表行业质量评比中荣获第三名。

1966年6月29日，山东省经济贸易委员会决定将山东烟台钟表厂军工车间迁往聊城，筹建聊城分厂，于1967年9月投入生产，主要产品为“单鲸”牌104船钟和108潜艇钟。1980年5月18日，聊城手表厂生产的104/108航海钟被安装在参与发射运载火箭试验的远洋舰上，并圆满完成任务。1980年5月聊城钟表厂改名为聊城手表厂，同月，试制KLC型坤表，1981年该产品通过省级技术鉴定。1984年3月6日，聊城手表厂和上海手表二厂签订了联合生产石英电子表的协议。

1957年11月，青岛市南区第三钟表合作社采用半机械、半手工试制成功“青岛”牌三长针手表，开启了山东手表工业。1973年，青岛手表厂正式生产全国统一机芯手表，商标为“金锚”牌。1977年该厂在全国科技大会上，获统一机芯手表设计奖。该厂生产的“青岛”“金锚”“双喜”“玫瑰”牌手表享誉中外，其中“金锚”牌手表能承受恶劣环境的考验，为南极考察做出了贡献。

1966年3月，济南市钟表修配一厂试制成功单针0.1秒表，1971年改名为济南表厂，开始试制成功粗马怀表，批量生产701型“东方红”牌怀表。1970年12月，济南钟厂成立，主要生产晶体管钟，产品商标为“泉城”牌。1980年，济南钟表厂研制的“康巴丝”石英钟通过山东省第一轻工业厅技术鉴定。1981年济南钟厂和济南表厂合并为济南钟表厂，开始生产“春燕”牌手表，手表、怀表、石英钟成为该厂的三大支柱产品。

1974年，威海市电器制造修配厂试制成功T1型15天机械木钟。1975年2月17日，该企业改名为威海造钟厂，生产木钟。

1975年1月10日，青岛金属制品厂改为青岛钟表厂。1979年6月，青岛钟表厂生产的“骏马”牌十五天机械报时摆钟通过省级投产鉴定，山东表业与上海、天津表业的对比见表2。

表2　山东表业与上海、天津表业对比

省份	时间	总量/万只	机械女表/万只	日历表/万只	电子表/万只
上海	1983年	1093.59	141.37	121.25	11.18
	1985年	1155	391.23	127.64	22.59
天津	1983年	351.34	173.32	32.85	30
	1985年	437.97	204.8	129.85	89
山东	1983年	274.8	37.42	30.51	3.9
	1985年	351.3	121.97	52.92	1.21

中国在古代曾长期处于计时仪器的世界领先地位，近代，山东烟台开创了中国机械制钟工业的历史。现代的山东推动了中国钟表工业的发展，工业体系门类齐全，囊括木钟、船钟、闹钟、石英钟、手表、怀表。烟台的“宝”“永”“兹”“北极星”，青岛的“骏马”“青岛”“金锚”“双喜”“玫瑰”，聊城的“泰山”，济南的“春燕”“康巴

丝”，威海的“海鸥”，这些百姓青睐、国际享誉的名牌成为人们难以忘怀的岁月承载。

（四）山东电子工业

山东电子工业是中华人民共和国成立后逐步发展起来的新兴工业。

1958~1966年，山东电子工业发展到41家企业，除生产电子元器件外，亦能批量生产晶体管收音机、试制生产微电机和电子测量仪器与专用设备。山东已成为全国半导体器件和硅单晶材料的主要产地之一。

1967~1978年，山东电子工业在挫折中砥砺前行，企业数量、产品种类与产量仍有较大发展。在这期间，山东收音机的生产在1967年初年产量突破1万台；在1970年达到13.5万台，占全国总量的4.2%；在1976年达到51.1万台，占全国总量的5.3%。

1979~1988年，山东电子工业先后获省优质产品奖180项，部优产品奖52项，国家质量奖银奖7项，为中国洲际导弹、通信卫星、核潜艇等国防重点工程提供了配套设备和一大批高可靠元器件。

自1979年起，山东电子工业成为全国电子行业出口创汇的排头兵，20世纪80年代初总产值在全国各省市自治区排行第5位。1985年山东生产的录音机电机占全国总产量的60.1%，位居全国第一；1985年微型计算机产量5884台，位居全国第二。

截止1988年，山东共生产收音机10414827台，创造了许多让人们难以忘怀的山东品牌：“泰山”“泉城”“长征”“海燕”“海歌”“红声”“红灯”“海鹰”“双喜”“向阳”“宝灯”“卫星”“冬梅”“险峰”“青松”牌。

当时，山东电视机生产的“三驾马车”分别是青岛电视机厂生产的“青岛”牌电视机、山东电视机厂生产的“泰山”牌电视机以及淄博电视机厂生产的“双喜”牌电视机。

这些企业产品长时间与大众文化相结合，形成了特有的形象，长此以往，企业形象逐步形成，这是由大众口碑塑造的，是因产品质量产生的社会效应，在市场的同类产品中具有强烈的“排他性”，这正是“山东制造”到“好品山东”的重要积淀。

三、山东制造的“三转一响”富足了山东百姓

改革开放使人们的“三转一响”梦想成真。著名经济学家薛暮桥曾说：“1952年部长级的干部还实行供给制，买不起一只手表；1954年实行了工资制，还买不起一个电子管收音机。现在几乎所有的职工都戴上手表，有收音机，有些人还买了电视机。”

“三转一响”也是那个时代每个家庭富有的象征，齐鲁人以拥有“三转一响”而骄傲，山东的年轻人也不再为筹备结婚嫁妆而烦恼。表3为1978~1983年山东人民物质生活提高情况。

表3 1978~1983年山东人民物质生活提高情况

品名	单位	城市与农村	1978年		1980年	1981年	1983年	
			百人拥有	百户拥有	百人拥有	百户拥有	百人拥有	百户拥有
自行车	辆	城市	31.69	141	36.3	152	43.58	173
		农村	7.97	46	12.4	—	22.51	113.7

续表

品名	单位	城市与农村	1978年		1980年	1981年	1983年	
			百人拥有	百户拥有	百人拥有	百户拥有	百人拥有	百户拥有
缝纫机	架	城市	—	60	—	77	—	80
		农村	—	21.4	—	—	—	42.8
钟表（含手表）	只	城市	—	215	—	240（手表）	—	250
		农村	—	11.8	—	—	—	142.4/80.3
收音机	台	城市	19.1	81	24.6	103	27	107
		农村	3.3	19	9.4	—	18.5	93.5
电视机	台	城市	4.0	17	13.6	57	21.9	84
		农村	—	—	—	—	0.3	1.3

在自行车行业，山东不仅为全国的自行车市场提供了补给，自身的占有量也走在全国的前列。截止1985年，山东省平均3.59人拥有一辆自行车，比全国平均占有量的4.98人高33.7%。

山东缝纫机产业兴起，1982年山东省家用缝纫机的普及率城镇为70%，农村为26.25%，这与1985年全国家用缝纫机普及率城镇75%，农村25%基本持平，而且山东省的指标较全国提前三年。

以1984年青岛市、烟台市被列入首批全国沿海开放城市为标志，山东作为改革开放的前沿，率先实现了人们的“三转一响”梦想，也自然地率先实现了居民消费结构从温饱型向小康型、从限制型向疏导型、从半供给型向自理型、从自给型向商品消费型、从雷同型向多样型的五大变化，成为全国在民生领域走在前列的一面旗帜。

四、时代文化传承与工业品牌遗存保护唇齿相依

（一）史料抢救

建立在山东理工大学和山东轻工职业学院的“三转一响”社团于2018年5月组建“三转一响”工业文化遗产调研团队，开展“三转一响”生产与消费口述史研究，填补领域空白。在近几年的时间里，团队先后深入山东10余个区县，寻访相关人物近百位，搜集整理文字资料约100万字、图片和实物资料约1000件，录制音频、视频资料约2000分钟，对在计划经济时代“三转一响”生产与消费情况有了较为翔实的了解，并推动了“三转一响”工业文化遗产保护与利用工作。

为了更好地保护这些时代见证物，在人力、物力、财力有限的情况下，博物馆积极与高校、相关机构单位等开展合作。依托高校的机械类专业，开展四大件的维护、保养工作，使老物件藏品能转的转、该响的响。

（二）故事征集

马克思曾经说过：“研究必须充分地占有资料，分析它的各种发展形势，探寻这些形式的内在联系，只有这项工作完成之后，现实的运动才能适当地叙述出来”。在研究

“三转一响”这个时代文化的过程中依然要遵循这一方法。

“三转一响”是一个反映时代变迁的多棱镜，同时也是一个社会进步和民生提高的函数。在实物收集中映注重物品本身的代表性。一是对厂家的产品认证和生产厂家的史料积累，二是对花色品种的考究，三是对物品的科技含量和科技进步的承载，四是对社会占有量和民众对该物件的认可度等进行各方面的信息收集，尽可能以最大限度把物品本身涉猎的史料搜集完整。

在注重器物的硬件支撑时，把器物产生的时代故事征集好，如器物的研发生产故事、市场投放和流通营销过程、人们购买的记忆、个体使用的回眸留存等都应视为同器物同等重要的内容进入“库容”。

（三）文化研究

“科学研究的区分，就是根据科学对象所具有的特殊的矛盾性。因此，对于某一现象的领域所特有的某一种矛盾的研究，就构成某一门学科的对象。”深挖“三转一响”文化价值，就是研究建立在计划经济时代以婚嫁陪嫁物品为题材之上的反映人民生活逐步改善与提高的社会经济形态。

博物馆创新性开展“三转一响”理论研究工作，联合山东理工大学等高校开展“三转一响”生产与消费口述史研究，整理编撰《三转一响》《三转一响文化研究》书籍以及多篇调研报告。

五、博物馆展陈与史志传播相得益彰

“三转一响”博物馆弥补了国内多类器物展示时代主题的综合性博物馆的空白，是不可多得的文化资源，起着拾遗补阙的功能，能够延续城市的文脉，更能彰显城市文明的作为，丰富市民精神生活。

“三转一响”博物馆被中央电视台、《人民日报》等各大媒体报道。2020年，博物馆联合上海纺织博物馆、山东理工大学、山东轻工职业学院在上海纺织博物馆举办“三转一响与大上海”文化展，展陈时长三月有余，勾起了人们尘封已久的关于上海制造的记忆以及浓浓的家国情怀，社会反响热烈。

2023年4月26日“三转一响”博物馆被工业和信息化部工业文化发展中心授予“国家工业遗产保护利用示范案例”，全国共20家，这是唯一一家非国有博物馆，也是山东省唯一一家获此殊荣的博物馆。获奖主要就是因为所有藏品按照系列收藏，填补了国家轻工业和电子工业的产业空白，是不可多得的工业遗产，可以在全国推广复制。

“三转一响”博物馆特色明显，藏品丰富，集中展现了中国轻工业史及轻工业发展历程，体现了中国近现代深厚的工业文化、红色文化等，是彰显社会主义核心价值观和文化传承创新的重要场所，社会价值显著。通过各种宣传教育手段实现让社会公众共享知识信息，为社会发展提供精神动力和智力支持。

博物馆利用高校平台，将丰富的馆藏资源与思想政治理论课教学进行深度融合，开展情景课堂和实践教学，通过体验式、情境式、研讨式思政课程教学，将深刻的道理和深厚的理论转化为生动的故事，以学生喜闻乐见的形式呈现，促进了思政课教学改革创新，创新了博物馆思政育人新模式。课程采用现场参观和直播相结合的方式，充分挖掘和传承中国人民发展民族工业、建设富强国家的爱国奋斗精神和家国情怀，激发师生担当民族复兴大任的使命感，在师生中反响强烈。

基于“三转一响”博物馆的独特性，博物馆未来前景广阔。未来博物馆将继续争取多方支持，在场地规模、馆藏资源数量上有新的突破，同时积极创新运营方式与展陈方式，从传统的博物馆展览活动和文物保护向新型休闲娱乐活动、教育和文化旅游转变，以满足多方的需求，开发新的展览内容，吸引更多的游客，提高博物馆的服务水平。

六、“三转一响”纳入博物馆展陈与史志传播是时代人的使命

习近平总书记在党的二十大报告中明确指出“传承中华优秀传统文化”，深刻地阐明了中国共产党对待中华传统文化的立场态度，集中体现了当代中国共产党人的鲜明文化观，指明了永葆中华文化生机活力的必由之路。“三转一响”的时代是中华人民共和国成立后对社会主义道路的探索之路，是中国昂首阔步走向“富起来”的成功之路，总结这段历史就是实现“社会主义文化建设”的迫切期望。

计划经济时代是中国共产党人在中华人民共和国成立后的创举，是人类历史上亘古未有也不会再有的奇迹。这段辉煌的历史并没有沉睡，而是展现在人们面前的一座丰碑。中国人正昂首挺立在世界东方阔步向前；“三转一响”的产业人矢志不渝的创业精神依然是当今行业前行的标杆；人民大众通过“三转一响”追梦故事怀念着自己的青春年华。“三转一响”就是最为贴切的时代化石，对“三转一响”的器物积累也应成为“工业考古”的重要内容，将其纳入博物馆的展陈与史志传播是过来人的使命。

值此，正是抛砖引玉，在“三转一响”这个课题下征求更大范围的仁人志士加入其中，把这个时代文化发扬光大。

参考文献

[1] 山东省地方史志编纂委员会．山东省志·电子工业志［M］．济南：山东人民出版社，1995.

[2] 孙寿松．山东省日用机械工业志（1915—1985）［M］．济南：山东省日用机械工业公司，1988.

[3] 张挺．中国电子工业地区概览（山东卷）［M］．北京：电子工业出版社，1987.

[4] 山东省统计局．山东统计年鉴（1984）［M］．济南：山东省统计局，1985.

[5] 中共山东省委研究室．山东省情（1949—1984）［M］．济南：山东人民出版社，1985.

[6] 张维杰，张子礼，王雁．三转一响［M］．青岛：中国海洋大学出版社，2020.

作者简介：张维杰，山东轻工职业学院“三转一响”博物馆馆长、教授；刘效东，山东轻工职业学院副教授、三转一响研究中心研究员；魏红，山东轻工职业学院讲师。

成为全球民俗：文化母体视角下中国品牌国际传播思考

刘佳佳

摘　要： 当下品牌传播学术界的研究整体呈现出一种"人文气息稀薄"的状态，从"人"的角度来看，传播研究的历史其实就是社会科学研究的历史。这其中有一个被忽视的重要学科：民俗学。文章从民俗学、人类学、结构主义符号学等学科视野出发，重新审视品牌传播的最终目的，并在此基础上提炼出"文化母体"概念和运作模型，寻找母体、回到母体、成为母体、壮大母体，进而重构中国品牌国际传播两条行动路径：抓住全球文化母体，或借用所在国家和地域的文化母体。

关键词： 民俗；文化母体；中国品牌；国际传播

一、引言

中国企业的品牌战略进入了一个新的发展阶段——创建国际化的知名品牌阶段。新时代中国品牌如何高质量出海，成为一个重要议题。品牌传播作为品牌战略中至关重要的一环，是品牌与消费者之间的沟通桥梁。任何形态的品牌，不管是制造必需品还是奢侈品，或者提供服务，都需要思考这项课题——建构营销效能最大化的品牌传播模式。然而，正如《全球传播的起源》作者阿芒·马特拉所言，"传播是一个涵盖广泛的概念，且传播学位于多学科的交叉点上……直到今天，各家学者还在为传播学学术身份的辨识而争论不休。"这一源自学术根源的问题，也增加了传播实践的困难与复杂。

回到学术界对于品牌传播的关注，营销学界将品牌化（branding）过程描述成向市场参与者传播品牌价值的外部阶段，品牌传播是从品牌到消费者的联结过程；广告学界也结合心理学家的知识、技能以及经验探究说服消费者的机制，把心理学原理运用到商业世界，以及探究消费者对某种品牌的偏好是如何建立在与各种品牌名称相联系的商品形象上的；管理学在考虑品牌时往往将品牌作为信誉进行塑造和管理。

学术界的研究整体呈现出一种"人文气息稀薄"的状态，一切传播思考的出发点和落脚点，毫无疑问应该是"人"，这可能是最为复杂也最为艰辛的问题。从"人"的角度来看，传播研究的历史，其实就是社会科学研究的历史。如果将包括国际品牌传播在内的品牌传播，置于一个更广阔的空间维度来看，广告与电视、体育运动、电影和音乐等共同构成了民俗文化的象征，广告口号、广告歌曲、广告角色等已经被民族语汇所收纳。如果将其置于一个更深远的时间维度来看，今日的广告和过往的神话、传奇、故事、谜语、歌谣、谚语、曲艺、民间小戏、民风民俗等民俗文化，在本质上并没有什么差异。

作为现代广告的诞生地，美国广告业通过各种传播形式，助推美国品牌不断走向世界各地。这其中，有媒体评选出 20 世纪美国十大广告形象（图 1），分别是万宝路硬汉、麦当劳叔叔、绿色巨人乔利、贝蒂厨娘、劲量兔子、皮尔斯伯里面团宝宝、杰迈玛姑妈、米其林男子、凯洛格老虎托尼、奶牛埃尔西等。产品的商标名称和品牌形象脍炙人口，成了类似产品的同义词，也成为美国乃至全球民俗的象征。他山之石，可以攻玉。在中国品牌走向世界的今天，本文尝试从民俗学、人类学、结构主义符号学等学科视野出发，重新审视品牌传播的最终目的，并在此基础上提炼出“文化母体”概念和运作模型，进而重构中国品牌国际传播的实践，同时期望有一天回首 21 世纪时，有越来越多的中国品牌可以成为全球民俗的一部分。

图 1　20 世纪美国十大广告形象

二、品牌作为民俗的深层阐释

和营销传播领域的很多概念一样，“品牌”的概念也很混乱。如果随机访谈十个人：“品牌是什么”，可能会得到十个全然不同的答案。对品牌的思考，需要首先回到一个本质问题，品牌的目的是什么？不同视角会形成不同的观点，品牌要年轻化、品牌要有审美和个性、品牌要有符号的附加价值等，这些观点各有立场，但都没有回应品牌目的的根本问题。

品牌的目的服务于企业经营的大目标。具体来说，品牌的目的包括很多，比如让人买品牌的商品；买的人很多；一次买更多；重复购买；重复买的频次更高；愿意多花一点钱买；不仅顾客自己买，还推荐别人买；不管品牌卖什么，他都买；一直买，终身买；甚至临终前留下遗嘱，嘱咐儿女们接着买；品牌偶尔出了点差错，消费者也能原谅，照买不误等。

以上这些品牌的目的，可以归纳概括为一个要点：持续引发消费者的集体行动。所谓“持续引发”，即在于长期效应，品牌和消费者建立了一种关系，所谓“消费者的集体行动”，即是不仅要有越来越广阔的消费者认知，更要产生购买行为，因为包括广告在内的所有品牌传播都服务于达成交易这一营销目的。从本质上来说，品牌的目的就是要成为民俗，不仅要在空间上引发越来越多的人参与，还要在时间上和越来越多的人建立关系。

民俗学研究的观点有力地支持了这一点。民俗的社会性和集体性特点与品牌传播的最终目的一致。所谓民俗的社会性，是指人们在共同的生活中所形成和约定的风俗习惯。民俗的社会性，实际上亦指群众性。所谓民俗的集体性，首先是指民俗事象的产生，是集体创造的结果；或者是由个人创造，经集体的响应、丰富、发展而来的。其次，集体性是指民俗的流传依靠集体的行为来完成。民俗的集体性是由人的社会性所决定的。集体性体现了民俗文化的整体意识，也决定了民俗的价值取向，它是民俗文化的生命力所在。

假设把上述这段话的主语换成“品牌”，品牌传播的最终目的，也是要让品牌从古传今跨越时间的周期，同时也是要品牌大传播、大阔步，与越来越广泛的群体建立牢固的关系。正如国内著名民俗学者乌丙安所言，“整个人类社会的习俗惯制就这样从古传今，自前传后，从秘密的祖传、师承，再到群体的大传播、大阔步，于是构成了完整的系统的‘传’的民俗文化。”

从“俗”本身来说，也包含着品牌传播的最终目的，可以说，品牌的最高境界就是成为广泛民众们的“俗”。《说文解字》解释说：“俗，习也。从人，谷声。”汉刘熙《释名·释言语》则深入一层，认为“俗，欲也，俗人所欲也”。这是由于右面的“谷”字，既当声旁，也含形义，是“欲”字的省笔。因此“俗”的本义，是食谷有欲的凡人。引申为平凡的人世间生活，有大众化而流行之义，由此沉积为风尚、习惯和传统。这就是《礼记·曲礼》为何告知，要“入国而问俗”。

从俗文化的特质来看，这也是品牌传播的终极追求。要成为俗文化，首先要成为百姓中流行的文化，要有较强的感性色彩，接近生活，还要实现口头和行为传播。在品牌传播中，成为“俗”的例子也有很多。比如“不走寻常路”“你爱我，我爱你”“你没事吧”“今年过节不收礼”之类的广告口号已经成为日常话语的一部分，还有人们喜闻乐见的形象，比如麦当劳的小丑、肯德基上校、旺仔等。

传播学家马歇尔·麦克卢汉对于“民俗”也有独特的见解。他的第一本专著《机器新娘》也被认为是第一部研究广告的学术专著，机器新娘的副标题是“工业人的民俗”。工业时代的到来，使民俗不再仰仗民众的智慧和劳作，民俗的主体在发生着本质的变化，民俗的展现形式也在顺应历史的发展而改变。广告正是工业时代民俗最为典型的表达。从这一角度来说，广告可以理解为意识的延伸，“这样的广告只表示心理的实际，它和实际情况一样强有力。”广告形象直观地作用于人的意识和无意识心理世界，实现情感控制。“广告似乎按照一条很高深的原理发挥作用：一个小球、一种模式，经过反复的鼓噪之后，均可以逐渐确立自己的形象。广告把借助鼓噪确立自身形象的原理推向极端，使之提升到有说服力的高度。广告的作用与洗脑程序完全一致。”

值得注意的是“无意识”这个关键词。人与民俗之间的关系即是一种“无意识”。在结构主义看来，人建构了神话、社会制度，实际上也创造了人所感知的整个世界，在这个过程中，人也建构了自身。这个建构的过程，包含了对可辨识的、反复出现的形式的不断创造，现在称为“结构化”的过程。这种“结构化”的后果就是，一旦被人所“结构”，“诸民族的世界”就成了一个潜在的能动体，参与持续不断的结构化：它的风俗和礼仪如同一台强大的洗脑机器，而人类逐渐习惯并接纳在人造世界中的生活，并转而将这个世界看作天然的、自然的。

这个过程可以理解为人类固有的、永恒的、决定性的特征，尤其是在社会制度的创建中，它的作用力是连绵不绝的，并且，由于它的天性是重复，其结构也是可预测的。被称为“现代广告教皇”的大卫·奥格威的“品牌形象理论”也是类似的涵义。如前所述，“形象”在品牌理论崛起以后，确实是广告关注的中心。品牌形象理论题突出的是产品或品牌“在公众心目中是什么样的形象”。每一则广告都应该被看成是对品牌形象这种复杂现象做贡献。品牌形象有一个建立与成长的过程。广告向世界推出了一个前后一致的品牌形象之后，这个形象还需要不断地成长丰满。这里的要点在于“持续不断”“反复出现”，最终成为“时间的朋友”。

广告大师李奥贝纳的观点也与之不谋而合。“品牌创造历史，品牌会变成历史。它们会变成我们共同的故事，或者我们个人、个别的故事。……在我们集体和个人记忆里的，是我们先民的故事，是我们的初恋，是我们实现或未完成的梦想。广告的世界糅合了这些最深层的回忆和渴望，我们只要研究、了解这些非意识的地图，就能找到我们品牌最确定的道路。”这段话清晰地表达了一个意思：品牌传播的最终目的就是要让品牌成为民俗文化的一部分。

三、文化母体与品牌传播

世界是由关系，而非事物构成的。这种持续不断的结构化过程，是在人们的意识之外进行的。人建构了语言、神话、社会制度等，实际上也创造了他所感知的整个世界，在这个过程中，他也建构了自身。这个建构的过程，包含了对可辨识的、反复出现的形式的不断创造。比如人和语言的关系，人类由语言所创造、在语言中存在，也就是说，他存在于一个复杂的系统或结构之中。

上述思考可以用“文化母体”的概念更简洁地解释。人类生活是一个巨大的文化母体，从出生到死亡，文化母体为每一个人安排好了一切行为和道具符号，从奶嘴到骨灰盒，不管有没有意识到，或者愿不愿意，母体的“剧情”已经写好，为每个人准备好了脚本和道具，出演这场戏。文化母体作用的整个过程，可以看作是人类固有的、永恒的、决定性的特征。

母体的戏剧，永不停息，真实日常，循环往复，无所不包，并且以仪式和符号的形式出现。母体有自己约定俗成的时间、仪式、道具，特点是不可抗拒、必然发生。发生的形式正是之前所提到的“无意识”，更准确地说是“集体无意识”的自发卷入，一切母体意识都在潜意识当中进行。人们的每一个行为，都是在执行母体的要求，人类社会为每一个行为都准备好了母体所需的场景和道具。人类学家所关注的乃是“无意识基础”，社会生活以及语言就建立在这个基础之上。

在品牌传播中，母体体现为符号编码和解码的作用机制。从最普遍的意义上说，传播是一个系统（信源），通过操纵可选择的符号去影响另一系统（信宿），这些符号能够通过连接它们的信道得到传播。作为传播者的品牌天然具有打算影响接收者的意图，因此，品牌传播可以被视为是一种劝服性过程，其符号编码所组成的讯息，总是在不断追求传播效能的最大化。既然如此，品牌所执行的符号编码，一定是要基于对受众经验的期望，对言语、照片、图表等进行系统的选择，简而言之，从受众如何解码，反过来倒推品牌如何符号编码。

从文化母体的角度来说，作为发送者的品牌一定要尽可能地利用接收者的潜意识来完成编码。比如蜜雪冰城的雪王形象、品牌歌曲和产品命名等，所有品牌传播的信息都在挖掘接收者脑海中既有的数据，抓取其中的记忆和情绪，完成熟悉、偏好、购买的跃迁，让消费者在瞬间进入“听话模式”。这种在“集体潜意识”和“潜意识”发生的诸多过程，就是文化母体力量的典型体现。

从文化母体角度来理解品牌传播，即是把品牌嵌入“结构化”的世界中。文化母体的概念，应用到品牌传播之中，可以概括为四个持续不断、循环往复的阶段：寻找母体→回到母体→成为母体→壮大母体。使用可口可乐的圣诞老人形象来加以说明。作为全世界最具影响力的品牌之一，可口可乐的圣诞老人形象的诞生和发展经历了上述四个阶段。

第一阶段：寻找母体。1937 年，可口可乐的初心是为了冬天的淡季营销，请插画家绘制了现在大家熟悉的圣诞老人形象，因为在欧美地区的冬天，流传着圣诞老人的传说，他们会在圣诞节前夕从窗户爬进去，在床头的袜子里给孩子放礼物。这是一个母体符号，可口可乐找到了这个符号。

第二阶段：回到母体。使用母体符号，可口可乐将自身的品牌红色，与原有的圣诞老人形象进行结合，并加以改造成为人们今天所熟悉的憨厚可爱的老爷爷形象。母体的戏剧真实日常、循环往复，有自己约定俗成的时间、仪式和道具，可口可乐在圣诞节前夕，巧妙地准备了剧本、时间、仪式和形象，人们以集体潜意识自发卷入，可口可乐在冬天收获了很多销量。

第三阶段：成为母体。时至今日，当人们谈起圣诞老人时，可能很多人也并不知道这是可口可乐在几十年前淡季营销的成果，可能更多的人也不知道，在可口可乐版本的圣诞老人诞生之前，在欧美地区还流行着红绿蓝各种颜色，胖瘦高矮不一，性格乖张恐怖的圣诞老人。

第四阶段：壮大母体。在几十年时间里，可口可乐持续投资圣诞老人形象，不仅壮大了圣诞老人的文化，甚至在全球壮大了圣诞节。甚至有些地方，那里的孩子并没有见过雪和驯鹿，但是当他们看到圣诞老人时，也会情不自禁地开心起来，甚至圣诞老人已经不仅只是在圣诞节期间出现了。

回到品牌传播本身，文化母体的后两个阶段更为重要，这体现了长期的品牌投入，也体现了卓越的品牌管理能力。到了成为母体和壮大母体的阶段，品牌就已经成为人类的风俗，活进文化母体，活进历史和未来了。伏尔泰在写世界史时，就将书名定义为《风俗论》，之前也提到，“入国而问俗”。品牌应成为一方人民，甚至是全世界、全人类的风俗、习俗和民俗。国际品牌传播追求的即是后者，无论是中国品牌走向世界，还是世界品牌走进中国，都离不开这一目的，成为所在国和所在地区民俗文化的一部分。中国品牌国际传播的最高境界，即成为全球民俗。

四、中国品牌国际传播的行动路径

对于中国品牌而言，来自广阔历史深处的文化母体是传播的土壤。相对于全世界其他国家和地区而言，中国更早开始记录历史，中国无疑对于“长时段”的文化母体概念更为熟悉，这是中国品牌国际传播时天然具有的竞争优势，可以看到更广阔、更深远的品牌成长路径。法国符号学家罗兰·巴尔特在他的学术名著《符号学历险》中这样说，“商业动机不是被掩饰，而是被一种大得多的再现作用所倍增，因为它使读者与人类宏大主题进行沟通。”对于中国品牌的国际传播而言，这里所谓的“人类宏大主题”可以提炼为两个要点。

第一，抓住全球文化母体。品牌传播使用全世界各地的人们都熟悉的全球性符号，形成全球文化契约的最大公约数。在中国品牌出海的诸多优秀案例中，蜜雪冰城具备了典型的全球化文化符号的特征。蜜雪冰城的符号体系，放在全球任何国家，都能够快速实现沟通，传达品牌价值。

蜜雪冰城的“雪”字，天然让人联想到一个国际化的文化母体——雪人。雪人是一个全球范围内人人都熟悉、人人都喜欢的符号，无论在北方还是南方，无论在中国还是国外，全世界对雪人的描述也都是相同的，两个圆滚滚的雪球身体，一个尖尖的胡萝卜鼻子，加上雪王的权杖，再戴上皇冠，穿上披风，“雪王”形象跳出了中国国家文化符号的范围，本身即一个全球文化符号，世界各地的人们都对这个符号有记忆和情感。

第二，借用所在国家和地域的文化母体。因为居住在不同国家的人常常隶属于不同文化，而在一个多民族的大国里，文化差异也很大。每一种文化都覆盖了社会关系、宗教信仰、语言和消费习惯的复杂网络，这个网络也将极大地影响着信息传达和接受的方式。在这种情况下，要成功地进行品牌传播，需要遵循的一个基本原则就是，信息的发送者应该了解信息接收者的偏好。也就是说，品牌在进行国际传播时，必须熟悉各地区市场的变化差异，清楚地认识到这些市场与本国市场有很大的不同。

文化母体也提供了思考的线索。可口可乐不仅抓住了“圣诞老人”形象，并将其推而广之，成为全球范围内的文化符号，而且针对不同国家的文化母体，也打造出多样化的品牌传播形象。比如在中国，可口可乐也把握住了文化母体的时间、仪式、道具和符号，在春节时以“福娃”的形象出现。类似的例子有很多，如以咖啡为主业的星巴克在中秋期间的冰激凌月饼。文化母体不可抗拒，必然发生，发生的形式是文化母体影响范围下的民众集体无意识的自发卷入。

五、不结之语

毫无疑问，全球营销和广告在当今社会中已越来越引起人们的重视。对于中国品牌而言，有必要突破传统的国内基地，拓展和培育新的国外市场。时至今日，市场、媒体、消费者品牌的全球化，也使在世界范围内生产、销售和宣传品牌成为可能。文化母体的思想回到了人类的结构化本质上，从表象上来看，文化母体可以被视为一种广义的文化，即人类在社会历史发展过程中所创造出的物质财富和精神财富的综合，有时候特指精神财富。从内在作用机制来看，文化母体聚焦在“母体”上，母体行为必然发生和执行，这来自数十年，甚至百千年参与持续不断的结构化，人类逐渐习惯并接纳在母体中，并转而将母体看作天然的，自然的。

对于中国品牌的国际传播而言，需要回到文化母体的思想。只有从文化母体思想出发，才能洞悉人的本质，通过改造并占领特定文化母体中的词语、符号和仪式，就能最终实现“品牌寄生”。母体一旦循环至此，购买必将发生，品牌就会闪光。

文化母体是国际品牌传播的出发点。因为只有扎根文化母体，才能获得时间沉淀下来的源源不断的充足能量，母体能源，强劲有力，永不枯竭，从母体中提炼的道具、符号和仪式等，在与民众沟通时，也有卓越效果。

文化母体同时也是国际品牌传播的落脚点。因为文化母体提供了一种长时段的历史视野，在扎根文化母体之后，需要的是“止于至善”，一以贯之。当品牌文化成为民间风俗，品牌所经营的视野也就融入了人类的宏大叙事，品牌也就实现了福祚绵长。

作者简介：刘佳佳，浙江传媒学院广告系副教授，复旦大学工商管理流动站博士后。

新文科背景下地方理工类高校的广告学专业转型升级路径探索

——以山东理工大学为例

郭晓丽　刘博仁　付于冰倩

摘　要：自教育部开展新文科建设以来，不少高校积极响应，探索相关专业的发展建设路径。本论文以山东理工大学广告学专业为例，结合新文科建设理念、其他高校广告学专业建设路径以及山东理工大学广告学专业定位，探索广告学专业向新媒体专业转型的路径。针对新媒体产业人才需求确立数字营销传播与网络新闻两个方向，并从教育理念、人才培养方案、教师队伍、教学资源、实践教学体系、教学质量评价体系等方面展开路径研究，以期为其他地方高校的广告学专业转型升级之路提供参考借鉴。

关键词：新文科；广告学；专业建设；新媒体；地方高校

一、引言

（一）研究背景与研究目的

2019年4月29日教育部等13个部门在天津联合召开了“六卓越一拔尖”计划2.0启动大会，提出发展新工科、新医科、新农科、新文科，推动全国高校掀起一场“质量革命”，由此新文科建设正式启动。新文科是中国在新时代背景下站在对传统文科扬弃的基础上，由教育部主导并发起的一项以交叉融合为显著特征的，具有长远意义和中国特色的教育转型与教育强国战略，其目的指向有五项，分别是回归价值与素养的育人教育指向、问题意识引导下精准定位与交叉融合的学科与专业发展指向、技术引入与技术共存思考的技术指向、回应行业需要服务行业发展的行业指向以及强化中国话语权、培养面向国际人才的国际指向。如今，众多高校积极响应新文科建设号召，针对自身院校的相关专业开展新文科建设。

广告学专业属于应用性较强的文科专业，其专业人才培养过程中既有对理论知识的传授又注重对技术与能力的培养，其知识体系具有较强的学科交叉性和融合性，广告学专业面向广告产业，遵循广告产业并需要为其培养相适应的人才。近年来，数字化、智能化技术的发展及应用，以及行业的迅速变化令广告学教育呈现滞后的样态。广告学专业建设需要更为充分的学科交叉融合、技术应用、行业实践，因此，广告学是十分符合新文科建设要求的一门专业。

本论文采取个案分析法，立足山东理工大学文学与新闻传播学院广告学专业，响应国家“新文科”建设号召，探索地方理工类高校的广告学专业转型升级新路径，一方面促进山东理工大学广告学专业建设的学科融合、学界业界融合，强化实践、创新培养理念，提高人才培养质量，改进专业建设中的不足之处；另一方面其探索出的转型升级路径，期望能为后续其他地方高校的广告学专业升级提供借鉴。

（二）文献回顾与研究问题

在新文科的号召下，各大高校积极响应，从自身院校出发，结合自身特征开展广告学专业建设工作。

有的院校从宏观层面上，就广告学专业整体建设展开探索：中国传媒大学围绕新开设的广告学专业（数字营销方向）展开探索，同学院内已开设的四门专业交叉融合，同时遵循同社会各界合作的传统，善于从社会各界获得专业建设资源，并从培养计划制定、课程设置、教材建设等多方面，面向新文科建设广告学专业；厦门大学则认为广告学专业建设需要从调整观念、更新课程、编纂新教材、走向创新主导这几方面进行探索。

还有的院校从微观层面，就专业建设的某一方面开展广告学专业建设探索：一是针对教学模式开展广告学专业建设，北京大学广告学专业从教学改革着手，认为应当走实战教学路线，通过校企合作、产学研结合、打造数字营销传播试验田、理论结合实践、增加任课老师、完善课程考核等方式，逐步打造一个较为系统完善的实战教学模式，面向学生的动手操作、数据分析、技术应用、沟通管理、学术研究这五项能力进行培养。

二是针对课程改革开展广告学专业建设，山东建筑大学认为“新媒体广告”课程是广告学专业核心课程，并对其进行课程教学改革，认为应当压缩理论课占比，扩大实践课程份额，同时探索如何将理论及课程思政应用于实践，在能力上针对新媒体平台，着重培养学生的平台定位、内容策划、视频拍摄与剪辑、运营推广等多重能力。

综上所述，新文科背景下，不同高校都立足于自身院校开展广告学专业建设探索，走出了不同的专业建设道路。但上述广告学专业建设仍存在一些缺陷，如缺少对将广告学专业向其他专业转型升级路径的探索。因此，本论文将以山东理工大学广告学专业为个案，探索广告学专业向新媒体专业转型升级的路径。

（三）研究方法与研究路径

本论文采用个案分析法、文献分析法、比较分析法、深度访谈法进行研究。利用个案分析法，以山东理工大学广告学专业为个案，对地方理工类高校的广告学转型升级路径进行研究。

利用文献分析法与比较分析法对北京大学、中国传媒大学、重庆理工大学、河南财经政法大学、湖北大学等多所不同类型高校的广告学专业建设措施作出分析，对深圳大学、南京师范大学、湖南师范大学等高校网络与新媒体专业建设路径进行分析，找到能够契合山东理工大学广告学专业定位、有利于广告学专业向新媒体专业转型升级的措施并作为参考。

利用深度访谈法对山东理工大学广告学专业的多位老师进行深度访谈，总结山东理工大学广告学已有的专业转型升级的建设路径，梳理其教师对广告学转型升级的观点与建议。

二、山东理工大学广告学专业分析

（一）作为地方理工类高校的山东理工大学特征分析

地方理工高校即以理工科为主的，隶属于地方政府的高校，其教育资源相对匮乏，多以应用型人才培养为目标。作为地方理工类高校，山东理工大学具备以下特征：位于山东省淄博市；在管理体制与服务面向上，隶属于山东省人民政府，积极为区域经济社会发展服务；在学科门类上，山东理工大学是一所理工科实力较强，以理工科为主的多科性大学，目前已经形成了多学科协调发展的学科专业布局；在资源方面，其人力、物力、财力等方面的教育资源相对匮乏。在人才培养目标上，山东理工大学以立德树人为根本任务，着力培养有社会责任、创新精神、专门知识、实践能力、健康身心的应用型高级专门人才。

（二）山东理工大学广告学专业自身分析

山东理工大学（下称本校）广告学专业自 2001 年开始培养本科生，是山东省内较早开设广告学专业的高校之一，目前广告学专业下设广告、新闻两个方向。依托文学与新闻传播学院深厚的人文学科积淀，广告学专业着力于广告策划与创意、品牌形象设计、品牌推广及媒介沟通等能力的培养，旨在输出能够系统掌握广告学基础理论知识，贴近新媒体营销传播环境，具备广告策划、创新思维、文案写作、广告设计、广告制作等方面专业知识和基本应用能力的高素质复合型人才。

（三）山东理工大学广告学专业转型升级的必要性分析

山东理工大学广告学专业目前在师资力量、培养方案与培养模式、课程内容与教材选用、教学模式、实践教学等环节中存在一定问题，因此其广告学专业转型升级是必要的。

在师资力量方面，本校广告学专业师资学历高、科研能力较强，但实践能力较弱且具有行业背景的教师偏少，在师资结构上还未有专门的业界教师。

在培养方案与培养模式方面，本校广告学专业口径过窄，培养方案和培养模式相对滞后，学生的培养很大程度上限制在本专业，学科交叉性不强，培养模式单一，学生个性化发展受到制约。

在课程内容与教材选用方面，本校广告学专业课程存在理论知识偏多、应用知识偏少的问题，不能满足新文科及高速发展的智能时代所需要的交叉学科知识，且较多课程受教材编纂与时代、产业变迁之间的矛盾影响，没有较为匹配的授课教材进行配合。

在教学模式方面，本校广告学专业教学模式相对单一，“以教为中心”的教学模式导致重灌输轻启发、重教授轻研讨、重课上轻课下、重群体轻个体等问题，教与学脱离问题导致学生的学习积极性不高，缺乏积极思考，只关注知识容量，缺乏思维及实践能力的训练，无法满足应用型人才的培养标准与需求。

在实践教学方面，本校广告学专业实践教学的地位不够突显，实践教学体系缺乏系统性和层次化，产教融合、企业协同全过程的育人方式有待加强，号召企业参与的积极性和动力不足，缺乏校企合作参与育人的机制与保障。

（四）山东理工大学广告学专业转型升级为新媒体专业的可行性分析

新文科建设要求聚焦现实问题，以服务现实行业需求为导向，打破学科壁垒，促进学科交叉，实现人文与科技融合，创新教育模式，提升人才培养质量。

近年来本校在推进广告学专业转型升级，探索广告学专业向新媒体专业转型升级方面做了大量工作，新媒体专业的建设是具有一定可行性的。

一是数字时代广告转型。随着互联网、移动互联网等现代信息技术与广告的融合，新媒体广告转型呈现内容化趋向，提供网络内容的新媒体专业是移动互联网等现代信息技术与广告深度融合的新方向。

二是新媒体学院筹建基础。筹建腾讯新媒体学院的相关多学科探讨互动、论证材料为设置新媒体专业提供有力基础，腾讯新媒体学院提供的办学资源也为兴办新媒体专业提供资源。

三是多学科支持。本校的数字媒体技术、工业设计、视觉传达设计、市场营销等专业与新媒体专业相关，它们不仅为新媒体专业建设提供技术类课程支持，还为人才培养提供实践资源。

四是人才来源多样性。近年来本校广告学专业加强了新闻学、传播学、戏剧影视文学等多学科背景的青年博士引进，契合了新文科对于多学科课程建设的要求，同时亦充实了广告学专业向新媒体专业转型升级的研究队伍。

三、山东理工大学广告学专业的转型升级路径

（一）明确新媒体专业的增长点和发展方向

同山东理工大学广告学专业原有的广告、新闻两个方向相关的新媒体专业增长点有两个。

一是数字营销传播。数字时代，广告、公关、促销等营销传播方式边界消融，数字营销传播的统称取代了广告。数字营销传播发展迅猛，一是因为互联网、移动互联网等新媒体成为营销传播的主战场，二是因为数字媒体互动技术、大数据挖掘和分析技术、人工智能技术大大提升了智能营销传播的效率和效果。

二是网络新闻。依照媒体类型，网络新闻是新闻的类型之一。网络新闻日益重要。首先，随着互联网、移动互联网的普及，网络新闻成为新闻的主流。其次，因为网络新闻具有快速化、多面化、多渠道、多媒体、互动化等特点，突破了传统的新闻传播概念，在视、听、感方面给受众全新的体验。最后，因为网络新闻强大的影响力，高度关注主流媒体舆论引导的党和政府重视网络新闻人才的培养。

依据新媒体专业的两个增长点，确立山东理工大学广告学专业向新媒体专业转型升级后开设数字营销传播和网络新闻两个方向，并以此构建专业特色。

（二）明晰新媒体产业人才需求现状

随着数字化、智能化技术的发展加之新型冠状病毒感染疫情以来“云生活”的变

化，社会对新媒体产业的发展需求越发旺盛，新媒体产业也在其运营方式、盈利模式等方面发生了显著变化。当下，互联网营销、网络新闻、广告、直播、公关等相关行业在新技术、新环境的影响下，对新媒体人才在知识结构、能力素养等方面的需求上发生了变迁。分析总结这些变迁对广告学专业转型为新媒体专业建设起着指示性作用。

对于新媒体人才，智能时代所表现出的信息开放、信息交互、信息虚拟等特征使当下新媒体人才库急需高辨识能力人才、精准信息筛选人才、专业信息精华人才。表现在岗位上则体现为行业对优质内容生产、内容审核专业、新媒体营销、新媒体编辑、新媒体运营等岗位人才需求旺盛。在行业对新媒体人才知识结构与能力需求上，首先应当加强“智媒”能力。其具体体现在能够借助高速网络、数据中心、智能感应等收集并分析数据的智能采集能力，能够提供个性化服务的智能加工能力以及兼具多学科交叉理论视野、能够鉴别信息并反应事件全貌的内容价值判断力。其次，创新能力仍然是互联网的制胜之道。最后，文字功底、图片与视频后期制作、社会化媒体运营能力、沟通能力与语言表达能力、摄影摄像、经营管理能力，掌握 Office、PS、AI 等软件技术操作，这些基本的新媒体人才所需要的技术能力在今天仍被看重。

从本校新媒体专业预设的两个方向看，在数字营销传播方向，如今数字营销已成为我国广告营销的主战场，电商直播、短视频、互动广告、原生广告等各种内容营销形式接连出现，大数据、人工智能等技术的应用也在改变着广告生产、营销模式，促使广告产业价值链发生结构性改变。当前新媒体编辑、新媒体运营、大数据分析是新媒体广告产业人才需求的前三位；对于能力素养，新媒体广告人才的自主学习能力和抗压能力是企业最看重的能力之一；除此之外，执行能力、策划能力、沟通合作能力、环境适应力等素养也较为重要。

在网络新闻方向，人工智能对新闻生产、新闻传播生态、新闻业态都产生了一定影响。人工智能的使用所带来的“算法革命”颠覆了传统的新闻采写编发流程、传播格局以及新闻从业者技能和素养的培养，全媒体人才成为新闻人才培养方向，其需要同时掌握图像视频拍摄与处理、文字采写、数据挖掘与分析等多项技能，且尤其需要突出新媒体技术特色，在掌握采写能力的同时要懂代码。另外，科技赋能下新闻传播人才需要掌握一定的计算机技术知识，能够进行人机合作、能够突破程序化，具有较高的社会学的想象力与洞察力、具备媒介审美与创意能力、具备新闻伦理判断力与人文观照。

在明晰新媒体产业人才需求后，为契合人才需求，探索广告学向新媒体专业转型升级的路径。

（三）确立培养应用型、复合型新媒体人才的新文科教育理念

为了更好地响应新文科建设号召，立足山东，回应行业需要、服务行业发展，对接社会对新媒体人才的需求，适应应用型人才培养需要，解决学校人才培养重理论轻实践以及高校专业设置与企业用人单位需求之间不匹配等问题，本校探索广告学专业向新媒体专业转型升级路径。

主动适应新技术、新业态、新模式和新产业的需求，树立以学生为中心、以产出为导向、以提高学生实践能力为目标，充分发挥地方理工类高校理工学科优势，推动文理渗透、文工结合，打破传统文科专业壁垒和学科障碍，注重跨学科知识体系协同融合、多学科交叉融合的新文科教育理念，以问题为导向同本校其他相关专业合作开发交叉课程、改造老课程、补充新内容，加强技术引入与技术思考，推动人工智能、大数据等现代信息技术与专业建设深度融合。

改变教育模式，重视价值与素养的育人目标，由知识传授为主转变为能力和素质培养为主，提高人才培养质量，培养具有山东理工大学特色的有感觉、有情怀，懂数据、懂代码，对互联网知历史、懂逻辑，对视频能拍摄、能剪辑，对账号善运营、会变现，专业知识与技能扎实，创新能力实践能力强，综合素质高的新时代应用型、复合型新媒体人才。

（四）研制新媒体专业人才培养目标、人才培养方案

1. 人才培养目标

从产业行业需求出发，确立新媒体专业人才培养目标。培养具有以新闻学、传播学、信息科学（网络与新媒体技术）为基础的复合型知识结构，在数字营销传播、网络新闻采写编等方面具有全面专业技能和优秀发展潜质的高素质、全媒体、应用型、复合型新媒体人才。学生毕业后能够在新媒体、传统媒体的新媒体部门、广告行业、新闻媒体广告部门、创意部门、咨询机构、公关公司、大中型企业、公益机构、政府部门等从事数字营销、网络新闻的相关工作。

2. 课程体系建设

根据新文科思路及产业行业新需求，打破传统课程的机械划分，重构课程内容与知识结构，构建多学科交叉的新媒体专业新课程体系，以学科前沿、行业和最新技术发展推动教学内容更新，将创新创业教育融入教育全过程。密切关注媒体最新发展，深入调研行业需求，将新闻传播新技术、新机制、新模式、新案例等引入专业教育，激发学生解决实际问题的能力和兴趣。增开新媒体专业双语课程，提高学生外语理解与表达能力。构建并实施基于“知识、能力和素质”三位一体的，由通识教育、学科基础教育、专业教育、个性化培养四层次及专业教育中应用型模块、媒体研究型模块、创新创业模块、国际拓展模块四模块组成的“四层次+四模块”新媒体专业人才培养课程体系，实现学生的个性化分类培养。

3. 教学模式

新媒体专业实行混合式教学模式，采用多种教学方法，改革课堂教学结构。

（1）实行混合式教学模式。教学过程中将信息技术有效融合到课程知识体系中，推动“课内课外、线上线下、校内校外”互相补充的新型混合式教学模式，实现课堂教学结构的根本性变革。

（2）采用多样教学方法。充分利用现代信息技术，全方位、多元化开展教与学的改革。采用启发式、探究式、讨论式、参与式以及反转式、案例式、项目驱动式等多种教学方法，引导学生学习理念和学习方式的改变，通过多种途径和方式获取知识、锻炼能力、培养素质。

（3）改革课堂教学结构。充分调动学生学习的参与积极性和主动性，加快从“以教

为中心向以学为中心”“知识传授为主向能力培养为主”“课堂学习为主向多种学习方式”的转变，采用多元化的学习性成绩评价方式，将知识、能力和素质评价融为一体，同时注重问题导向。

一是在理论课程中，仍以“教”为中心，但教师应当在理论学习的同时重视对学生能力素养的培养，坚持问题导向，为学生提供实际问题，引导学生运用所学理论进行独立思考、分析，通过与他人的讨论与表达加上教师的点拨，不断加深对理论知识的理解，掌握分析问题的能力与意识。

二是在技能、创新、实践等课程中应以“学”为中心，在这些课程中要强化师生之间及学生之间的互动，同样坚持问题导向，以业界实际项目、实际问题引导学生对所学的理论、技能加以运用或是引导学生充分发挥创新能力。学生是主体，但也不能忽视教师在其中的指引作用，教师应当对学生表现作出及时的指点与评价，并提供进一步的建议，以丰富的教学方式让课堂“活”起来，让学生在教师的辅助下成长得更快。着力培养学生自主学习、终身学习的能力和意识，培养学生的科学探索精神、职业道德和责任意识、自主学习与团队协作能力、沟通与表达能力、批判性思维及综合分析问题与解决问题能力。

三是提高课程的实践比重。以《新媒体运营》课程为例，鼓励学生在课堂学习之后自主搜集相关文献、案例、网络课程等进行拓展学习。通过与省内广告产业、文化产业等实践基地合作，让学生自主组队参与其中，以实战的方式投入产业，在团队实践过程中锻炼学生团队协作、沟通表达能力，培养主动分析问题、解决问题能力。

四是改变过去注重结果的评价方式，由授课教师、企业导师对学生课程学习与实践的全过程进行评价，注重学生在学习过程中的知识、能力、素质的提高，同时让学生对自身学习全过程自评，学生之间相互打分评价，以多样化的评价方式共同组成学生在本门课程中的最终评价。

（五）强化校企合作，建设高水平“双师型”教师队伍

新媒体产业变动快且变动幅度大，这对教师素质提出了更高的要求，新媒体专业教师需要兼具理论、实务和创新创业精神，因此针对本校广告学专业向新媒体专业转型中存在的教师实践能力弱，师资结构上具有业界背景的教师偏少等问题，需要加强校企合作，通过“外引”“内优”的方式建设一支高水平的“双师型”教师队伍。

外引即在同企业合作过程中充分利用行业资源，引入一些业界精英人士进校参与教学实践指导工作，担任企业导师，引进具有多年从业经验的教师。通过加强校企合作，加大引进高水平企业教师力度。

内优即加强对新媒体专业内已有教师素质的培养，不断优化已有师资能力。选派专业教师赴行业相关企业或组织机构进行专业实践，包括学习观摩、岗位实践和锻炼。实践结束后，组织教师对实践经历和成果面向专业全体教师进行汇报交流、资源共享，有利于促进理论与实践教学相结合的教学模式构建，使专业教育同行业现状紧密关联。

（六）建设分层次、多元化教学资源，满足学生个性化需求

为丰富教学资源，满足学生个性化发展的需求，本校广告学专业向新媒体专业转型升级过程中从软、硬两层建设多元化的教学资源。

1. 丰富“软件”教学资源

一是教师通过教学实践积累，将电子书籍、案例库、往届学生作品集等应用型学习资料上传至网络教学资源平台。新文科建设要求我们积极拥抱新技术，促进技术与专业的交叉融合。可以通过网络资源的方式，将一些较为成熟的理论课程或软件操作课程等内容通过录制网课的方式上传至学生教学系统，供学生在课后通过线上学习巩固专业知识并充分利用好课后学习的时间。

二是通过校企共建课程、在线开放课程、校内综合改革课程、重点基础课程、专业核心课程、精品课程（群）等立项建设，推进自主开发资源的数字化和网络化，充分利用网络学习空间和校内外资源。

三是依据行业发展要求和地域经济特征，建设涵盖行业标准、职业道德和行业发展前沿技术、新成果等内容的拓展型教学资源。

四是通过线上、线下讲座的方式扩充教学资源，内容可以是外校教师或行业人士分享自己的研究成果或行业现状等，可以是本校新媒体专业教师共享自己的科研成果、实践经历、外出学习经验等，可以是校外各大高校对外开放的线上讲座，也可以是已毕业或未毕业的新媒体专业学生针对就业、创新创业、考研、保研、专业学习经验等举办分享会。本校广告学专业曾邀请过时尚传播、乡村文旅等不同领域的学者或业界人士入校开展讲座，但讲座的听众都以教师为主，学生参与较少。讲座是一种能丰富学生学科前沿知识、培养学生专业兴趣、开阔学生专业视野的教学资源，应当同时面向学生与教师。

五是山东理工大学身为理工类高校，理工学科的繁荣发展为本校广告学专业向新媒体专业转型过程中相关专业课程的开设提供了良好的资源条件。例如与数学与统计学院（信息与计算科学专业）合作开设数据挖掘与数据分析课程，培养新媒体专业学生的数据挖掘、数据分析、数据处理等数据相关能力；与计算机科学与技术学院（数据科学与大数据技术专业）合作开设程序设计基础、JavaScript、Python 等课程，使新媒体专业学生掌握计算机语言，培养学生的代码能力；与农业工程与食品科学学院（工业设计专业）、美术学院（视觉传达专业）开展 C4D、3Dmax 等软件操作课程，填补设计软件课程的空白。

2. 完善“硬件”教学资源

加强新媒体专业实习、实训基地建设，确保针对新媒体专业应用型人才培养需要和不同课程的实践需要建设相应的实习、实训基地。例如，同淄博城投商业运营有限公司合作，针对数据收集分析、营销策划、新媒体运营等课程需要提供实习实训基地；同山东尚觉投资有限公司合作，针对新媒体设计、视频拍摄与制作等课程需要提供实习实训基地；同腾讯（山东）企鹅新媒体学院合作，共建融媒体实验室、学生实训基地项目。亦可以在本校内开展院系合作，例如同计算机科学与技术学院合作，提供数字技术方面的支持；同农业工程与食品科学学院合作，实现人机工程实验室、交互性多媒体实验室、虚拟仿真实验室等实验室资源的共享。

（七）完善实践教学环节，构建“全过程递进式一体化”实践教学体系

以能力为本、创新为魂，构建“实验—实习教学—创新实践—毕业设计（论文）”多层次、模块化、递进式、一体化的特色实践教学体系。以协同育人平台为载体，实现师资、课程、实验室、实习实训场所等资源共享，完善校企协作人才培养与定向就业机制，开展新闻传播新技术研究、现代传媒新手段新方法研究、新媒体智力服务等校企合作项目，培育学生的创新实践能力。

一是以实验课教学为载体，通过项目驱动的方式开设创新型实验，打破课程的机械划分，深化学生的课堂理论知识，增强学生对知识的综合运用能力、对课题设计和分析的能力，强化数字营销传播实践和网络新闻实践能力，突出对其创新能力的培养。着力构建真实实验与模拟实验有机结合的实验教学体系。开发或引进优质虚拟仿真实验教学资源和实验教学项目，优化实验项目教学设计，以虚拟结合多样化的实验教学方法改革为突破口，积极探索线上线下互补的自助式、合作式、探究式实验教学新模式。

二是拓展和丰富第二课堂和课外实践创新活动。

首先，构建开放的第二课堂实践平台和体系，培养学生的动手能力和综合素质。如开展海报设计、短视频拍摄、微电影广告制作、数字营销传播模拟、深度报道写作等第二课堂活动，吸引学生参与。

其次，开展丰富多彩的学术交流活动，培养学生创新精神。如遵循新文科建设的问题导向理念，设立“人工智能”“社交媒体的参与规范”“大数据时代隐私问题”等能够体现学科交叉性的主题，引导不同院系、不同专业的学生聚在一起进行思想交流与碰撞。

再次，充分利用各年级大学生科技创新研究项目和各种学科竞赛活动，由专业实验室主任组织，同学生工作处老师联动，选派数量适宜的指导老师在学生参加全国大学生广告艺术大赛、金犊奖、学院奖等各类竞赛的数字营销项目中进行指导，在竞赛实践中提升学生实践技能，培养学生的创新实践能力和团队协作精神。

最后，完善校内外新媒体专业实训实习和毕业设计（论文）环节。进一步建设高水平实习实践教学基地，搭建优质校企合作平台，通过校企共建课程、科研合作、人员交互培训、联合指导实习和毕业设计（论文）等培养学生形式，实现项目孵化、人才培养、学生就业于一体的协同创新人才培养模式。将原本由学生自己安排的分散实习变为专业统一安排实习，由学院为学生提供实习企业及实习岗位，企业负责人与指导老师共同负责对学生实习状况观察与评价，将实习变成真真正正的实践课程。

（八）完善教学质量评价体系，建立专业建设和发展长效机制

改变过去注重结果的评价方式，以学生学习过程和成效为导向，结合专业人才培养目标，制订并完善教学质量评价体系，构筑起新媒体专业毕业生、行业、学校三位一体的教学质量评估体系。

一是毕业生评价。按照科学的教育类评价量表制定方法，设计毕业生满意度评价量表。毕业生通过结合四年的专业学习生活经历，对专业课程内容、师资力量、教学模式、实习实践等方面进行评价。

二是企业评价。按照科学的教育类评价量表制订方法，设计企业满意度评价量表，一方面深入新媒体专业毕业生就业去向单位或企业，针对其对毕业生在企业表现、人才培养质量与企业人才需求契合度等方面进行评价；另一方面，面向同新媒体专业开展人才培养合作的企业，针对学生参与企业实习实践、人才培养质量、实习实践基地建设等方面进行评价。

三是学校评价。由学校按照其教学质量评价制度，通过课堂听课、网络观课、专家点评、教师互评、学生满意度调查等方法针对新媒体专业的课堂环境（教学设施、教学引导等）、课程建设（课程目标、课程内容、教学设计、教学团队质量、教学资源等）、教学过程（线上教学、线下教学、学生线上表现、学生线下表现等）、人才培养质量等多方面进行评价。

将毕业生、行业、学校对教学质量的评价常态化，通过定期地收集评价反馈，不断改善新媒体专业的教学质量，促进专业建设和专业长效发展。

四、结语

本论文研究践行了新文科建设理念，立足于山东理工大学地方理工类高校的定位，探索了将广告学专业转型升级为新媒体专业的路径，即明确新媒体专业的增长点和发展方向，明晰新媒体产业人才需求现状，确立培养应用型、复合型新媒体人才的新文科教育理念，研制新媒体专业人才培养目标及人才培养方案，建设高水平“双师型”教师队伍，建设分层次、多元化教学资源，构建“全过程递进式一体化”实践教学体系，完善教学质量评价体系。通过探索，一方面促进山东理工大学广告学专业向新媒体专业的转型升级发展，加强专业建设；另一方面以期为其他地方理工类高校的广告学专业转型升级提供思路借鉴。

本论文的创新点即通过对以往新文科背景下各大高校的广告学专业建设路径进行梳理，发现其均面向广告学专业本身进行发展，而未有将广告学转型升级为其他专业进行发展的路径，本论文即以这一点作为创新点并展开研究。

但本论文研究仍存在以下不足。

一是课程设置、教学资源、国际指向人才培养部分仅为初步探讨。对新媒体专业课程设置、教学资源建设等方面仅做出了初步探讨，有关人才培养的国际指向也讨论较少，对于能够向世界讲述中国故事、传递中国声音的人才培养缺少对应措施，近年来本校广告学专业毕业生对于赴海外进修的意愿也愈发强烈。因此，广告学专业转型升级为新媒体专业课程应当如何设置，通过何种方式可以有效地扩充教学资源，以及确立何种国际指向所对应的措施，这些问题还需要后续研究作出进一步探讨。

二是深度访谈法使用不够充分。本论文在进行广告学专业转型升级的探索中缺少对业界知名人士及专业知名学者的深度访谈。未来研究可以采取深度访谈法对业界知名人士及专业知名学者展开研究。

当下技术发展之快、产业变动之迅速不断催促着教育应当时刻跟紧时代潮流，这需要本校广告学专业在转型为新媒体专业后仍坚持问题导向，加强学科间、专业与社会间、教育与技术间的交叉融合，持续关注企业与技术新变化，不断更新课程内容与教学模式，不断培育社会所需的优质人才。

作者简介：郭晓丽，山东理工大学文学与新闻传播学院广告系副教授、副系主任；刘博仁，南京师范大学新闻传播学院硕士研究生；付于冰倩，山东理工大学文学与新闻传播学院广告系本科生。

“大广赛”的坐标：教学本体与教学方法的交叉

由磊明　郭　鹏

摘　要：教学本体和教学方法的设计是教学过程中的关键环节。全国大学生广告艺术大赛作为广告学专业实践教学的重要平台，既涉及广告学专业教学的本体，又涉及教学的方法。全国大学生广告艺术大赛不仅仅是一个比赛，还是一个平台。通过这个比赛或者平台，我们可以开展广告学专业的实践教学，同时它也是广告学专业开展教学的重要方法。本文主要研究了这一赛事是如何更好地服务于广告学专业的教学工作。

关键词：全国大学生广告艺术大赛；教学本体；教学方法

一、关于全国大学生广告艺术大赛的教学本体、教学方法

第一届全国大学生广告艺术大赛（以下简称“大广赛”）在2005年举办，起初大赛每两年举办一次，从第五届开始大广赛每年举办一次。截至目前，大广赛已经成为全国1300多所院校参加的国家级赛事，被教育部列为实践教学的A类赛事。大广赛这一赛事项目实行“真题真做”，对以广告学为代表的学科的实践教学起到了重要的促进作用，很好地锻炼了教师和学生的专业水平。

对于专业教学来说，学科知识与理论的传授是教学的本体，而教材是知识与理论传授的重要媒介。但是许多时候，对于实践性极强、变化较快的广告学专业来说，教材往往具有一定的滞后性，落后于实践的发展。因此，教什么这一根本性的问题也会遇到挑战。诚然，基本的原理与理论仍然是教学过程的重中之重，但是对于营销界的新需求、新变化我们也必须及时进行关注。广告学是一门实践性极强的学科，不积极关注变化的实践基本形同于闭门造车。而关注实践需要关注什么？大广赛是一个重要的关注点。大广赛的命题可以纳入到专业教师的备课体系中去。教师的吸收与分析，对自己是成长和进步，同时将这些内容传达到教授学生的过程，则是和学生的共同成长。

每一届大广赛的各个选题在一定程度上反映了相关企业在当前的营销环境下的营销需求或者困局，例如越来越多的企业为了让用户参与进来，将互动类广告作为重要的命题方向。对于这些困局的突破当然也应该成为广告学专业师生着力解决的问题。因此，大广赛的命题对于我们的教学内容具有一定的指向性。同时，这一赛事具有生动性。所有的命题都是企业的真实案例，学生的作品反映的是对于市场的真实把握。在广告学的日常教学过程中，大广赛提供了一个真实、生动的训练场，一切以作品说话。我们的教学内容应该将其作为重要的参考，尤其是大广赛中出现新的命题要求时，往往意味着业

界出现新的动向，我们应该密切关注，适时调整我们的教学大纲。

教学方法是教学的媒介、手段。广告学专业在以往的教学过程中往往采用案例分析法、讲授法、模拟场景法等手段来开展教学工作。这些方法各有其优点，但是它们在面对具体的实践案例时遇到了许多问题。大广赛的命题具有真实性，以问题为导向，可以让师生面对企业真实的营销问题，检验以往的教学内容和教学手段的实效性，学生的作品最终面对的是学界和业界共同的评价。广告学专业作为一个实践性极强的专业，如果师生无法为企业的真实营销传播活动助力，那这个专业存在的价值就值得怀疑。因此，研究大广赛历年的选题和案例以及优秀的广告作品，并积极参加大广赛是广告学专业教学与学习的重要方法。

二、大广赛与广告学专业的专业教学

发展至今，大广赛已经成为一个全国性的重要专业赛事，这个赛事每年都会产生大量优秀的广告作品。大广赛对于广告学专业的教学有什么价值？如何利用好这一赛事、这一平台服务好专业的教学工作呢？笔者从内容和手段两个维度来进行分析。

（一）内容方面

向作品学习：现在的大广赛实行的是"一次参赛，三级评选"的模式，即首先在校内进行评选，然后进入省赛区进行评选，优秀作品再进入全国赛区进行选拔。比赛过程中产生了大量的优秀作品，尤其是能够进入全国赛区并获得等级奖的作品，往往都有一定的亮点值得我们去挖掘和分析。作为广告学专业的学生，应该认真向这些优秀的作品学习，认真分析自己作品在创作时存在哪些问题，这些获奖的作品创作亮点是什么，自己如何在思维方式上进行突破。作为教师，将历年的优秀作品纳入到教学内容中去也会有比较好的教学效果。同时，可能让大学生们提前了解大广赛，更好地为以后的赛事做好准备。

向业界和同行学习或者互动：经过十几年的发展，大广赛已经不仅仅是一个赛事、一个资料库，也成为一个重要的交流与互动的平台。大广赛是同一个学校内学生与学生、学生与老师交流的平台，同时又是不同院校之间的师生交流的平台。当然，由于企业的介入，大广赛又成为企业和院校、师生之间交流的平台。企业将自己企业的理念、自己的需求有效传达给全国1000多所院校的老师，老师带领同学们分析企业、分析竞品。这一过程就是深入了解企业的过程。企业的经营理念、价值观会无形中渗透到参加比赛的师生心中。许多的企业通过这一平台收获了自己满意的作品，作为营销传播方案进行执行，达到了预期的传播目的。有些甚至将优秀作品的设计者直接录用为自己的企业员工。在这个平台上，参与主体企业、院校、教师、学生等之间形成了全方位的频繁互动。

（二）手段方面

广告学专业的核心课程中，创意类的课程在讲授方面有着较大的难度，学生靠单纯地学习理论知识很难在创意上有大的突破。通过不同的方法去研究大广赛作品、参加到大广赛中就是一种很好的提升方法。

大广赛上的优秀作品的创作者就是本院校或者兄弟院校的同学，那些在全国赛区获奖的作品更应该是集中研究的个案。作为广告学专业的专业教师，应该站在研究的视角，将历届获奖作品做全面且系统的分析。例如该作品采用了什么样的表达方式，出现了哪些元素，与以往的或者同期的作品相比较有哪些突破，今后的创作有什么可以从中借鉴的等。整体来说，应该对优秀的作品做出纵向和横向的比较和分析，才能更好地利用这些作品，更深入地把握这些作品。

在广告学专业的教学过程中，教师可以提前让学生关注大广赛、研究大广赛，可以通过通读研究、对比研究等方法来分析大广赛的获奖作品。如通读研究，既然是全国性的获奖作品，作为广告学专业的同学最好能够认真通读和分析历年的获奖作品。任何的作品都是有迹可循，认真去研读这些作品对于提升自己的创意水平，提升创意感觉，了解优秀作品的创作思路都有着重要的意义。又如对比研究，可以比较面对同一客户，不同院校的同学分别采取了什么样的创意方法，哪些方法技高一筹等。对于每年的大广赛决胜阶段，全场大奖和一般的获奖作品相比较又有哪些不同点。通过多重维度的反复比较和总结，学生的创意水平会得到迅速的提升。

三、大广赛——教学本体与教学方法的统一

对于广告学专业的实践教学来说，不同的学校结合自己的资源走出了自己的道路。北京大学广告学专业善于借用学校外部资源，让学生参与到真实的实践中去。北京大学和今日头条合作，让学生学习头条认证体系，并直接进行真实的广告投放以及评估。中国传媒大学利用专业教师的校外资源开设创业创新课程，邀请国内各个行业代表性企业的负责人开设专业讲座。企业总监、创始人直接讲授的创业过程以及讲座后的互动，对于学生的实践也起到了重要的推动作用。但是对于国内更多的开设广告学的专业院校而言，它们并没有上述院校的光环和资源，采用上述模式开展实践教学难度较大。对大部分院校来说，大广赛是一个提升学生实践能力的很好的平台。大广赛不仅考验每一个参与者的专业知识，还考验着团队意识与团队配合、创作的规则意识、方案的执行能力、心态等，可以说对参赛者是一个全方位的锻炼，对于参与者的实践能力有着较高的要求。

（一）教学本体

十一届大广赛的作品集汇集了全国优秀的广告作品，这些作品有文案、图片、视频等多种形式，本身就可以作为广告教学的重要内容。在系统学习广告专业理论知识的基础上，做好这些获奖作品的学习与分析可以让学生更好地了解营销传播的实践。对于专业教师，尤其是对于广告文案、广告策划、市场调查等课程的老师，完全可以把大广赛的获奖作品作为教学的重要资料来填充到自己的教学工作。

大广赛对于广告学专业学生是一个全方位的专业训练。通过选题可以看出，每一届的大广赛涉及不同的媒体形态，平面媒体、视听媒体、网络媒体都是大广赛的组成部分，涉及不同的专业方向，设计、文案、视频等。可见，大广赛对大学生来说是一个较为全面的训练，只要学生对上述领域中的一部分感兴趣就可以参与进来。通过历年获奖

作品的分析可以看出，有些素质较为全面的学生，可以参与到多个选题中去，并且均取得较好的成绩。通过参加大广赛，师生可以更明确地知道哪些知识是必须学习的。广告学专业强调宽口径、厚基础，因此学生需要具备较为全面的综合知识，同时还要具备广告专业的专业知识，了解市场、了解品牌、了解消费者，掌握一定的软件操作能力，例如 Photoshop、HTML 5，此外，学生还应该具有加强的沟通能力，能清晰、流畅地表达出自己的想法。

在广告学专业教学过程中，实践教学是非常重要同时又是难以开展的一块，而大广赛提供了很好的平台。大广赛为广告教学提供了实践环节，利用大赛提供的广告实际传播案例和学生自身生活实际的分析，着重对学生进行广告策略的研究、分析、执行及创意要领指出的思维训练。大广赛一个非常大的意义在于，它在一定程度上解决了广告学专业实践教学不足和效果不强的重要问题。

（二）教学方法

广告学专业日常的教学模式仍然是以专业教师讲授为主，大广赛在推广过程中会有一系列的专家讲座，大广赛结束后会有一系列的学术成果得以发表，这些都是专业师生学习的好素材。

大广赛在推广的过程中提供了一系列的专家讲座。这里既有学院派的资深教授，也有行走业界的创意大咖，也有来自企业的负责品牌或者市场的总监。他们往往会从自己的工作视角，结合大广赛，发表一系列具有重要价值的观点。这些浓缩型的观点或知识对于大学生的日常的学习起到了很好的补充作用，对于参加大广赛的作品的创作起到了很好的指导作用。

许多老师指导学生获奖后，结合自己带学生参赛的过程发表相关的学术论文。有些老师则以大广赛为研究对象，对某些话题进行研究，如关于历届作品中中国元素的研究，或者总结某一届大广赛某一媒体形态的广告获奖作品的共性的研究，或者对某一个案进行分析的研究等，这些作品都具有较高的学习和研究价值。对于相关专业的师生来说，认真研读这些作品会对大广赛有宏观的把握，对于某些话题则会有深入的了解。学生们随时可以到网上检索这些作品，作为进行比赛的重要参考资料。

大广赛为广告学专业的实践教学提供了很好的个案，对于专业的实践教学意义重大。基于此，有些高校调整培养方案，直接将大广赛列入专业的教学体系中，例如山东建筑大学广告学专业的专业实习可以分为专业认知实习、专业课程内实习、毕业实习等。它们分别设在不同的学期，承担不同的角色和功能。在学年的下学期，在大三开设的《广告策划》课程中，将参加大广赛的策划类选题作为专业课程内实习考核的主要指标。所有学生必须在理论学习的基础上，分组组建团队，选择不同的产品，创作出合格的广告策划书。多年来，该专业已经在大广赛策划选题获得全国的一、二、三等奖共计 20 多项。实践证明，在全国获奖的同学在就业时有明显的优势。中国传媒大学广告学院黄升民教授认为，高校检验自身创新能力的三个问题分别是：课程设计是否与产业实践相关？专业位置是否处于产业发展的前端？学术研究能否回应产业的理论需求？大广赛提供的选题就是典型的产业实践。因此将其纳入到广告学的专业课程设计中去，不但可行，而且非常有必要。

四、反思

大广赛参与人数之多，提交作品数量之大逐渐成为一种常态。既然全国各个高校的广告学以及相关专业投入如此大的精力去做这一件事情，可否更加深入地挖掘这一赛事的价值，可否更好地扩大赛事的影响力，也十分重要。由大广赛组委会牵头做一门大广赛历年优秀个案作品分析的课程，由以往获奖作品的指导教师在更大的平台上如中国大学生慕课网去传播、推广这一赛事，这样自然又会进一步扩大赛事的影响力，从而影响到更多的人群。

大广赛的对象主要是当代的大学生，大学生基本全面进入了 00 后的阶段，他们对知识学习的平台和要求有自己的特点。近年来媒体格局变化较大，随着移动互联网的迅猛发展，大学生将更多的精力投入手机端，包括短视频应用如抖音、快手、火山等，知识服务类的应用如知乎、二次元类的应用如 B 站等当代大学生投入精力最多的几类应用。因此，大广赛也需要与时俱进，选择这些平台进一步传播大广赛，在这些平台与大学生进行接触，用年轻人喜欢的方式进行沟通。可以开通在这些平台上的账号，与大学生开展多种形式的互动，与年轻学子接触的机会，放大自身的价值，增强自身的影响力。

作为国家级赛事的大广赛提供了广阔的空间，成为以广告学为代表的文创类专业值得研究的重要资料库，成为大广赛各大参与主体的交流互动平台。这是其在教学本体上的价值。同时大广赛在开展的过程中，又是对于教师和学生水平的考核，他们使用这一赛事和平台，真正将所学理论和企业的真实实践结合在了一起，对于传统的教学方式形成了很好的互补，已经成为许多高校专业教学的重要手段。这是其在教学方法上的价值。由上可见，大广赛是教学本体和教学方法的高度统一，是当前的广告学专业在建设过程中无法绕开的一个重要环节。广告学专业的师生当持续关注、研究、参与到大广赛这一赛事中，检验自己的实践水平，与更多的主体进行互动。

作者简介：由磊明，原山东建筑大学艺术学院广告学教研室副教授；郭鹏，山东建筑大学艺术学院广告学教研室副教授。

基于线下门店的中国品牌海外传播媒介研究

——以蜜雪冰城为例

焦　玥

摘　要：“媒介即信息”是加拿大学者麦克卢汉对传播媒介在人类社会发展中地位和作用的高度概括，他认为真正有意义的信息不是媒介传播的内容，而是媒介本身。以往研究大多把中国品牌传播过程中的媒介等同于大众媒体和个人社交媒体平台，而在实际情况中，一切品牌和消费者的接触点都是品牌传播的媒介。作为一家已经在海外开设上千家门店的中国茶饮品牌，蜜雪冰城从某种意义上践行了“媒介即信息”理论范式，在海外市场彰显中国品牌的影响力，受到了东南亚、北美和澳大利亚消费者的喜爱。本文将从媒介环境学视角出发，研究线下门店在中国品牌海外传播过程中的媒介作用，探索品牌的多元媒体传播路径，为中国品牌的海外发展献计献策。

关键词：门店，中国品牌，海外传播，媒介，蜜雪冰城

尽管1964年麦克卢汉就在他的著作《理解媒介：论人的延伸》一书中提出论“媒介即信息”的观点，但直到20世纪90年代，人们仍旧对这个观点半信半疑。麦克卢汉认为，媒介本身才是真正有意义的讯息，媒介决定着信息的清晰度和结构方式，媒介形式具备革命性力量，真正有意义的并非媒介传播的内容。在《理解媒介》一书中，麦克卢汉不厌其烦地通过举例来论证这个观点，列举了从口语词、书面词、数字、服装、住宅，到广告、游戏、广播、电视、武器等26种媒介通过截然不同的内部结构、组织方式和运行机制对历史上的人类社会产生的影响，但由于关注视角和时代局限，媒介种类在本书中并未被穷尽，现实中的媒介远不止于此。

21世纪以来，随着媒介技术的革命性发展，人们终于意识到“媒介即讯息”这一理论的预见性意义。这一理论之价值，不限于大众媒介的技术演化对人类社会生活和思维方式的影响，而是在于“万物皆媒”，一切媒体都是人的延伸，媒介即环境。从这一角度出发，对于品牌营销传播而言，理应关注大众媒介之外的传播渠道，即品牌天然拥有的媒体，本文称这部分媒体为“元媒体”，相对于需要购买的大众媒体资源则称为“延伸媒体”。

元媒体对于品牌营销传播具有重要价值，但是在过往的营销传播应用和研究中却往往被忽视。品牌往往只聚焦在如何购买延伸媒体资源上，而这些资源的价格不仅昂贵，而且用过即逝。“元媒体”的概念同样源自于麦克卢汉在《理解媒介》一书中“延伸媒

体”的启发，麦克卢汉曾提出“媒介即人体的延伸”的观点。他认为任何媒介都是人体的延伸，报纸是眼睛的延伸，广播是耳朵的延伸，电视是耳朵和眼睛的延伸。媒介是人的一切外化、延伸和产出，是人的一切文化。品牌如人，每个人最大的媒体都是自己，每个品牌也应充分挖掘自己的元媒体。对于品牌营销传播而言，元媒体是商品，是包装，是门店，是人——包含企业员工、CEO、顾客等，凡此种种，都可以成为流量转换的战略工具。元媒体媒介价值的开发能极大提高品牌传播效能，降低品牌营销传播成本，让品牌掌握营销传播的主动权。

随着国际化和全球化进程加速，中国企业正在面临着从“产品出海”到“品牌出海”的转型。海外市场为中国企业提供了广阔的市场机会、优惠政策和优质资源。中国企业的产品优势也体现在产品类型、价格、技术、品牌、文化等多个方面。以新式茶饮为例，经过20年的发展，国内市场已接近饱和，数十个品牌必须不断“内卷”才能阶段性赢得消费者的注意力。但在海外市场，新式茶饮处于未来可期的“明星”产品阶段。仅珍珠奶茶这一单品，就曾掀起海外消费者追捧浪潮，许多自媒体达人在社交媒体平台上因发布这类视频而爆火。中国新式茶饮品牌中，蜜雪冰城、喜茶、霸王茶姬等纷纷布局出海。早在2018年，喜茶在新加坡开出第一店，马来西亚、越南、日本、澳大利亚成为中国奶茶品牌出海的主要目的地。这其中以蜜雪冰城更具有代表性，五年内从4500家门店快速增殖超过20000家门店，海外超过1000家门店，蜜雪冰城以肉眼可见的速度成为现象级的中国品牌，在海内外和线上线下都受到了消费者的喜爱。本文以蜜雪冰城为例，从媒介环境学视角出发，研究线下门店在中国品牌海外传播过程中的媒介作用，探索品牌的多元媒体传播路径，为中国品牌的海外发展献计献策。

一、东南亚华人聚居，共享文化母体

门店选址首要的是甄别经济文化大区域，寻求共同的文化母体。中国新式茶饮品牌的出海几乎都把首站定在了东南亚。东南亚6亿人口中有大量的华人、留学生、中国游客，饮食习惯和消费水平更接近国内，市场潜力巨大，他们也是中国新式茶饮品牌试水海外市场的首批拥护者。2022年墨腾联合发布的报告中显示，东南亚地区新式茶饮每年消费可高达36.6亿美元，其中印度尼西亚就高达16亿美元。目前蜜雪冰城1000多家海外门店中，大部分都开在印度尼西亚、越南等东南亚市场，加盟形式和优惠政策促进了门店的快速增长。在2022年蜜雪冰城发布的招股书中写道，东南亚市场潜力较大，有望成为未来中国现制新式茶饮的新营收增长点。

东南亚地区自古以来就与中国内地共享大中华文化母体，这里的居民在饮食习惯、物价水平、风俗习惯、文化认同方面与中国本土市场相似度较高。许多在国内验证成功的营销活动和品牌符号，可以直接在东南亚市场复制和传播，无须面临跨文化传播的鸿沟。例如蜜雪冰城每年冬季的福袋节，在国内门店推广四年后积累了丰富的经验，加盟商和消费者的参与成本一再降低，对门店助销效果显著。2023年首次在越南试行，“福袋”一词自带流量，适合中国春节期间走亲访友各类场景。福袋主推“春联”这一活动核心单品，受到了加盟商和当地消费者的喜爱。越南也有过春节的习俗，春联的仪式性价值无须对当地消费者过多解释，蜜雪冰城在这些春联上加注了小字的英文释义，保留了中国传统春联红纸上书写中文书法大字的整体样式。在春节期间这些春联在越南蜜雪冰城门店率先张贴起来，门店成为传播中国文化和蜜雪冰城品牌形象的元媒介，顾客无论路过还是进店消费都会接收到这一信号。春联通过购买商品即赠的方式，从门店这一消费场景跟随顾客进入生活场景，延长了品牌信息的曝光时长，当蜜雪冰城的春联贴在越南消费者的家门口，福袋节春联昼夜不停地发出信号，影响消费者一整年。

二、锁定年轻华人消费群体，提升品牌知名度

在国内已为消费者熟知的品牌和品牌营销活动，对海外的留学生、游客具有天然的亲切感和吸引力，人们会优先选择自己熟悉的品牌、口味。对于品牌出海而言，最为重要的是具备适应不同营销环境的能力。在东南亚之外，市场环境更为复杂，蜜雪冰城韩国首家门店选址在首尔中央大学附近；2022 年末，东京的两家门店分别选址在东京表参道和东京池袋立教大学前；2023 年，在澳大利亚的首店开在了市中心 CBD 的世界广场。和国内蜜雪冰城发展早期在大学城开店一样，日本、韩国门店主要开设在大学或商业中心，目的是吸引大学生群体消费，年轻人是活跃的时尚潮流追随者和频繁的社交媒体使用者，年轻人的聚集、围观、消费和转发，可以带动潮流向其他群体流动。

蜜雪冰城门店装潢与当地审美一致，国内被消费者围观、拍摄、转发的“雪王游街”活动在以上市场也受到好评。蜜雪冰城在这些市场保持着国内市场的“原汁原味”，如继续坚持平价策略，菜单与国内基本一致，原材料从国内出口当地。蜜雪冰城主要销售两类产品：现制茶饮（包含冰激凌和各类新式现制茶饮）和加盟店。现制茶饮的目标消费群体主要是当地的中国留学生，蜜雪冰城在悉尼举办了“请 1000 名悉尼留学生喝蜜雪”的活动；加盟商主要是当地华人，加盟商要经过品牌的统一培训，以保证产品和服务的质量与国内基本一致。让在地的华人、留学生和游客成为品牌元媒体，传播品牌影响力，带动其他消费群体关注品牌。

三、门店即媒介，门店包含所有事

中国大品牌的出海，让海外游子第一时间涌向门店，门店外观、门店前排起的长队、门店门头的品牌色和品牌 logo 都会成为消费者在社交媒体上二创内容的素材。

对于信息时代的人们来说，门店就是蜜雪冰城最大的“自媒体”之一，蜜雪冰城极具识别性的正红色招牌和雪王形象，让品牌营销信息变得“可言说”，让门店无论在网络世界还是在街道上都备受瞩目。而蜜雪冰城在国内市场长达五年的门店升级改造过程中，门店已经升级到第八代，门店招牌经过精心设计，在街道一众门店中脱颖而出，通过门店招牌、品牌色、门店电视机和菜单、卷闸门彼此配合发出更强的品牌信号能量。随着品牌的壮大，门店的这些符号元素在单独出现时也能被消费者快速识别。尽管蜜雪冰城在海外门店的招牌使用的是“蜜雪”的中文全拼，但这并未影响到消费者对该品牌的快速识别和喜爱。

门店对于一个品牌来说意义重大，门店体现了产品、价格、渠道和推广等营销活动

的所有环节。在全民电商时代，门店肩负了比以往更为复杂的功能，需要特别强调以下内容。

门店具有渠道功能。门店是品牌和消费者直接发生交易的地方，大街上的行人就是品牌天然的流量，是品牌不必额外支付广告费就能获得的“流量”，完成流量漏斗的转化和循环。

门店聚集着品牌天然的元媒体，门店“物质存在”和“人”都能肩负传播品牌营销信息的作用。这里的“物质存在”包含了门头（和门店外观）、店内设计和宣传物料、产品等，“人”包含了店员和顾客。门头大招牌是品牌免费的广告牌，在街道这个“货架”上每天24h传播品牌信息，提示过往行人。店内的灯箱、海报、菜单、桌贴、条幅等是购买指南，帮助进店顾客提高购买效率，快速下达购买指令。产品被顾客买走后，包装成为移动的元媒体广告，在大街小巷和顾客的社交媒体平台上出现，传播品牌信息。顾客自发的二创活动，往往围绕着门店和商品展开，蜜雪冰城海外门店前排起的长队、门店“日系”“韩系”的装修风格、雪王出巡都屡屡登上传统媒体和社交媒体。“雪王吨吨桶”是在海外市场“出圈”的蜜雪冰城零售产品大爆款，美国有线电视新闻网（CNN）及印尼当地媒体报道了印尼总统佐科的儿子作为梭罗（solo）市长，去当地市民家走访时，全程背着蜜雪冰城的“雪王吨吨桶”，成为行走的“广告牌”。

门店通过人、货、场的统一能够给顾客在场交易的体验感。门店的装潢设计风格、现场制作流程、店员的广告话语和面对面服务，都能让消费者直观认识到品牌个性。在国内的蜜雪冰城门店，就曾掀起顾客自发进店唱跳主题曲换免费冰激凌的活动，蜜雪冰城官方快速反应，在随后的父亲节期间由官方借鉴并在全国推广了这个活动，极大地增加了蜜雪冰城主题曲在线上和线下的热度和流量，成为当年的媒介大事件，打开了品牌知名度，许多人几乎都是通过这首品牌歌曲第一次知道了蜜雪冰城。门店热销的氛围感使得顾客乐于模仿、乐于加入品牌营销活动中。这是线上的匿名沟通不能比的，即使线上有千百条第三方证言也不如消费者一次“眼见为实”。

四、品牌出海，商标先行，提前进行海外商标布局

蜜雪冰城的品牌国际化体现在了更为专业的方向。尽管截至2023年为止都没有一个真正的“英文名”，海外门店使用的一直是“蜜雪”的中文全拼，但2018年蜜雪冰城商标升级后，迅速申请了海外多个国家的商标，提前进行了海外商标布局，以商标授权的方式顺利进入了东南亚、日本、韩国和澳大利亚市场。

商标具有地域性特征，注册商标仅在商标注册国受法律保护，在我国注册的商标想要获得其他国家的商标专用权就必须在该国提交商标注册并获得授权，或者是通过《马德里协定》等国际知识产权条约在协定的成员国内申请领土延伸的方式获得商标保护。不法分子对商标的侵权和盗用，有可能导致重大法律风险和商业损失，需要品牌予以高度重视，及早布局。而同为中国知名现制茶饮品牌的茶颜悦色，就曾在2022年在韩国被留学生抢注成为韩国商标，茶颜悦色对此只能遗憾地在微博上说，“对方此行为合法，我们无权干涉，抱歉此前在商标保护上做得不够。”

商标伪造最易泛滥的场所之一就是品牌门店，由于现制茶饮的独特商品属性，品牌必须通过门店这类销售场所现场制作售卖，和品牌门店外观、品牌名发音、品牌色颜色相近的仿冒者极易在品牌具有一定知名度但门店辐射不到的区域出现。消费者对品牌不够熟悉时，就容易上当受骗。仿冒者扰乱市场后，品牌则很难对市场再进行有效管理，这也极大损害了加盟商的利益。因此中国品牌出海必须获得当地法律的保护，及早在海外市场注册商标。

能够被消费者记住并优先选择的品牌是有限的，外国品牌进入一国市场时打开知名度更是需要付出高额的时间和经济成本，这意味着中国品牌出海的成本回报周期比国内更长，经营难度比国内更大，品牌需要竭尽所能缩短这个时限，节省成本，扩展品牌知名度，才有可能持续开拓海外市场，让海外板块尽早自负盈亏。蜜雪冰城进入亚洲和澳大利亚市场时，继续沿袭了在国内的营销传播方式，没有花大价钱在大众媒体上发布广告，而是通过开设门店吸引当地华人和留学生率先消费，带动品牌在当地的知名度和社交媒体的曝光量。

从媒介环境学视角观察中国企业品牌出海过程中门店的功能，本质上是借用了“媒介即信息”“万物皆媒介”的理论范式，为中国品牌的营销传播提供更丰富的路径。消费者在网络搜索时选用的关键词往往并不是品牌名称，而是各种消费需求和品类词语。品牌如果只是通过对消费需求和品类词语付费的方式获得流量，有时很难精准转化成自己的销量，反而将关键词在平台的价格抬到更高，一旦不买流量，就无人问津，最终品牌被流量商左右。除了在大众媒体上发布广告，品牌应意识到门店是天然的“自媒体”，是无须额外支付费用就能发挥信息传播功能的媒体。对于现制茶饮来说，一家门店成本动辄数十万，是品牌销售商品、提供服务的必要支出。门店坐落在街道之上，应时刻向路过的行人发出信号，传播品牌声量，提高流量漏斗的转化率。门店的宣传物料和空间设计也要尽可能发挥其媒体功能，通过信息的有效组合为消费者提供购买理由和购买指南，下达购买指令，提高消费者的购买效率。

作者简介：焦玥，浙江传媒学院文化创意与管理学院讲师。

品牌传播视域下中华优秀传统文化的创新发展：现状洞察与路径突破

牛　昆

摘　要：“新国潮”时代中国品牌日益成为中华优秀传统文化创新传播的重要媒介。品牌传播视域下中华优秀传统文化的创新发展呈现出以下显著特征：科技与文化协同共振，功能品质与情感价值相得益彰；创意表达与现代信息系统“完美适配”，兼具原创性、震撼性、关联性；传播链路实现多维升级，产销合一、智能化、场景化、社会化趋势明显。品牌传播视域下中华优秀传统文化创新发展的路径突破，须在价值—理念层面融通“传统”与“现代”，以品牌为媒传递社会主流价值；在产品—表达层面兼顾“物质性”与“精神性”，实现商业价值与社会价值的协调统一；在传播—互动层面充分激发用户创造力，以品牌为纽带提升中华文化影响力与感召力。

关键词：品牌传播；国潮营销；传统文化创新

文化繁荣与商业文明紧密依存。在经济、文化、科技等多重因素作用下，越来越多的中国品牌走向“将传统文化与时尚元素进行结合”的“国潮”发展之路，品牌传播与文化创新之间的联系日益紧密。相关报告显示，2011～2021 年“国潮”热度增长超 5 倍，78.5%的消费者更偏好选择中国品牌。“国潮”作为“国货”品牌力和号召力的代名词，正日益展现出惊人的传播声量与发展潜能。“传统文化”与“中国品牌”在交融对话、双向互动中不断焕发新的生机与活力。中国品牌不仅在促进经济发展、满足人们物质需要等方面的作用日益凸显，也承担着增强国人文化自信、推动中华文明广泛传播、促进人类文明交流互鉴的重要使命。品牌传播视域下的中华优秀传统文化创新发展成为业界实践与学术研究重要命题。

一、中华优秀传统文化创新发展的重要价值与现实意义

中华优秀传统文化包含丰富元素，蕴含着深厚的人文精神。当今时代，中华优秀传统文化的传播价值、社会价值日益凸显。在消费升级、深度媒介化与加速全球化背景下，中华优秀传统文化的创新发展具有重要价值与现实意义。

（一）以文化创新呼应需求升级，满足当今时代人民所需

消费升级背景下，随着物质财富的不断积累，人们的精神世界与知识生产也越加丰盈。“知识付费”“精致生活”“诗和远方”……人们对“美好生活”的定义中指向精神满足的元素越来越凸显。人们的需求层次正在经历着向更高境界的跃升：从追求“丰衣

足食”到向往“归属与爱”、获得“认可与尊重”、实现“人生价值”。人们对“文化”“精神”与“意义”努力探寻。在物质条件得到一定程度丰富的时刻，更须重视精神的归属与文化的溯源。

（二）以文化创新助力主流价值凝聚，抵御现代社会的“加速”风险

随着“大智云物移”技术的应用以及深度媒介化社会的到来，现代社会中信息传播量得到空前增长，信息传播速度得到空前提升。这在促进经济增长与推动社会变革、丰富人们生活的同时，也带来了“信息污染”“情绪极化”“风险扩散”等舆论生态问题。在信息与商品的流通以及人们生活节奏不断“加速”的现代社会，以文化涵养深化思想，以共同的精神内核、共通的意义空间、共享的生命体验推动社会主流价值凝聚与传播，以优秀传统文化中“真、善、美”的纯净思想抵御因社会加速而产生的风险成为思想文化建设、文化自信提升的当务之急。

（三）以文化创新助力中国故事传播，增强中华文明传播力影响力

当前背景环境下，国际传播的角色与功能更加丰富，作用与影响进一步凸显。面对国际话语权的现状格局，结合中国具体实际，运用以中华优秀传统文化为内核支撑、以中国元素为丰富表现形式，既能生动准确表达中国精神、中国观点、中国生活，又能被世界公众顺利“解码”，领会理解的话语体系，在主体间性的前提下寻找情感的连接与理性的共鸣，展现“可信、可爱、可敬”的中国形象，为人类文明的多样性共存与世界文化的多元化发展增添更多的中国故事与中国创作，成为时代之必然。

二、“新国潮”时代品牌成为文化创新传播的重要媒介

（一）作为物质与精神统一体的中国品牌与中华优秀传统文化密切连接

“中国品牌”与“中华优秀传统文化”具有天然联系。一方面，中国品牌在消费引领、时尚传播、日常生活等各个方面不断促进中华优秀传统文化的创意激活与创新发展，并在“坚守根本”“与时俱进”“经典流传”与“跨界年轻化”之间取得平衡。另一方面，中华优秀传统文化以其顽强的生命力与丰富的创造力促进社会个体心意的相通、心理的认同、情感的共鸣与理性的成熟，为中国品牌形象传播提供思想根基、价值认同、灵感来源与精神内核。

（二）“国潮”营销势头正劲：文化与消费、传统与时尚碰撞交汇

近年来，“国潮”一词热度不断攀升。从广义来讲，“国潮”可指以中国本土文化为内核，具有鲜明时代特征，并具广泛认同基础的社会风潮。当前语境中的“国潮”往往与消费、营销、传播紧密联系，既指一种文化现象，又体现为品牌营销传播活动。“国潮”是中华优秀传统文化与时代潮流元素的融合碰撞，其本质为中华优秀传统文化元素所蕴含的价值观念与审美旨趣在现代时空场域中的新阐释与新表达。“国潮”营销具备以下几个基本要素：以中华文化为内核，以先进科技为支撑，以流行元素或现代商品为载体，具有较为广泛的社会认同基础。当前，“国潮消费”作为一种“集体意识”不断增长，日益展现出巨大发展潜能。

（三）“国潮3.0时代”：品牌日益成为中华文化、中国故事多维立体传播的重要载体

《百度2021国潮骄傲搜索大数据》报告显示，“国潮”已经迈入3.0时代。在1.0时代，“国潮”意味着国货经典商品在消费市场和大众视野的重现与回归。在2.0时代，“国潮”意味着国货的品质升级与品牌化发展。随着3.0时代的到来，“国潮”的内涵与外延不断扩展。在中国品牌、中国文化和中国科技的多维聚力下，“国潮”成为包含物质实体、文化象征、科技实力等要素在内的综合体。人们关注的“国潮”话题也广泛涉及包含国货数码、国潮服饰、国货美妆、国产影视等在内的各个领域。

中国品牌是功能性价值、情感性价值、象征性价值的聚合体，更成为中华文化、中国科技、中国故事、中国时尚多维立体传播的重要媒介。越来越多的国货品牌不断聚焦新时代消费者的需求，以传统文化之博大精深，赋能当今时代的美好生活，在数智化转型中不断探索个性化、精准化、定制化、多元化等与消费需求相匹配的升级转型之路。

三、品牌传播视域下中华优秀传统文化创新发展现状洞察

在新产品、新内容、新媒介、新场景、新用户、新连接的共同助力下，国货品牌发展与文化创新传播呈现日益繁荣景象，“国潮”不断深度融入人们日常生活各个领域。文章结合宏观环境分析与微观案例洞察，探讨国货品牌发展中经济要素与文化要素的密切交织，总结品牌传播视域下中华优秀传统文化创新发展现状及显著特征。

（一）科技与文化协同共振，功能品质与情感价值相得益彰

智能时代，人与机器双向赋能，现实世界与虚拟空间紧密连接，物质财富与知识智慧交融沉淀，以数据、知识、技术、文化为核心发展要素的新型产业迅速勃兴。国货品牌以科技创新全方位助力产品品质提升、企业智慧转型、竞争能力升维与产业链路升级，在“国潮”营销中不断以科技创新赋能传统文化复兴。具体表现有：建设品牌实验室、不断加大研发投入；实时聚焦用户个性化需求，开拓柔性制造、反向定制等新型生产模式；与用户实时互动、共创价值；研发、生产、营销、传播不断融为一体。从科技品牌命名的人文意涵彰显、美妆品牌虚拟偶像的成功出圈到游戏品牌在元宇宙领域的开疆扩土，“国潮”与“科技”渐次实现深度融合与协同共振。

“科技研发赋能”与“用户价值共创”巧妙融合，品牌文化表达与产品科技创新“软硬兼施”，市场洞察力、科学创新力、文化吸引力、营销传播力、社会贡献力共同凝结，中国品牌在实现产品功能与品质升级跨越的同时，为用户提供了需求满足、社交陪伴、社群归属、文化自信等多元情感价值。

（二）传统文化创意表达与现代信息系统“完美适配”，兼具原创性、震撼性、关联性

新时代、新科技、新媒介培育出“新用户”。“新用户”的主要特征有：既要“兴价比”，又要“质价比”；既要“颜值”，又要“研值”；呈现“理性消费”和“品质消费”的双重特征。新华网联合得物App发布的《国潮品牌年轻消费洞察报告》显示，90后、00后成为“国潮”消费的“绝对主力”，并且在品质、外观（颜值）、科技、情感等方面呈现新需求。融入故宫、敦煌、三星堆、山海经、十二生肖等元素的诸多产品备

受年轻用户青睐。埃森哲“2022 中国消费者洞察”系列研究发现，近年来中国消费者消费理念和模式呈现出“我”经济、新理性主义、与技术共生、可持续繁荣等趋势。国货品牌在“国潮”营销与文化创新传播中通过持续精准洞察，核心价值提炼，兼具原创性、震撼性、关联性的创意表达不断呼应用户在物质与精神、感性与理性等层面的“新需求”，在品牌年轻化、IP 升级化的过程中实现传统文化创意表达与现代信息系统的“完美适配”。

百度发布的《中国品牌日·2022 百度消费搜索大数据》显示，健力宝、AD 钙奶、大白兔奶糖等上榜 2022 十大“国民记忆”国货。大白兔品牌聚焦“童年记忆”与“怀旧情怀”独特核心价值，通过旧元素新组合、多感官营销、跨界联名等方式实现产品与文化协同传播。香薰品牌观夏基于自身定位，将中华文化中的四时之美、文学风雅、城市意蕴融入产品内容，在“梅水煎茶”“昆仑煮雪”等五感通融体验中激发用户的深层共鸣。2022 年 5 月，茅台与蒙牛联名出品的“茅台冰激凌”上市，不断引发话题讨论与广泛关注。2023 年 9 月，瑞幸与茅台联名产品“酱香拿铁”在抖音平台首发专场直播销售额 4h 内破 1000 万元。中国品牌在“国潮”营销与文化传播中大胆创新，以新奇、时尚、原创的潮流设计和优势互补的联名互动，与年轻圈层实现从产品使用到生活方式、价值观念的更深刻连接。

（三）传播链路实现多维升级，产销合一、智能化、场景化、社会化趋势显著

随着深度媒介化社会的到来，品牌营销传播中的内容生产、用户角色、信息传播模式与反馈机制发生重要变革：用户既是品牌消费者又是内容生产者，也是文化传播者；大数据与智能技术从画像描摹、需求探测、内容匹配、效果反馈对营销传播进行多维赋能；包含“场所与景物等硬要素和空间与氛围等软要素”的场景洞察与开发越来越成为品牌占领用户心智的重要条件；用户在生产与消费过程中基于深度体验、交流、共鸣形成具有强烈文化认同感的趣缘圈层，驱动品牌传播模式从传统大众传播向“社会化传播”转变。中国品牌在文化创新传播过程中，以智能技术为支撑，依托多元手段，将社交属性、智能技术和共享传播机制相融合，形成线上与线下、虚拟与现实结合的“品牌符号+中华文化+智能传播+社交共享+文化再生产”的新型链路，产销合一、智能化、场景化、社会化趋势显著。

在“万物皆媒”的当今时代，品牌营销与传统文化传播发生于由多元主体、海量信息、丰富载体、多重连接组成的特定时空场域中。文化消费过程同时也是文化再生产的过程。用户在日常生活中通过直接或间接的信息或物质实体接触对文化元素进行感知接收，建构形成关于中华优秀传统文化的认知图景，在社交媒体进行表达与再创作，借由以趣缘为纽带的网络社群进行多向度互动传播。人民日报新媒体精心打造的“有间国潮馆”设置趣味互动环节，将历史文物、传统技艺、中华老字号与时尚潮流元素相融合，通过冰雪 VR 体验、智造工坊、古今交叠的时空街巷、打卡背景墙、国潮补给站等多元场景打造，使用户得以在“使用与满足”的深度体验中感受“潮向未来”的中国力量。

四、品牌传播视域下传统文化创新发展的路径突破

“国潮”营销在产品定位、价值提炼、创意表达、媒介传播等方面不断开拓创新，同时也存在重包装轻内涵、元素堆砌、同质化现象严重、产品质量参差不齐、过度娱乐化等问题。品牌传播视域下传统文化的创新发展需要以价值—理念层、产品—表达层、传播—互动层的协同共振寻求路径新突破。

（一）价值—理念层：融通“传统”与“现代”，以品牌为媒传递社会主流价值

中华优秀传统文化是中华民族在绵延的历史长河中不断积累的宝贵精神财富，镌刻着中国人民的集体记忆，锻造着中国人民的精神气节与风骨品格。经历过时间的洗礼与当今实践的检验，优秀传统文化日益成为人们美好生活的重要构成要素。“传统文化”与“现代生活”深刻互动，相互丰盈。中国品牌营销与传统文化创新发展须在价值—理念层实现“传统”与“现代”的高度融通与紧密承接，在时空交汇中，以“传统文化”“非遗文化”“老字号文化”等“传统与经典”丰富当代人们的精神世界与生命价值；以当代人们的思想观念、审美旨趣、日常生活促进“传统与经典”的创意激活与创新发展。品牌应跨越时空维度，将自身价值观念、品牌故事与中华优秀传统文化相连接，把经典文化中蕴含的精神理念融入现代产品设计与内容生产中，促进用户在具有张力的价值表达与理念沟通中产生更深刻的情感共鸣与文化认同。

中国品牌营销与传统文化的创新发展，须以品牌为媒，深刻立意，丰富人的精神世界；须及时洞察人们的时代处境与社会心理，满足人们对充盈的精神世界的需求，呼应人们对美好生活的期待向往，传递社会主流价值，促进更广泛的认同的建立与共识的达成。近年来，90后、00后等年轻群体对“养生”话题高度关注，“新中式养生”“古法养生”备受青睐。“国潮”元素深受年轻消费群体喜爱，这为传统文化的创新发展提供了新的思路。2023年以来“甜蜜经济”全线升温。此外，“情绪消费”“解压经济”人气上涨；伴随现代都市快节奏生活应运而生的“上门代厨”“上门喂养”等“上门经济”不断发展。须以品牌为媒，吸纳当今时代的消费新思想与消费新潮流，将优秀传统文化中的丰富哲思不断转化为解决当代社会症结的积极力量。近年来，商业广告对传统文化元素的融入越来越丰富。广告应以高度的文化自觉，以“创意”促进“创新”，在产品信息传播和日常生活的表达中提升思想高度、立意深度与审美境界。

（二）产品—表达层：兼顾“物质性”与“精神性”，实现商业价值与社会价值的协调统一

中华优秀传统文化中既包含物质要素，也包含精神要素。中华文明在绵延的历史中所凝结的精神品格、价值理念、道德标准与行为规范是以“器物”载体为依托的，是与特定空间的历史发展紧密相连的。品牌传播与传统文化的创新发展在产品—表达层应兼顾“物质性”与“精神性”。一方面，应重视“物质性”对“精神性”的承载与传递作用。以物质性为载体，文化得以在时间维度里传承历史文明、孕载时代精神，在空间维度里形成广泛认同，进而产生跨越时空的意义共享。2022年，喜茶与热播剧《梦华录》联名，推出紫苏·粉桃饮、梦华茶喜·点茶两款联名产品，并设置“喜·半遮面”主题

店，实现品牌产品、传统文化、热点话题的深度融合，构建出带给用户文化想象的丰富意义空间。

另一方面，须重视“精神性”对“物质性”的启迪作用。中华优秀传统文化具备丰富层次与理性深度。在国货品牌的产品设计与创意表达中，须坚持物质性与精神性的均衡互补，实现功能性、文化性、审美性的完美融合。中华优秀传统文化注重探寻并反思人与自身、与他人、与自然、与社会的相处状态与相处模式。如“不违农时，谷不可胜食也”，体现着智慧哲思与深刻洞见。作为链接物质与精神、资源与信息、生产与消费的智能综合系统，品牌须注重商业价值与社会价值的协调统一，在实现经济效益的同时，积极承担社会责任，以更好服务于“高质量发展”“乡村振兴”“美丽中国”建设。

（三）传播—互动层：充分激发用户创造力，以品牌为纽带提升中华文化影响力与感召力

坚持“用户视角”与“价值共创”是万物皆媒时代中国品牌传播与传统文化创新的必要前提。一方面，用户既是品牌产品的消费者、体验者，又是传统文化创新表达的多元主体。“用户生成内容（UGC）”已成为品牌营销和文化传播的重要内容生产模式，不同视角、不同层次的丰富内容借助多元载体进行融合表达，进而具象、生动、多维呈现中华文化的宏阔景象。另一方面，越是技术蓬勃发展的时代，越应凸显作为主体的人的创造力与能动性。当今时代，用户不断运用短视频、直播、人工智能、XR 技术，甚至“元宇宙”对“生活世界”进行创造性建构。品牌传播与中华优秀传统文化的创新发展须聚焦人性光辉，凸显人的价值，扎根于人们的日常生活。快手短视频以“拥抱每一种生活”为理念，以“人”为主体，记录百态人生境遇与万千喜怒哀乐，以多元主体、多维视角的日常生活生动描摹现代社会生活图景。

“新国潮”时代，中国品牌在国内市场不断焕新活力，同时不断加速“出海”进程。中国品牌通过产品、服务和多元载体融入全世界人的消费与生活，其在国际传播中的文化交流功能日益凸显。在加速全球化与深度媒介化背景下，须挖掘历史、把握当代，提炼特色元素，以中国品牌为中华文化传播的平台、桥梁、纽带，以“中国品牌的国际传播”为塑造中国形象的“柔性路径”，建立“学习、借鉴、理解、启迪”的理性交流范式，在促进中国品牌实现国内海外“双循环”发展的同时，提升中华文化的影响力与感召力。

作者简介：牛昆，中国传媒大学广告学院 2021 级博士研究生，河北地质大学艺术学院讲师。

红色文旅与数字传播篇

品牌叙事理论视角下“三农”短视频对乡村品牌的建构研究

——以抖音平台为例

梁　辰

摘　要：随着乡村振兴政策扶持以及平台给予的流量倾斜，新农人通过“三农”短视频塑造个人IP，进行品牌化传播，借助于短视频的视觉冲击力，促使平台的受众转化为个人品牌的潜在消费者，带动农产品销售，进而促进乡村经济发展。本文以抖音平台10位新农人作为研究对象，参照瑞斯曼的叙事分析方法，对乡村区域品牌的建构及叙事进行探究。研究发现，新农人通过三农短视频进行品牌搭建的第一步是打造独具个性的标识，选择的叙事场景是真实而动人的乡村景观，再现乡村生活风貌，最后通过故事展演来引发受众的情感共鸣。因此，从乡村品牌构建角度为乡村振兴提出建议，在品牌定位方面，要建立积极的品牌故事主题；在品牌故事方面，要搭建场景进行情感化叙事；在品牌资产方面，要维护品牌声誉寻求长远发展。

关键词：乡村振兴；乡村区域品牌；品牌叙事；新农人

资金资助：国家社科青年项目“县域自媒体视域下中国乡村传播的重建研究”（项目编号：18CXW011）；郑州大学新闻与传播学学科专项课题（项目编号：21XKJS019）。

一、问题的提出

乡村振兴战略实施以来，数字乡村建设成为重要的发展方向。网络基础设施的完善以及媒介技术的飞速发展，为缩小城乡“数字鸿沟”带来契机。“互联网+三农”成为农业产业化发展、农村经济数字化发展的大方向，科技相关的生产要素向农业农村聚集，助力产业稳健增长。与此同时，短视频平台的崛起促进了乡村互联网应用，成为新农人进行创业的“新农具”，不仅打破了城乡信息的不对称性，还拓宽了优质农产品的销售渠道，一定程度上激发了乡村经济的发展。

随着乡村振兴政策扶持以及平台给予的流量倾斜，“三农”短视频呈井喷之势。根据抖音数据报告显示，2022年抖音新增乡村相关短视频4.3亿条，乡村题材短视频播放量增长77%。以李子柒等为代表的新农人，改变了乡村地区“被叙述”的境况，展现了充满野趣的乡村风貌，唤醒了数字用户的乡土记忆。但乡土记忆只有转化成为乡土经济，才能切实带动乡村地区发展。电商带货成为众多新农人的变现方式，他们借助于短视频的视觉冲击力，积极打造个人 IP，进行品牌化传播，从而带动乡村特色品牌建设，使平台的受众转化为个人品牌的潜在消费者，促进乡村经济与文化的高效协同发展。但传播门槛低、内容同质化、变现难度大等因素，也成为“三农”短视频发展的制约因素。因此，有必要对优秀的乡村品牌建构和叙事手法进行探究，从而寻找长久、良性的发展方向。

本文聚焦于抖音平台上热度较高的 10 位新农人账号，试图从品牌建构角度分析该群体是如何建构乡村品牌并进行有效叙事，最后为利用“三农”短视频建构乡村品牌，助力乡村振兴的新农人提出建议。从理论意义来说，本文可以进一步丰富品牌叙事理论以及营销理论相关成果；从现实意义来说，打造乡村区域品牌成为返乡创业新农人破局与长久发展的方向，助力数字乡村建设以及乡村振兴战略的实施。

二、文献回顾

（一）品牌叙事与乡村品牌建设

品牌叙事建立在叙事学的视角之上，利用各种叙事手法打造品牌整体形象，是叙事学在品牌建构和推广过程中的运用。叙事理论与商业品牌营销结合路径是，商业品牌基于叙事理论和叙事方法开展塑造品牌的一系列实践活动，其实质是以一种大众化讲故事的方式，向受众传播其品牌文化和内涵，以此来引起大众对其品牌形象之间的共鸣。品牌在营销过程中能够唤起消费者与该品牌的情感联结，从而对消费者产生更深层次的影响力。

品牌化是实现乡村振兴的路径和驱动力。目前我国对于乡村品牌建设的研究主要集中在乡村旅游品牌建设、乡村文化品牌建设、乡村区域品牌建设以及媒体在乡村品牌建设中的功能性作用。第一，乡村旅游品牌建设相关研究。蒋琴、吴学成认为在推进乡村旅游建设的过程中，乡村旅游品牌建设至关重要，需注重其文化内涵的挖掘，明确市场定位，推动农村产业转型升级。邢佳认为，社交媒体对乡村旅游品牌形象具有促进作用，不仅激发人们对乡村旅游品牌的体验，还拓宽了乡村品牌形象宣传的渠道。第二，区域品牌建设相关研究。王欣星和王新利认为，打造优质农业区域品牌既能够优化、整合农村特色资源，又是对农村自然环境和乡土文化的传承，提高农民收入，实现脱贫致富。陆娟和孙瑾在区域品牌发展理论和价值共创理论基础上，提出农产品区域品牌协同共建能够产生良好的品牌效应。第三，媒体在乡村品牌建设的功能性应用。高山认为，媒体的“发现”“发掘”“塑造”能力，让乡村品牌形成稳定、持续、优质的品牌张力，让乡土记忆转化为更广阔的消费市场。王红缨和曹卓栋认为，根植于原乡文化的前提下，县级融媒体通过“直播+短视频”等媒介形式赋予品牌新面貌、塑造品牌新形象，助力乡村品牌建设。

（二）三农短视频与新农人相关研究

在媒介技术的进步和乡村基础设施不断完善的助力下，新型农民这个主体获得越来越多的关注，也逐渐成为缩小城乡鸿沟、不断促进短视频平台和乡村振兴战略向更好方向结合的关键群体。2020 年，抖音平台宣布推出“新农人计划”，投入总计 12 亿流量资源。大量的新农人创作者借助短视频带动了本地特色农产品，拉动本地旅游业及相关产业发展，探索出可持续发展的乡村创业模式。

短视频平台的出现，为乡村地区的农民提供了自我表达的舞台，将处于边缘化的乡野拉进大众视野。“三农”短视频也成为学界关注的焦点。刘汉波认为，从2016年开始，农村短视频生产经历了“土味实验、空间生产、媒介认同”三个阶段，随着乡村振兴战略的不断推进，农村和农民展现出了现代化活力。张爱凤认为，“三农”短视频使乡村地区由被动呈现转变为主动叙述，并呈现出敢于创新、身份认同强烈等形象特点，彰显了区别于城市范式的乡村文化。

在短视频平台蓬勃发展以及流量倾斜的背景下，年轻一代的农民纷纷回乡创业，成为能够使用新兴媒体助力乡村振兴的“新农人”。李凌达聚焦农民利用微博售卖农产品这一现象，分析了农民媒介使用对促进城乡沟通、推动乡村媒介化发展的功能性作用。孙莉和黄纯认为，农民借助媒体的宣传改变了传统落后、愚昧的形象，国家对乡村建设的支持，塑造着社会对“新农人”形象的正确认知。马梅和姜森则从新农人通过短视频带货的角度出发，分析了身体叙事在短视频中的问题，对未来发展提出建议等。

综上所述，“三农”短视频为乡村振兴带来契机，新农人通过在平台展示劳动成果、乡土风貌，引发粉丝乡愁与共鸣，从个人品牌建设到构建乡村区域品牌建设，助力乡村经济和文化进一步发展，塑造乡村品牌的功能性价值得以实现。已有的研究成果多集中于“三农”短视频对乡村形象的建构，但本文试图从“三农”短视频对乡村品牌建构的视角出发，挖掘其叙事手法与新农人品牌建构的关联，为新农人的发展方向提供借鉴，助力传媒业与乡村振兴战略向更好、更快方向结合。

三、研究方法

根据研究对象和研究问题，本文采取文本分析和叙事分析相结合的研究方法。文本分析是一种质化的研究方法，该方法结合符号学、语言学和建构主义等相关领域成果，对文本的结构和表征进行分析，挖掘文本背后隐藏的深层次含义。叙事分析是文本分析的重要研究取向之一，社会学家瑞斯曼将叙事分析方法归结为四类，分别是主题分析、结构分析、对话/表演分析和视觉分析。结合研究抖音平台的特点，本文将对新农人发布的“三农”短视频进行个人标识、视频主题、视频结构、对话/表演、视觉符号分析，以期发现三农短视频的品牌建构及叙事策略。

由于抖音平台“三农”短视频创作者众多，发布的视频量巨大，因此本文借助第三方数据分析平台“灰豚数据”的新农人排行榜进行样本选择，该榜单一定程度上反映了账号的传播热度和影响力，为本研究提供了便利。通过对影响力大的账号及其视频进行分析，能够总结出新农人通过讲述怎样的故事吸引了更多的受众，在此过程中是如何建构个人品牌以及提升传播力的。根据榜单进行筛选后，最终选取了前10名的账号（表1）以及播放前5位的视频，共50个视频作为分析样本，对样本视频的叙事分析见表2。

表1　样本账号基本情况表

序号	账号名称	地区	粉丝量/万人	作品量/个
1	李子柒	四川绵阳	5082.0	772

续表

序号	账号名称	地区	粉丝量/万人	作品量/个
2	潘姥姥	安徽六安	3314.5	430
3	闲不住的阿俊	福建漳州	2415.1	509
4	康仔农人	广西北海	2367.9	340
5	乡愁	福建南平	2325.3	353
6	蜀中桃子姐	四川自贡	2058.5	1055
7	大表哥 Vlog	江西抚州	2038.1	484
8	张同学	辽宁营口	1851.5	147
9	念乡人周周（周莫）	贵州铜仁	1237.6	447
10	川香秋月	四川泸州	1109.4	531

表 2　样本视频叙事分析表（节选）

视频编号	主题分析	结构分析	对话/表演分析	视觉分析	叙事解读
视频 1	美食制作	引入：潘姥姥在山上砍竹子 主体：潘姥姥制作冰棒过程展示 结尾：姥姥和孩子一起吃冰棒	“姥姥你弄竹子干嘛？给我做冰棒吃吧” “你小子，姥姥在山上哪里给你弄冰棒啊” “我不管，我看别人吃都馋了” “臭小子你是不能见到别人吃东西，你等着姥姥给你上一课”	竹林的自然景观；竹筒、水果等食材展示	通过姥姥与孩子之间的对话营造和蔼可亲的“姥姥”形象，拉近与受众的距离，勾起受众对家人的思念，引发情感共鸣
视频 2	乡村生活	引入：阿俊和朋友行走在集市准备大赶圩 主体：集市上村民卖菜、编织竹筐；乡镇民俗活动；采购结束，美食制作 结尾：家人坐在一起吃饭	“阿俊啊，你今天不是要给我做手工猪肉丸，咱们什么时候回去整啊” “急什么，先采购点东西，今天可是一年一度的大赶圩” “好吧，你赶紧的”	集市、村民、表演游行、食物特写	通过在重要的民俗节日进行特定的美食烹饪与创作，体现乡村生活以及文化的多样性；表现出勤奋朴实、自食其力的精神
视频 3	美食制作	引入：康仔找村民买东西 主体：处理要用的各类食材 结尾：邀请邻里乡亲到家里一起吃饭	“我要打火锅，给我搞点牛货，一条牛肚，一条牛腱子，三斤后腿肉” “腱子肉一条，牛肚，后腿肉” “回了牛仔”	牛肉、蔬菜、植物特写，展现出丰富的中国饮食文化；柴灶、面包窑等烹饪工具	通过与邻里乡亲的友好互动，展现自然淳朴、友爱和谐的乡村情感交流；表达出热爱生活积极向上的情感
……	……	……	……	……	……

四、“三农”短视频的品牌搭建与叙事分析

（一）品牌搭建：打造独具个性的标识

昵称和头像是一种符号化的自我表现，也是新农人对抖音账号的自我定位。新农人的账号昵称体现出鲜明的乡村特色和乡土气息，昵称中“乡”“农”等字眼频繁出现，以直接的方式展示自己所属的群体，并且在平台的认证中，也会标识自己的“农人身份”，“哥”“姐”“姥姥”等称谓出现，则是搭建与受众的一种虚拟关系，以主人翁和好客的姿态来展示乡村生活、塑造乡村文化。头像是受众识别博主的第一视觉符号，头像的选择包含着新农人对自己的期望。对选取的账号进行统计后发现，所有样本账号都以自己的照片或卡通形象作为头像，在新农人使用的头像风格中，以反映乡村景象、劳动环节、田园文艺为主。抖音账号的个人简介则是对头像和昵称等符号的补充。新农人的个人简介是对账号发布视频的定位，比如“潘姥姥”的“姥姥的乡村美食生活”；同时也有叙述故事的方式，比如“闲不住的阿俊”，其个人简介是“家里有妈妈，为了她永远闲不住”，则更具有故事性和戏剧化。可见，与乡村紧密结合，强调自己的农人身份成为塑造新农人账号标识的主要方式，直观展现了亲切自然的新农人形象。

（二）叙事场景：真实而动人的乡村景观

农村生活和劳动范围有限，所以新农人选择的视频主题也都是对乡村生活的呈现，例如“李子柒”式的世外桃源，“蜀中桃子姐”式的平凡朴实。其中呈现最多的就是乡村美食，主要是分享食物制作过程，轻松愉悦是视频的主要基调，并且美食是最容易连接乡村与城市居民的纽带，可供选择的视频题材丰富，同时为后续农产品销售做铺垫，这些优势都使美食视频成为大多数新农人创作视频的第一选择。除此之外也有以鱼类等农产品为主题的短视频，还有以乡村文化习俗为主题的短视频。品牌叙事理论认为，一个好的品牌故事在内容上最基本的要求是具备真实、情感、共识和承诺四大要素。真实是故事内容的重要因素之一。新农人的“三农”短视频以生活化的乡村场景作为故事讲述的主要场地，视频中展示的美食制作过程或者劳动场景都是在真实环境中拍摄的，拉进了用户与传播主体之间的距离，让受众相信视频制作过程的真实性，从而加强与受众的联系，提升受众对个人品牌的信任度。

（三）叙事手法：故事展演引发情感共鸣

故事是一种有效的传播工具，人们天生就对故事有一种亲近感。好的故事不仅是信息的传递，还要拥有丰富的情感力量。这意味着故事需要通过情感的共鸣和连接来打动人心，从而建立起与消费者之间的深层次关系。在品牌叙事中，情感力量是不可或缺的要素，它能够在消费者心中留下深刻且持久的印象，为品牌塑造赢得更多的支持和认可。样本视频并非单纯呈现美食制作过程或者劳动过程，而是通过引入一定的故事情节增强视频的趣味性和吸引力。品牌叙事理论认为，品牌在讲述故事时应始终遵循一个核心的原则，因为缺乏明确的定位可能导致消费者缺乏信任。这个观点与品牌塑造中的定位思维一致。在新农人的叙事过程中，他们始终围绕一个核心故事展开，通过多种不同方式叙述，给消费者留下更深刻的印象，记忆效应不仅使信息更易于被保持和传播，也

为长期情感共鸣奠定了基础。例如新农人“潘姥姥”的视频，几乎都是以“姥姥，你这羊腿拿河里烤能熟吗?”“姥姥，你吃西瓜搓西瓜皮干嘛啊?”等问句的形式开头，然后以潘姥姥质朴的回答结束开篇的对话，接着进入美食制作阶段，视频结尾再通过年轻人的入场，搭建起完整的故事情节。

五、“三农”短视频助力乡村品牌建设的路径

（一）乡村品牌定位：建立积极的品牌故事主题

定位理论认为，产品需要在预期顾客头脑里占据真正有价值的地位。这一理论对于“三农”短视频品牌打造同样具有借鉴意义。乡村品牌定位是在营销过程中塑造乡村品牌形象的关键，而建立积极的品牌故事主题在乡村品牌定位中扮演着重要的角色。一个积极的品牌故事主题不仅可以吸引目标受众，还能增强他们对品牌的认知和情感连接。通过展现原创性、真实性，营造品牌的良好形象和价值观念。乡村品牌定位要与当地的自然景观和文化背景相契合，例如李子柒的品牌、川香秋月的品牌，都是立足品牌建设中的自然和人文基础，在优质的核心故事加持下，累计自己的人气，最终通过视频中植入广告、建立品牌旗舰店等方式实现品牌变现。同时，三农领域竞争日益激烈，仅仅依赖传统的账号定位已经难以获得长期的竞争优势。新农人账号要根据自身的优势和特点打造差异化定位，才能实现长远的经济发展。

（二）乡村品牌故事：搭建场景进行情感化叙事

短视频相较于文字、图片等传播媒介，是更直观的呈现和表达方式，因此具备强传播性等特点。从场景化传播营销来看，新农人的视频创作与传统的“土味”视频单一场景、简单叙事模式不同，是利用短视频对农村生活进行全景式的展示，短视频所呈现的乡村景观也为城市居民塑造了“田园乌托邦”。在新农人创作的美食视频中，其场景不仅包括厨房和食材，还试图展现完整的乡村生活，家庭生活、邻里往来、田野劳作、人情世故等都成为丰富视频场景的情节。用户在观看此类视频时，会被带入新农人所打造的乡村情境中，体会乡村生活的细节。这种情感化的叙事模式，通过人物间的对话、行为来展现乡村生活场景，将亲情、邻里情等情感融入视频中，从而提升视频的感染力。

（三）乡村品牌资产：维护品牌声誉寻求长远发展

短视频的社交属性引发了用户积极参与和表达，激发了用户个体传播和创作的活跃行为，这成为短视频传播的重要特点。评论功能成为用户表达喜好和支持的重要方式，从而加大了短视频的口碑传播效应。这也是维护品牌声誉的重要环节，保持与用户高度的互动性，能够增加用户的黏性。这种消费者参与式表达和情感认同为新农人所带来的好处不仅体现在品牌影响力的增强，还体现在社会关系资源的积累上。短视频的评论、点赞和分享等互动行为，不仅可以加强乡村社区的社会连接，还为品牌赋能社会资源。社交互动不仅是简单的反馈，更是一种信任和认同的表达。当消费者通过评论和分享表达对新农人的喜爱和认同时，这种情感认同会在社交网络中扩散，增加更多潜在消费者的关注和信任。这种社会连接的形成可以促进农业产业链的协作与发展，扩大品牌影响力，为乡村振兴提供有力支持。维护品牌声誉不仅要做好优质的内容传播，更要注重用

户关系的维护，从而实现长远的发展。

六、结语

本文以品牌叙事理论为基础，分析了10位活跃在抖音平台的新农人。他们在内容创作的过程中，通过叙事构建主题、搭建场景以及引发受众共鸣等方式来塑造乡村品牌。乡村品牌作为一个特殊的类型，具有浓厚的本土文化和地域特色，通过叙事将这些特色融入品牌故事中，能够在竞争激烈的市场中脱颖而出。通过情感的共鸣和故事中所体现的价值观，吸引更多的消费者与品牌产生深层次的联系。最终，通过品牌故事的传播和受众反馈，乡村品牌的价值链得到延伸。消费者的支持和忠诚度将促使乡村品牌在更多领域扩展，创造更大的经济和社会效益，乡村品牌叙事成为乡村经济的重要引擎之一。因此研究“三农”短视频的创作特征，总结具有共通性的品牌叙事策略，能够为更多的新农人使用“新农具”提供经验借鉴，从而提升乡村品牌价值，发挥“三农”短视频更大的社会功能。

作者简介：梁辰，郑州大学新闻与传播学院硕士研究生。

资金资助：国家社科青年项目“县域自媒体视域下中国乡村传播的重建研究”（项目编号：18CXW011）；郑州大学新闻与传播学学科专项课题（项目编号：21XKJS019）。

基于心流理论的山东省红色文化旅游品牌建设对策研究

——以济南市为例

李梦琪　赖祯黎

摘　要："红色"一直是我们党和国家奋斗和发展过程中最鲜亮的底色，塑造红色旅游品牌有利于融合区域红色旅游资源，融合多媒介优势，形成品牌效应，提升地区知名度，打造红色旅游目的地，弘扬红色精神，传承红色血脉。山东省在近些年的发展中，通过梳理红色旅游资源、保护修缮红色遗址、改造升级红色主题陈列展览、建设爱国主义教育基地和青少年教育基地、打造红色旅游景点景区等措施，推动了红色旅游的快速发展，但也存在资源开发不完全、旅游线路不科学、新媒体运用无特色等问题，需要借鉴其他红色旅游地资源开发利用的优势，以供未来发展。通过应用心流理论的原则和方法，红色旅游行业可以提供更加有吸引力、有意义和令人满意的旅行体验，游客能够更好地专注于当前的旅游活动，获得积极的情感体验，同时有助于提升参与者的满意度、口碑和忠诚度，对红色旅游业务的发展具有积极的影响。

关键词：红色旅游；品牌建设；心流理论；山东省；济南市

一、开发红色旅游的价值

"红色"一直是我们党和国家奋斗和发展过程中最鲜亮的底色，红色文化从理论层面来讲，是以精神文化为核心，制度文化居中，物质文化处外，行为文化贯穿始终，彼此依存、相互影响的文化生态圈。红色基因是对中国共产党革命精神的传承，是中国共产党人的精神内核，更是中华民族的精神纽带。党的十八大以来，习近平总书记在不同场合多次强调要传承好"红色基因"。深入学习领会这些重要论述，对于教育引导全党全军全国各族人民发扬革命传统，传承红色基因，牢记初心使命，在新时代新征程上砥砺奋进，实现中华民族伟大复兴的中国梦具有十分重要的意义。在红色文化教育和红色基因传承中，红色旅游占据了十分重要的地位，主要从以下四方面展现。

第一，红色旅游开发帮助人们纪念历史事件、英雄人物和重要的社会运动，传承和弘扬红色文化。红色旅游景点和相关资源的开发可以将这些历史事件带入人们的视野，激发对历史的兴趣，促进文化价值的传承。

第二，红色旅游开发有助于维护和增强国家认同感，促进公民的团结和社会凝聚力。通过展示革命历史和英雄事迹，人们可以更深入地了解和体验国家的发展历程，提高爱国主义情感。

第三，红色旅游开发为旅游业和相关产业提供了新的发展机遇，促进了地方经济的增长。通过吸引游客、建设旅游景点和提供相关服务，红色旅游开发可为当地创造就业机会并带动相关产业发展。

第四，红色旅游开发有助于教育和启迪社会，提高公众的历史和政治意识。通过参观红色旅游景点和参与相关体验活动，人们可以增强对历史事件和社会进步的理解，最终推动社会的思考和反思。读万卷书，不如行万里路。课本上再多的教导也不及亲身走到战场遗址时感受到的震撼，理论结合实践，才能起到事半功倍的作用。

二、山东省济南市红色旅游资源概况

山东省红色旅游资源数量繁多，种类丰富，覆盖面广，互补性强，影响较大，地域色彩浓。山东省济南市有悠久、光荣的革命历史和革命传统，在历史长河中，见证了很多伟大奇迹和平凡感动，同时也历经磨难，革命先烈的鲜血曾染红这座城市，而他们遗留下的坚强不屈的精神，也深深影响着这座城市，形成了济南特有的红色文化。

（一）区域特征

从政治、经济、地理和文化角度分析，近代历史中山东省频繁成为战争爆发的地区有以下原因。从地理位置来看，山东位于中国东部沿海，地缘位置重要——在近代历史中，沿海地区往往是战争争夺的焦点，山东正好处于这一地理要冲，且相较于其他沿海城市而言距离首都更近，容易成为战争的集结、交战地。其中，济南作为山东省省会，无论在战争资源分布还是战争中，敌方攻打要害中都占有重要地位。从政治、历史方面看，山东历史上曾是鲁国的发源地，具有深厚的文化底蕴。在现代历史中，山东作为一个重要的政治区域，政治势力争夺激烈。山东拥有丰富的自然资源，如黄河、渤海、胶东半岛等。这些资源对经济发展具有重要意义，也使山东成为各方势力争夺的目标。从文化方面来看，山东是中国文化的发祥地之一，同时也是东西方文化的交汇地之一。外来思想从沿海深入内陆，意识形态和思想的对立也是导致战争频发的原因之一。

（二）资源类型

山东省的红色资源丰富，战争遗址类、党建类、故居旧址类、红色名人类等资源分布广泛，近些年来，相关部门积极响应国家政策的号召，在发展红色旅游上进行了大胆探索和尝试，充分发挥政策优势对红色资源进行了开发和整合，打造了一系列独具特色的红色旅游景点。

按照国家对文化旅游资源类型分类标准 GB/T 18972—2017《旅游资源分类、调查与评价》，以济南市为例，统计现存有记录的红色旅游资源类型并举部分示例（表 1）。

表 1　济南市红色旅游文化资源类型（部分）

主类	亚类	基本类型	单体示例
E 建筑与设施	EA 人文景观综合体	EAB 军事遗址与古战场	大峰山齐长城旅游区、郎茂山、吐丝口战役旧址
		EAD 建设工程与生产地	“9363 厂”旧址
		EAE 文化活动场所	泉城广场、赤霞广场
		EAH 交通运输场站	津浦铁路济南站旧址
		EAI 纪念地与纪念活动场所	解放阁、蔡公时纪念馆、刘少奇故居纪念馆、济南战役纪念馆、中国人民抗日战争纪念馆济南分馆、孙中山纪念馆、老舍故居
	EB 实用建筑与核心设施	EBI 洞窟	佛慧山防空洞、华山防空洞
		EBG 陵墓	济南市英雄山革命烈士陵园
	EC 景观与小品建筑	ECA 形象标志物	泉城广场、英雄山烈士纪念碑、大峰山齐长城旅游区
		ECC 亭台楼阁	解放阁
F 历史遗迹	FA 物质类文化遗存	FAA 建筑遗迹	津浦铁路济南站旧址、济南惨案遗址、山东省委旧址
		FAB 可移动文物	革命用品、手稿、电报、文件文书等
	FB 非物质类文化遗存	FBA 民间文学艺术	红色诗歌、文章（如老舍《大明湖》）
H 人文活动	HA 人事活动记录	HAA 人物	王尽美、邓恩铭、王其鹏、李曼村、邢世忠等
		HAB 事件	共产党早期组织、“五・三”惨案、济南战役
	HB 岁时节令	HBC 现代节庆	“五・三”惨案纪念日

另将济南市的旅游资源按照历史事件类型分类，可大致分为四大类。

革命战争类：主要有济南战役纪念馆、济南解放纪念阁、莱芜战役纪念馆、莱芜吐丝口战役纪念碑、长清大峰山革命历史纪念馆、长清区革命历史纪念馆、济南战役山东兵团指挥所、山东老战士纪念广场、王士栋烈士纪念地等。

国家建设类：主要有毛主席视察北园公社纪念地、周总理视察泺口黄河铁桥纪念地、胶济车站旧址等。

党建历史类：主要有中共山东省委领导机关纪念地、中共山东省党史陈列馆、中共济南乡师支部旧址、中共济南市委重建纪念地、中共平阴县委旧址纪念馆、济阳区第一党支部旧址、长清第一个党支部成立地旧址、山东共青团组织发源地—济南育英中学、五柳岛党史纪念地等。

非物质红色文化类（红色人物和红色文学）：主要代表人物是王尽美、邓恩铭、许世友、黄祖炎、时传祥、李曼村、华岗、老舍、臧克家、艾芜；文学作品有峻青的《黎明的河边》、王愿坚《党费》等。

（三）政策支持

国家以及各级地方政府对我国红色旅游资源开发、红色文化弘扬发挥了积极作用。

党中央与国务院联合颁布了《2004—2010年全国红色旅游发展规划纲要》，是我国首个促进红色旅游发展的文件，为全国各地红色旅游发展奠定了良好的政策基础。2011年，国家在《2011—2015年全国红色旅游发展规划纲要》中制定了2011—2015年红色旅游发展的指导思想、发展目标、主要任务，进一步促进红色旅游文化发展。在国家政策大力支持下，全国各地红色旅游积极规划、大力发展，在经济方面得到了政府的有力支持，基本上实现了红色旅游蓬勃发展的美好景象。

山东省积极推进红色旅游和红色文化保护，颁布《山东省红色文化保护传承条例》；将全省各地结合划定红色旅游区；在好客山东文化旅游卡中开通红色旅游线路；制售红色旅游周边纪念品；推进红色旅游进校园、进公司以及与各种主题联合活动等，政府的扎实推进和群众的积极参与使山东省的红色旅游事业逐渐向好。2021年，为庆祝建党100周年，山东省文化和旅游厅推出100条山东红色旅游线路，这100条线路精选了全省16市的红色旅游景区、革命类博物馆、纪念馆、陈列馆、革命遗址、爱国主义教育示范基地、红色体验项目、红色纪念品等。

（四）调研情况

对于济南市的红色旅游活动现状，于2023年3月23日至4月5日进行问卷调查，采用线上随机调查的方式，通过线上随机发放问卷，本次调查共收集问卷305份，其中300份有效问卷，5份无效问卷。

在300份有效问卷中，男女比例分别是43%和57%，较为均衡。但由于是线上问卷，调查人群年龄比例差别较大，其中18~40周岁的人最多，有75.67%，60周岁以上的人最少，只有2%，18周岁以下和40~60周岁的人比例差不多，分别是12%和10.33%。参与调查的人群有52.67%都是本科学历，初中、高中、中专、硕士研究生及以上的比例分别是12.67%、12.67%、11.67%、7.33%。

根据图1显示，非常了解红色旅游活动的人非常少，仅有4.66%；而不了解红色旅游活动的人却有23.67%；不太了解和大概了解的人占较多数，有33.67%的人表示大概了解，有38%的人表示不太了解。由此可以看出红色旅游活动的知名度和认知度较低。根据图2显示，选择通过短视频媒体来了解红色旅游活动的人最多，有83.23%，而愿意通过比赛活动来了解红色旅游活动的人最少，仅有3.33%；通过电视广播的方式来了解红色旅游活动的有44.33%；通过书籍期刊和学校单位宣传了解红色旅游活动的比例分别是23%和24%。还有的人通过网络搜索、朋友推荐、海报宣传等各种渠道对红色旅游活动进行了解。通过数据的比较，红色旅游活动的宣传可以选择较多人可以了解的渠道着重进行布置。

另外，绝大多数人都认为提升红色旅游活动品牌影响力对旅游的综合发展是有利的，其中认为非常有利的占44%，认为较为有利的占36.67%。调查人群对红色旅游活动品牌的宣传感知情况中，仅有13%的人认为红色旅游活动的宣传力度大，传播范围广；有47.33%的人认为红色旅游品牌有宣传，但传播范围小；有13.67%的人认为红色旅游活动品牌没什么宣传；还有26%的人不知道红色旅游活动品牌的情况。

同时调查发现，最受大家欢迎的红色旅游品牌宣传活动方式是红色景点周边游，有

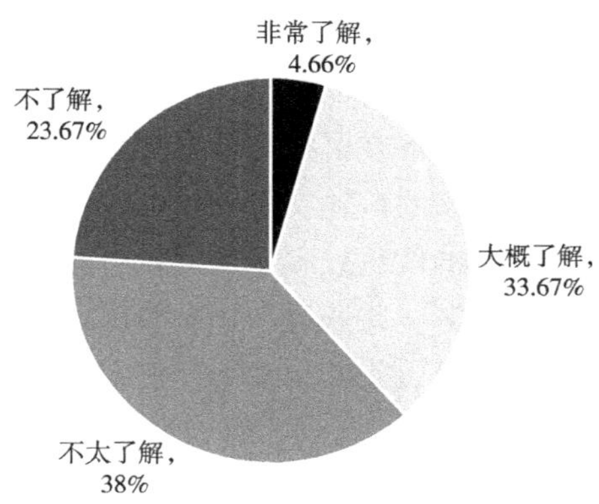

图 1　了解红色旅游活动的程度

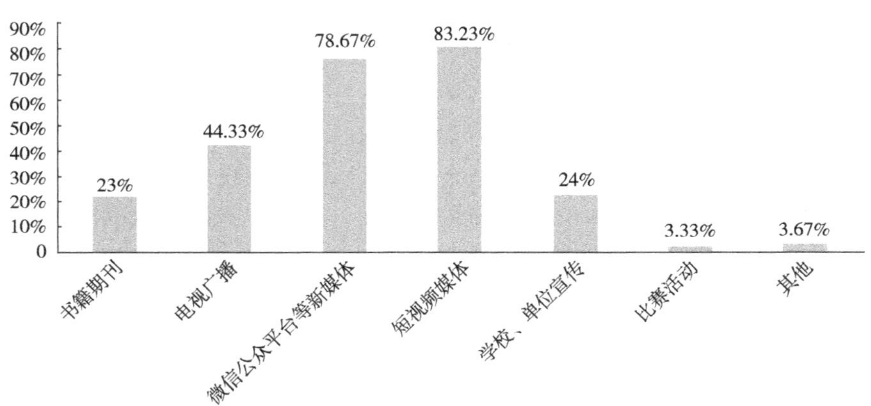

图 2　了解红色旅游活动的途径

82%的人选择；最不受人欢迎的宣传方式是相关的比赛活动，仅有 27. 33%的人选择；而选择讲座和旅游品牌宣讲会的人分别是 43. 67%和 43. 33%；其中还有 3. 67%人提出自己对于宣传方式的创新想法，如借助于美食活动、通过推介会宣传红色旅游活动品牌。政府和主办单位要对准需求，举办红色旅游活动，吸引周边居民参与，让本地区的人民先了解身边的历史，并加以宣传和扩散，用群众喜闻乐见的方式，打造青春的红色旅游活动，激发红色旅游活力。

三、山东省济南市红色旅游现存的问题

（一）许多红色资源没有进行开发

红色文化彰显了济南的革命精神和民族品格。济南，自古便是兵家必争之地，济南战役的胜利更是突显了这一重要地位。济南珍珠泉大院、济南黄河铁路大桥、济南津浦铁路、大明湖、千佛山等地也都留下了革命先行者的身影和足迹。而如上述景点内设施，却鲜少提及孙中山先生领导革命的历史内容，导致对这段红色历史的宣传缺失，许多本地人都不得而知，外来旅游人员更是无从知晓。

除与济南相关的著名的红色历史人物旅游资源未被充分开发外，在济南市还有许多

不知名的革命人物，他们不被记载在课本中，不为人尽皆知，但他们为中华人民共和国的成立及建设做出的成就依旧是不可磨灭的，例如烈士张鸿渐、陈隐仙、方叔洪、刘曙华等，以及王大彤、张耀南、王福溢等在医疗、教育、民生方面做出贡献的人物。人们也许可以在地方志、家书甚至传下来的口述中得知他们的事迹，但他们更应该被大众熟识、被历史铭记。因此，挖掘身边的红色故事尤为重要，通过口述史、文献等渠道收集整理，加紧抢救现有的红色文化资源，并通过制作新媒体、文化街区宣传等方式向公众宣传、提高公民整体素质，以有效吸引旅游，提高红色文化资源的利用效率。

（二）山东省的路线规划中济南市涉及少，且路线设计不严谨

2021 年，为了推动山东省红色旅游，山东省文化和旅游局颁布了 100 条山东省红色旅游线路，涵盖文化、党建、乡村、自驾、康养、生态、民俗、文博都市各方面，并根据景点体验类型进行分类，供游客选用。但在这 8 个分类、100 条线路中，有 59 条是从济南出发前往其他城市，济南市区的旅游线路仅有 4 条，济南周边的红色旅游线路也仅有 7 条，数量严重不平衡，且路线设计不够严谨。

例如，以“探寻红色革命记忆，体验生态文化之旅”为题的红色+生态路线，路线为济南—中共济南市委书记张北华居住旧址—尹家店济南战役山东兵团指挥所纪念地—红叶谷生态旅游区，该路线整体位于济南南部山区，所以选择此路线的游客大多为自驾游览。但此三个景点为东西走向分布，尹家店济南战役山东兵团指挥所纪念地在最西，中部为红叶谷生态旅游区，中共济南市委书记张北华居住旧址位于最东，如从济南市中心出发，到达中共济南市委书记张北华居住旧址时会途经红叶谷生态旅游区，而后到剩余景点又要自东向西行，中间相距 30 余公里，游客会花大量时间在赶路上，还要走许多“回头路”，这样的路线设计显然不合理；同样以此路线为例，在景点的选择上也考虑欠佳，红色+生态的旅游路线应该是在生态旅游中结合红色元素，像这样两个旧址与一个旅游区的设定会令游客感觉前面的旧址索然无趣，为了节省时间去红叶谷生态旅游区而草草游览，大量在路上的时间也令游客无法深度感受南部山区的生态环境，无法进入心流状态，从而达不到预想的红色生态旅游效果。

（三）新媒体运用生硬，运营偏工具向，缺乏特色，体验单一

多样的新媒体平台可以带来丰富的视听体验，人们可以在手机上以各种方式接收到需要的信息，山东的红色旅游景区将景区资源进行整合，为游客提供需求，以“天下第一泉”微信公众号为例，分为 VR 赏景、购票和景区服务三大板块，对包括景区宣传和生活服务各种方面的信息进行了工具整合，为游客提供了便利。但如今而言，想要拉动旅游提高消费，除满足需求外，更应当“制造需求”，让人们对旅游景点产生兴趣，才能够达到更好的宣传效果。如抖音话题“总要去橘子洲头看看吧”，人们在长沙橘子洲头与毛主席头像合影，配上歌曲《小河淌水 1952》的歌词：“红星的光芒定会照亮整座山谷”，婉转的唱腔激昂起人们心中的震荡，从而带动了更多的人前往橘子洲头，拍摄和上传同样的短视频。截至 2023 年 9 月，“总要去橘子洲头看看吧”话题共有 5.6 亿次播放，让人们一看到红色旅游就联想到橘子洲头、联想到长沙，起到了极好的带动效果。山东省的红色旅游景区在运营新媒体账号时过于生硬，急于将一切信息排列整齐地推送到用户面前，为了符合“文化古城”的基调而避于尝试更鲜明轻快的风格，缺乏特色体验，更缺乏品牌辨识度，虽然是一个好的工具，但达不到新媒体需要的宣传效果。

四、利用心流理论打造红色旅游品牌的价值

（一）心流理论的内涵

心流理论是由匈牙利心理学家米哈伊·契克森米哈伊（Mihaly Csikszentmihalyi）在著作《心流：沉浸在人类体验的心理学》（*Flow：The Psychology of Optimal Experience*）中提出的概念。心流指的是一种全身心投入活动的心理状态，在这种状态下，个体完全专注于当前的活动，感觉时间的流逝几乎消失，体验到深度参与和满足感。

心流感受并非独立于基础体验而存在，它除了是某一种体验的延续与升华，同时也可以是各种体验的不同组合，判别是否达到心流状态的关键是消费者有没有完全投入情景之中，被情景吸引进入忘我的状态。而进入心流状态往往需要以下几个条件。

专注力：在心流状态下，个体可以完全专注于当前任务，忘记时间和周围的干扰因素。这种专注力可以提升工作效率和创造力。

挑战与技能平衡：心流状态需要将个体的技能与任务的挑战程度相匹配。如果任务过于简单，个体可能会感到无聊；如果任务过于困难，个体可能会感到焦虑。只有在挑战与技能平衡的情况下，个体才能体验到心流。

清晰的目标和即时反馈：心流状态下，个体清楚地知道自己的目标，并能够获得即时的反馈。这样的反馈有助于个体对自己的行为进行调整，并保持对任务的专注度。

心流理论的应用领域非常广泛，包括教育、工作、艺术、体育和娱乐等，在旅游行业中的应用可以提供更加有意义和满意的旅行体验，通过运用心流理论的原则和方法，红色旅游品牌可以打造深度参与和高满意度的体验，建立积极的品牌形象，并提高参与者的忠诚度和口碑评价，为旅游品牌带来商业上的成功和持续的发展机会。

（二）心流理论运用于旅游的价值

塑造红色旅游品牌，是当下红色旅游市场环境必然走的一条道路，能够有效带动全产业创新，能够突破“旅游+”，融入“体验”元素，重点打造“旅游体验+”格局态势。全景化、全时化体验，能有效地拓展全域旅游发展空间格局，展示一个整体区域的红色文化资源优势，结合优质资源特点，通过“产业+文化+创新”的全面融合，展示作为一个地域的红色文化内涵与魅力。红色旅游品牌的塑造，通过品牌化渗透旅游当中，体现特色文化底蕴，激活沉睡的文化，传播丰厚的文化，尽情地把深厚的文化底蕴充分展示出来，让游客进行感知与体验，并达到“再宣传”的目的，让更多游客能够将此地作为旅行的目的地，更好地传播和传承红色精神与文化。

五、基于心流理论打造红色旅游品牌的策略

从心流层面来看，红色旅游品牌打造最重要的是服务，要带给游客舒适的心流体验。旅游产品中有参与体验式的旅游活动，如设计挑战和技能平衡的旅游活动、提供优质的导游和解说服务、创造个性化和定制化的旅游体验等，在红色旅游文化品牌建设中

运用心流理论，增强体验导向，可以提高游客体验感，使参与者更加投入和专注，并通过互动帮助他们产生身临其境的体验，激发参与者的创造力和好奇心，使他们能够在心流状态中获得满足感、享受旅行，实现红色旅游品牌差异化竞争和裂变式传播。

（一）整合资源：实现整体性体验

山东红色文化资源丰富，为发挥红色文化资源的最大价值，应实现红色文化的规模化，将红色旅游资源进行整合。通过将各区域内的红色资源整合，实现资源互补、游客共享的旅游发展原则，进一步挖掘红色文化内涵，突出品牌特点，吸引游客游览参观。为突出旅游品牌特色，要结合各地区红色文化特点，推出多线路旅游产品，将红色文化与自然景观相结合，将红色旅游与教育相结合，使游客在观光旅游过程中感受到伟大的爱国主义精神。为促进山东旅游业的整体发展，各景区应加强文化旅游联合开发，共同形成好客山东文化旅游特色，实现区域融合发展。政府要积极推进招商引资项目，推进各类以红色文化为主题的旅游区建设。

红色文化旅游由于其独到特点，当地政府在话语挑选、组织和分配过程中，自然而然地扮演重要角色，需要结合当地实际，通过挑选、组织和分配，形成自身独有的、区别于其他地区的鲜明特点，实现长期稳固与长久发展。因此，在红色旅游品牌建设中，要有意识地开展“故事营销”，利用故事来塑造旅游品牌的形象和吸引力，创造有趣、情感丰富且引人入胜的故事，将与品牌相关的想法、价值观和体验传达给受众。故事营销可以引发参与者的共鸣，产生心流，并激发他们的好奇心和愿望去体验旅游品牌提供的活动。以沂蒙红色文化旅游为例，通过对当地资源深入挖掘、保护、开发和利用，临沂市已经形成了带有鲜明地域特质的“红嫂精神”和“百姓英雄文化”。就济南市而言，红色文化旅游主要集中在我党早期的革命活动，对全国战局有重要影响的济南战役，以及泰西抗日根据地的重要组成部分——大峰山红色文化旅游群等方面。应当以这三大资源优势为切入点，在深入挖掘展示已有资源的基础上，整合各类相关红色资源，同时要发挥济南独特的城市风貌、历史人文和自然特色，做好“红色文化”和“泉水文化”的结合，深挖泉水文化赋予济南及济南红色文化的天然气质和独特魅力。

（二）心流导向：增设挑战活动，注重游客体验，实现品牌效应

在红色旅游景区内，完善饮水、洗手间、充电桩、休憩长椅、便利店、手工纪念品商店等基础设施，并将游客肉眼所及范围内息息相关的设施如路灯、路牌、商店、便民设施，甚至音响、绿化等都冠以相同的符号、统一的音乐以及几句朗朗上口的宣传语，例如江西于都的“长征源”、新疆乌鲁木齐的“阿凡提”，提高符号在游客视线中出现的频次，强化符号影响力，带来品牌效应，给游客带来整体的沉浸式体验，将“红色”烙印在游客心中，而不只是眼中。

将体验置于品牌的核心。设计独特、有品牌辨识度的、引人入胜的旅游活动，以吸引和激发参与者的兴趣，确保活动既符合参与者的技能水平，又能提供具有成就感和满足感的挑战。不断推陈出新，探索新的目的地、活动或服务，并不断改进和完善、创新，能够吸引游客的注意力，提供新的挑战和刺激，令游客在整个游览过程中一直处于心流状态，更能够使他们保持对旅游品牌的兴趣和忠诚度。

（三）即时反馈：开发新媒体多用途，作“伙伴”而非“工具”

营销是沟通旅游主体和客体的桥梁，属于旅游媒介符号系统，旅游目的地标志可以有效提高旅游目的地的知名度，并向旅游者表达他们期望的目的地属性，是目的地媒介符号系统的关键要素。旅游目的地品牌识别通过高度集中的品牌传播活动与旅游者建立情感联系，从而构建独特的拟人化个性因素。一些学者认为，目的地品牌识别与形象是影响目的地品牌化成功的关键要素，功能形象与文化形象被认为是核心形象，非核心形象主要来源于旅游者实际体验中的服务质量与产品属性。例如，旅游演艺通过给旅游者提供创新的文化表演形象来提升旅游者的体验感知，赋予当地新的文化内涵，不同类型的旅游演艺项目会带给旅游者不同的核心观赏体验，对旅游者对于最终的旅游目的地品牌的个性评价产生重要影响。

全方位营销包括以下两方面。一是实施新媒体营销，新媒体营销方式具有多样化、方便、快速的特点，能够快速地将信息传播出去，比如微博、微信、公众号、抖音、视频号等；二是实施创意营销，红色旅游本身有着厚重的文化底蕴，为文化创意提供推动作用，需增加时尚元素的创意。

“90 后”“00 后”旅游都偏向于体验型旅游，希望通过体验，感受不同文化。传统的游览式、静态式旅游形式不再满足他们的要求，红色旅游要利用全过程、全体验观打造体验型红色旅游产品。一是充分利用 5G 现代技术还原场景，利用 5G 先进技术，提升可视化效果，让游客互动参与进来。二是通过“数字化再现”创设沉浸式体验场景。创设适合参与历史战役区和红军生活体验区，通过参与体验战争来增强年轻旅游者对红色精神的理解，使其沉浸式地感受到红色文化的精神。三是融入“红色旅游+”的时尚元素。打造沉浸式演艺场景，构建从白天到黑夜、从戏剧到游戏的沉浸式体验。如华强方特与赣州市政府合作打造的“东方欲晓”，将红色旅游与主题公园结合起来，以全新的形式展示红色文化。

（四）引导专注：培养人才，建立专业团队

培养一支专业、热情和富有知识的人才队伍。工作人员的热情和服务态度能够积极地影响参与者的情绪和态度。他们可以与参与者建立连接，并提供专业、友好和周到的服务，帮助参与者进入心流状态并提供随时的支持和反馈。红色旅游生态的建设需要各级人才的团结和积极参与，政府需通过政策优惠等手段吸纳人才，同时系统培养人才，始终坚持党的正确领导；创新红色文化旅游人才培养的课程体系，并完善相关专业的课程体系，使独具特色的红色文化与红色旅游元素融入人才培养的全过程；构建红色文化旅游人才培养的协同联动机制，构建红色文化旅游人才培养与旅游资源开发、教育培训、文化创意等行业的融合开发模式，令资源间不是简单、孤立、机械的融合，而是红色文化旅游资源各个开发模式取长补短、充分融合基础上的有效衔接。

（五）注重游客反馈，实施激励反馈机制

在红色旅游景区的建设和运行中，还要注意的是游客的体验反馈，不断改进工作，给游客带来更加完整的游玩体验。根据《文化和旅游部关于加强旅游服务质量监管提升旅游服务质量的指导意见》，构建旅游服务质量评价体系，建立基本制度、运行规则和

保障措施，可以实施反馈激励机制，开展评价活动，或奖励反馈行为，积极听取游客建议，并迅速加以整改，形成完整的良性循环。总之，要了解目标受众的兴趣和偏好，提供个性化和定制化的旅游服务。根据参与者的需求和期望，量身定制旅游活动，对其提出的建议做出整改和反馈，使其感觉到自己被重视和关注。个性化的服务能够增强参与者的投入感，并提高红色旅游品牌在他们心中的价值。

六、结语

山东省红色旅游资源丰富，济南作为山东省会更当首当其冲，整合红色旅游资源，打造产业化发展道路，构建旅游品牌，已经成为众多红色旅游资源潜力的发展路径。旅游品牌构建是一项复杂的系统工程，按照全要素塑造、全区域融合、全过程体验、全方位营销的要求进行，全要素就是从吃、住、行、游、购、娱等全要素塑造，突出各异的主题定位；全区域融合就是“红色+生态”“红色+人文”“红色+文博”创新塑造红色旅游品牌；全过程体验就是应用 5G 技术、数字技术打造体验型红色旅游产品；全方位营销就是实施新媒体营销、创意营销、品牌营销等营销模式，促进红色旅游可持续发展。通过应用心流理论打造旅游品牌可以提供深度参与、高满意度和高忠诚度的体验，有助于增强品牌形象和口碑，吸引更多的游客参与，并提供有差异化的竞争优势。

作者简介：李梦琪，厦门理工学院影视与传播学院硕士研究生；赖祯黎，厦门理工学院影视与传播学院传播系主任，副教授。

我国“非遗+奢侈”品牌的社媒营销策略

——基于品牌端木良锦的研究

张媛媛

摘　要： 在中国美学土壤中萌生一个非遗奢侈品牌，是近年来相关行业及消费者群体一大共同祈愿。然而，头部奢侈品牌的集团化趋势使行业市场格局相对固化，继而产生了国产非遗奢侈品牌的铸造目标在其实现路径上受阻明显的局势。Web 3.0 时代下，社会化媒体平台赋能了品牌的创新性迭代。我国非遗品牌的独有文化优势、内蕴的匠心、历史文明的镌刻等优秀内涵，亟须依托社交化媒介平台外向传播，其品牌发展出海之路的顺通也已是当务之急。研究以 2017 年入选“一带一路国际合作高峰论坛”国礼备选名单、核心点为国家非物质文化遗产的我国奢侈包袋品牌端木良锦为例，基于社交媒介语境下对端木良锦品牌的深度内涵识读及品牌营销的系统性 SWOT 分析，旨在提出具有可行性的我国本土奢侈品牌社媒营销策略，提升非遗产业价值，赋能乡村振兴发展。

关键词： 社会化媒体；奢侈品牌；营销策略；乡村振兴；非遗传承

一、引言

长期以来，西方奢侈品牌在国际主流市场扮演着“行业龙头”的角色，并凭其占据的垄断地位，控制着国际奢侈品市场的定价话语权。我国主流奢侈消费市场也正被西方奢侈品牌强势占据，而随着不断涌现的“辱华歧视”“文化挪用”事件，西方奢侈品牌的“审美霸权”“文化霸权”意图被识破，我国奢侈品市场迫切期许本土奢侈品牌的诞生。2017 年，端木良锦品牌入选“一带一路国际合作高峰论坛”的国礼备选名单，一个新兴的国产奢侈包袋品牌进入了大众视野。2019 年，端木良锦的新款包袋“凌波”在佳士得艺术品拍卖行世界名包专场被拍至 13.75 万港元的高价，与之同场入选拍卖的均为西方老牌顶奢品牌，“大显身手”的端木良锦向世界展现了其强劲的品牌生命力。

互联网赋予了大众更多的话语权、主动权，深厚的群众基础推动了社会化媒体的迅速崛起。社媒时代下，品牌营销也随之注入了新思维，迎向了新风向，社会化媒体营销对品牌传播发挥了更为精准高效的作用。本研究将在深度拆解端木良锦品牌内涵的基础上，并结合当前社交媒介的语境多方位地对端木良锦的品牌营销展开 SWOT 分析，以期多维度地提出具有高度实操性的端木良锦品牌营销策略。

二、文化增量：端木良锦品牌内涵识读

（一）中国风度，打造东方奢侈符号的品牌定位

奢侈品在国际上被定义为“一种超出人们生存与发展需要范围的、具有独特、稀缺、珍奇等特点的消费品”，这也就意味着奢侈品身上打着“少数人”的烙印，与大众间有着鲜明的距离感。而为了缩短这一距离感，端木良锦品牌选择了从用户角度定义奢侈品，即从“可以带给消费者一种精致高雅和与众不同的生活态度和生活方式”此内涵中谋求品牌的出发点。在此视野之下，端木良锦将其品牌目标定为“以中国风度，重新定义奢侈”，致力于打造一个源于中国的顶级包袋品牌。

诚如社会学家鲍德里亚所言，“在物质极大丰富的今天，符号对人的异化倾向，特别是在消费领域表现得尤为明显，消费的目的不是获得物品的使用价值，而是符号价值”。西方通过创造奢侈品牌符号，赋予其独有的符号意义，给予了品牌更多维度的价值，使其成为一种身份、阶层的象征。潜移默化的营销影响下，中国奢侈品消费者们已逐渐接受了这些具有象征意义的品牌符号，这无疑给我国本土奢侈品牌的突围发展带来了巨大的阻碍。在此情境下，端木良锦选择了创建新型纯正东方奢侈品牌符号对抗来自西方的市场垄断，并将品牌的消费者定位为“对奢侈品有独立认知或使用习惯的人”，以此激发消费者的奢侈品消费心理从统一走向多元和分散。

（二）非遗铸魂，复现骨木镶嵌工艺的设计理念

非遗与奢侈品的结合具有双向的推动作用，作为奢侈时尚产业一大新的关注点，其值得被普及与深化。一方面，非遗是有灵魂的，凝结着中国的文化精髓和魅力。非遗植入奢侈品品牌能够化解非遗传承困局，促进非遗项目的长远发展。中国传统文化元素出现在时尚领域，也能够助推 Z 世代人群爱上中华传统元素，将非遗带到年轻人的消费市场。另一方面，非遗项目与奢侈品品牌的结合，使奢侈品形成了自身的独有特色。二者间的深度融合，能够起到促生中国高级奢侈品品牌的作用。

“骨木镶嵌”是我国国家级非物质文化遗产项目之一，这是一种以牛骨片、金银、宝石等各种质地的材料嵌入木头的传统工艺。其为浙江省宁波市鄞州区的传统民间手工艺，主要代表作品有红木镶嵌大地屏《群芳雅集》、博古组合橱《西湖春泛图》等。端木良锦将这种古老工艺与现代设计理念相结合，复现“骨木镶嵌”工艺，并以此为核心升级了自己的品牌。其原理是把木材切成很薄很薄的薄片，经过非常精确的加工，把它切成一个轮廓准确的小零件，然后把这个零件一点一点地镶嵌到底材当中。端木良锦的品牌名意为“端正的木材，优良的锦缎”，以优质木材为主要材质进行创作的工艺理念也形成了端木良锦的核心特色。

（三）唐国遗韵，融入传统美学元素的品牌审美

端木良锦的品牌灵感源于盛世大唐，其坚信历史充满激情并致力于将传统中国最具世界高度的美学成就，以坦然自信、奔放张扬的态度，融入产品，推向全球。端木良锦的品牌核心技术壁垒“细木镶嵌技术”，发祥和兴盛于唐代；端木良锦的主题纹样中花钿纹是唐代比较流行的一种首饰，是唐代女性人格自信的外化显现；运用的花形源自敦

煌第112窟壁画，既是唐代团花图案的典型，又是中国古代纹样史中最具特色的装饰纹样之一；飞鸟缠枝纹取自唐代著名诗人白居易《长恨歌》中“在天愿作比翼鸟，在地愿为连理枝”，充分表现出唐朝独有的浪漫主义情怀。运用的这些品牌元素，都体现了端木良锦与唐代历史文化、中华艺术素材的深度创新融合。

端木良锦的所有系列，都指向同一个美学思考的主题：跨越宋元明清，追溯秦汉晋唐，于华夏文明巅峰处续写经典，将中国之美，转述为世界性的时尚表达。端木良锦的品牌符号中深深烙印着传统文化的符号，承载着深厚的中华文化底蕴与东方美学思考。其依托当代的设计、创新的技术，以期让传统审美和精湛工艺再度回归现代人的生活，并开启一场东方的文艺复兴盛宴，从而坦然自信地走向国际市场。

（四）空间体验，侧重客群品牌艺术体验的营销模式

战略地平线LLP公司的创始人约瑟夫·吉尔摩与詹姆斯·派恩认为，体验经济是以服务为舞台，以商品作道具，从生活与情境出发，塑造感官体验及思维认同。并借此攫取消费者的注意力，引导消费行为的产生，由此赋予了商品新的生存价值与发展空间。通过创造独特的体验和情境，商品能够与顾客建立更深入的情感联系，从而提升品牌价值和市场竞争力。阿尔文·托夫勒曾预测了“第三次浪潮”的到来，并预言服务经济将逐渐转向体验经济。在此趋势下，商家不再仅仅关注产品的功能和品质，而是注重创造与商品相关的情境和服务，以提供独特的感官体验和思维认同。

端木良锦的营销侧重点于体验营销上，在营销策略上主要采用了感官式营销与情感式营销两种营销策略。其在商场内开展“木镶嵌”工艺体验课，让消费者亲身体验“木镶嵌”工艺，并且消费者可将由自己亲手镶嵌打磨的物品如杯垫等带回家，杯垫上镶嵌着唐代木嵌琵琶上的花钿纹，代表着端木良锦品牌的花纹符号。信息融通使消费者对于体验式营销的互动反馈与评价传播更具时效与广度，借助加深用户体验感知的方式，推动了用户对品牌的印象深化与持续认知。除此以外，端木良锦举办的与消费群体间的一对一服务活动，体验成本远高于传统的广告投放。但类似这些的艺术体验活动能够让消费者加深对品牌的认知，对品牌内涵产生更深刻的理解。

三、线上为王：端木良锦品牌营销的SWOT分析

（一）优势分析

“国潮”消费是近年来的一大热点趋势，消费者特别是年轻一代对国货的逐渐认可，追逐“国潮”的社会审美时尚逐渐兴起。这一新兴消费潮流贴近生活且能够引发大众共鸣，并将中国文化符号、中华美学精神、传统技艺、制造业与文化产业等结合在一起，其流行是大众爱国情感和文化归属感的具象体现。端木良锦将其时尚根植于中华五千年文脉，将中华优秀传统文化与现代生活方式融合，恰好与这一新兴风尚不谋而合。

奢侈品牌的水准定位极其严格，尤其对品牌精致度有着极高的要求门槛。端木良锦每只包袋上的花纹，不是印刷或者画上去的，而是镶嵌上去的。其运用的细木镶嵌工艺非常复杂，用于作为花纹的木料需要被磨平、切割成厚0.4~0.5mm的薄片；它所要被镶嵌的位置是事先挖好的凹槽，镶嵌缝隙极小，误差需要被控制在0.1mm之内；一整只

满工嵌花木作手包的制作一共经过 22 个流程，194 道工序。此外，端木良锦工艺有一定特殊性，所需的技能也不通用，为此其专门搭建了一套科学生产管理和培训系统，进行人才培养。端木良锦也将其“工匠精神”定义为“建立在数理逻辑上、以无限追求精确为目标的精神，以精准化生产管理取代传统作坊的粗放”。这些设计和生产两者相结合的点，使其品牌具有了自身特殊性，能够打造出品牌的差异性核心。

（二）劣势分析

奢侈品牌往往具有深厚的文化底蕴，品牌形象的打造需要历史的沉淀，且头部品牌往往拥有贵族背景，品牌壁垒较高，行业并购较为普遍，集团化趋势使格局相对固化。据《2022 年中国奢侈品行业研究报告》，历峰集团（Richemont）、开云集团、酩悦·轩尼诗—路易·威登（LVMH）集团三家奢侈品集团将亚太地区作为重点市场，亚太地区的营收占比均超过 40%。端木良锦品牌创建于 2011 年，最早以面向古董、艺术品制作包装为主要业务，自 2016 年转型主营包袋与配饰的消费品牌。其包袋定价集中在 2 万~4 万元，价格与国际一线奢侈品牌不相上下，目标顾客群体也与奢侈品牌高度重叠。然而与有着深厚影响力与极高用户黏度的西方奢侈品牌相比，端木良锦仍处于品牌开发阶段，品牌的线上、线下营销布局都存在着很大的不足。

另外，中国作为最大的奢侈品市场，却至今仍未有诞生有影响力的奢侈品牌，奢侈品牌越来越需要中国文化。端木良锦虽以东方元素为品牌的切入口，但建立起中式奢侈审美并引领中式奢侈审美的变迁，必然是一个漫长而宏大的工程。目前已有的中式奢侈品牌如香港的 SHANGHAITANG 等，在市场中并未收到热切欢迎，想讨好中国市场的海外奢侈品牌运用中国文化推出新品，效果也远远不如预期。中国风格拓展国际市场的难度可见一斑，更为难以破解的障壁是，我国消费者大多数偏爱西方奢侈品牌，对新兴国产品牌的接受度亟须挖掘提升。

（三）机会分析

《中国奢侈品消费行为报告 2022》中显示，线上渠道已经成为各年龄段消费者发掘自我消费需求、了解产品信息的重要途径。社交媒体作为重要的线上运营营销渠道，颇受众奢侈品牌的重视，国内尤其是小红书平台引得了诸如路易·威登（Louis Vuitton）、迪奥（Dior）、古驰（Gucci）、普拉达（Prada）、席琳（Celine）和巴黎世家（Balenciaga）等一众奢侈品牌的营销布局，在小红书上与目标消费者展开互动以及营销活动。去年，端木良锦在第四次公开融资中获得了小红书的战略投资，这对于端木良锦而言是一个重要的运营机会。同时，端木良锦也可以学习海外奢侈品牌的运营模式，将营销目标定位当海外市场，尤其是 Instagram 等注重时尚话题的社交媒体平台之中。

与此同时，据波士顿咨询（BCG）与腾讯营销调查（TMI）今年发布的《中国奢侈品市场数字化趋势洞察报告》，重度奢侈品消费者，即奢侈品年消费超过 30 万元的群体在广告和营销内容上，更重视内容的客观性、趣味性，以及品牌能否提供优质的定制化服务。在此层面上，社会化媒体平台给予了端木良锦一个与消费群体亲密交流互动、建立具有高度品牌忠诚度的客户群体的新机会。另外，中国奢侈品消费自全球疫情蔓延以来迅速境外回流，国内消费主动增长，这对处于成长期的端木良锦品牌而言无疑是一个极佳的发展环境和品牌突围机会。

（四）威胁分析

社交媒体作为一大流量聚集地，其具备在短时间内为品牌截取巨大流量曝光的能量层级。然而，线上曝光的量级取决于产品供应端、线下店铺布局的成长。对于“初出茅庐”的端木良锦而言，这个阶段的“流量”和大曝光并不一定是好事，其生产供应链条两端并不一定具备承接流量的能力，极大可能会因为心急吃上“热豆腐”，而造成“背道相驰”局面的产生。同时顺风的流量也代表着“流行”，在成长阶段端木良锦甚至需要警惕“流行”，更重视在“热点”面前表面品牌的观点和态度，更加注重品牌价值观以及文化内蕴的输出。

B2C企业多采用“快营销”的营销战略，在社交化媒体平台依托大数据、算法等技术向目标受众、潜在客户铺设与发散大量的营销信息。然而，这样的营销方式也易将品牌推向于“快消品牌”的定位之中，消解品牌的文化内涵。民族奢侈品牌与社媒平台的“快营销”在一定程度上并不兼容，其自身的高端定位需有更多占比的“慢营销”，即注重品牌内在文化与口碑的可持续性营销。需要强调的是，企业在生产经营过程中在满足消费者需要的同时必须兼顾消费者、企业和社会的当前和长远利益，使塑造的品牌获得可持续发展。

四、互动赋能：端木良锦品牌的营销新策略

（一）IP互动，塑造人格化品牌形象

品牌人格化可以简单理解为，把品牌进行拟人化、拟物化、情感化的沟通，包括品牌拥有的价值观、格调以及情怀等一切能彰显品牌差异化的元素总和。品牌人格化不仅仅是营销的工具，更是品牌向大众展示的信息特征的来源，随之增强品牌传播语境，更加以人为本，更加拟人化。品牌人格化能提升品牌情感力，建立与消费者的深层情感链接。品牌IP的选取需要结合品牌的价值观、态度、格调，以形象化的展现品牌，并最终实现能够产生更大收益的商业转现。

端木良锦的品牌定位是从从传统中攫取时尚美学，品牌灵感源于唐代历史文化，其代表性的品牌花纹也部分传承于唐代女性的花钿纹。因而，其在品牌IP的建立上，可参考具有代表性的唐代仕女形象，例如唐代周昉《簪花仕女图》中的贵族仕女形象。端木良锦的目标客户群体是对奢侈品有独立认知或使用习惯的人，其在赋予品牌形象人格时可以优先考虑高冷、沉着、勇敢、独立这些品牌性格。并由此打造品牌的社会化媒体营销，创建衍生性的品牌IP营销效应。文创设计借用文化IP资源，将其在视觉上或物质形态上进行塑造，将无形变为有形，将若即若离的文化带入日常生活。于国产奢侈品牌而言，从自身品牌核心定位出发，精准定位用户人群，与贴合的创意IP相结合，能助推其在社交化媒体平台的创意趣味营销，对品牌互动与传播效果起到“奇点式”叠加效应。

（二）文化互动，输出差异化品牌价值

我国学者吴金明在其提出的“4V”营销组合观中认为，企业首先要实施差异化营

销，一方面使自己与竞争对手区别开来，树立自己独特形象；另一方面也使消费者相互区别，满足消费者个性化的需求。差异化营销是一种在市场细分基础上的营销策略，旨在满足目标市场的个性化需求。其借助品牌定位与传播，差异化营销赋予品牌独特的价值，树立鲜明的形象，并建立起品牌的差异化和个性化核心竞争优势。其关键点是积极寻找市场空白点，借助市场定位精准捕捉品牌细分市场。在此基础上，深挖消费者尚未被满足、被忽略的个性化需求，扩大产品的功能与服务范围，深化品牌价值。

端木良锦的品牌内核是源远流长的华夏文明以及我国宝贵的非物质文化遗产，这一点打造了其与其他奢侈品牌间的差异化内核。因此，端木良锦在进行品牌营销时，要尤为关注品牌文化的输出。在社交媒体平台中，端木良锦在进行品牌IP讲解以及包袋作品的介绍时，可以依托视频、概念电影、虚拟现实技术（VR)、增强现实技术（AR)、元宇宙、人工智能生成内容（AIGC）等多种形式，将产品的文化细节与消费群体进行交流。例如，其包袋的主花纹蕴含的艺术理念，产品总体设计传承的历史文化背景等。此举措也能使用户与品牌间产生更强的情感共鸣，从而实现品牌潜在消费群体的挖掘以及客户群体黏性的增强。数字人文是近期人文社科发展的一大趋势，也是国产奢侈品牌应抓牢的一大热潮。建设品牌的数字人文互动平台，依托社交媒体自身的宣发优势，并将二者紧密结合，是中华民族奢侈品牌应搭建的立身、求存、出海之实践路径。

（三）创意互动，延伸多维度跨界营销

美国广告大师詹姆斯·韦伯·杨认为，创意是旧元素的新组合，洞悉事物间的相关性是生成新组合的基础。跨界营销是一种将不同行业、产品、偏好的元素进行融合的营销策略，旨在赢得目标消费者的好感，并实现跨界合作品牌的双赢。借助跨界合作，品牌可以扩大目标市场、提升品牌认知度、创造独特体验，并共享资源和品牌价值。跨界方式上大致可以分为产品跨界、内容跨界、概念跨界、体验跨界、资源跨界这五种。跨界营销能够引发用户自发讨论传播，并开拓新的品牌性格，从而提高现有粉丝的忠诚度、吸引潜在目标用户、提高品牌知名度。其在创造品牌话题、吸引用户参与和传播方面具有独特的优势，能为品牌引入更多“曝光量”，并产生“自发性”品牌口碑维护效应。

端木良锦的核心技艺与设计灵感均来自我国的优秀灿烂的传统文化，尤其还运用了我国的国家级非物质文化遗产项目。因此其在跨界联名上首先应联想到国家、各地的历史文化博物馆，并借助社媒平台的宣发效应，推动品牌发展与各地博物馆旅游开发、文物保护间的双向良性促进。其次，端木良锦拥有独立、高端的品牌个性，其很大程度上适用于概念营销。端木良锦可以选取同类型品牌个性的其他行业品牌，进行跨界联名，如以现代中式美学为其底蕴的中式服装奢侈品牌“上海滩”等。品牌跨界营销结合社交媒体平台的话题造势效应，能够助推品牌获取更高的关注度，以更巧妙的方式寻求到行业的“突围”法门。

五、结语

社媒时代下，平台提供了品牌实现与消费者之间双向信息传达的机会，实现了多渠道品牌曝光，提升了品牌的知名度与美誉度，同时也促进了客户转化，并达成了用户及时反馈品牌需求的良性循环效应。端木良锦品牌着眼于将古典中国的“端正”与“优良”传递世人，力求于华夏文明巅峰处续写经典，将中国之美转述为世界性的时尚表达。其具有迎合“国潮”消费潮流、拥有极高品牌精致度的优势，但同时也有头部品牌壁垒较高、奢侈品消费群体对新兴国产品牌的接受度不高的劣势。社交媒体平台等线上渠道的发展、重度奢侈品消费者对广告和营销内容的重视心理给予了我国本土奢侈品牌新的发展机会，然而，过早过大的流量曝光也会对其有序稳定成长产生伤害。

综上所述，以端木良锦为例，在社会化媒体语境下，我国非遗奢侈品牌在营销方面应重视社媒平台的互动赋能效应，全方位打造 IP 互动，塑造人格化品牌形象，建立文化互动，输出差异化品牌价值，重视创意互动，延伸多维度跨界营销。以品牌建设正向引导非遗的产业化发展之道，点燃乡村振兴新引擎。

作者简介：张媛媛，华侨大学新闻与传播学院硕士研究生。

智媒背景下乡村旅游品牌传播研究

——以青岛崂山村落为例

刘铭羽

摘　要：崂山村落背依崂山，面朝大海，有着得天独厚的旅游文化资源。从乡村旅游品牌传播的视角下分析崂山村落当前旅游发展情况，主要集中于“农家乐”品牌、“旅游节”品牌和“网红打卡地”品牌三个方向，并且均面临着品牌传播范围有限、传播效果无法持续的困境。结合智媒时代的新兴媒体传播特点，尝试从内容内核建设、文化符号打造、深耕分众传播、扩充传播主体和形成互动机制五方面探寻策略。

关键词：品牌传播；乡村旅游；自媒体；媒介传播

发展乡村旅游是当前乡村振兴战略中的重要途径之一，塑造有传播力的乡村旅游品牌对于乡村旅游产业的持续性发展有着重要意义。而在智媒时代下，想要塑造一个成功的乡村旅游品牌，就需要结合智媒背景下的传播特点重新整合传播内容，善用多样的传播媒介，形成传播交互机制。

崂山村落背山而立、傍海而生，山海风光交汇于此，有着天然的旅游资源，发展乡村旅游产业由来已久，但目前却尚未形成有持续影响力的乡村旅游品牌。本文将以崂山村落为例，梳理其已有的品牌传播模式，剖析其面临的品牌传播困境并提出对策，旨在为崂山村落和其他已有成熟的乡村旅游资源的地区提供行之有效的乡村旅游品牌传播策略。

一、崂山村落旅游品牌传播现状

目前，崂山村落已有的乡村旅游品牌主要包括三类：依托崂山风景区而存在的周边“农家乐”品牌、农旅协同发展下催生的“旅游节”品牌以及借助社交媒体塑造的“网红打卡地”品牌。品牌传播模式各有不同，但主要集中在自媒体平台。

（一）依托崂山景区的周边“农家乐”品牌

崂山风景区中著名的游览区共有三条：巨峰游览区、太清—仰口游览区、九水游览区，又因为山区距离市中心较远，往返大多需要一天时间，由此便催生出风景区内的“农家乐”品牌。崂山风景区内的农家乐为“农家宴+住宿”的形式，早期经营者多为景区内村民，近年来逐渐出现专业的酒店管理团队，打造了一批小有名气的网红民宿。通过对崂山农家乐传播方式进行分析，笔者发现大多传播途径集中在小红书、抖音、快手等自媒体平台，传播源大多为崂山“农家乐”曾经的消费者，内容以游客的消费感受为主。

（二）农旅协同发展下催生的“旅游节”品牌

2023年初，山东省文化和旅游厅《“乡村好时节·LET’S购”主题年活动优化提升实施方案》（以下简称《实施方案》），提出2023年将开展“乡村好时节·LET’S购”主题年活动，推进文旅赋能乡村振兴，打造山东乡村旅游的金字名片。在此方案的指导下，崂山以首届青岛樱桃节开始，随后又举办了沙子口鲅鱼节、谷雨采茶节、北宅樱桃节等。一系列旅游节以当季农副产品为切口，整合崂山村落旅游资源，将崂山村落打造成近郊慢生活的“后花园”。在此类政府主导下的“旅游节”品牌传播过程中，不仅有主流媒体的新闻广告造势，半岛新闻网、大众报业、青岛新闻网等官方媒体在微博、公众号、网站等多个融媒体平台发布相关内容；还有当地网络大“V”在抖音、快手、小红书等自媒体平台提前发布游记vlog扩大宣传，跨媒介的传播模式将节会效应发挥到极致。据统计，首届樱桃节仅首个周末就接待游客16万人次，直接旅游收入近2000万元。

（三）借助社交媒体塑造“网红打卡地”品牌

自媒体时代，“打卡”是网络用户自我选择的传播活动，借用自媒体标记个人的消费体验，成为用户“在场”的重要例证。当一定数量的“打卡”内容充斥在社交平台，打卡地的形象也得以重塑，这种用户自发分享行为推动了旅游地品牌形象的塑造和传播。崂山村落中依靠“网红打卡”铸就乡村旅游品牌的典型案例是位于太清风景区的青山渔村。青山村背山靠海，昔日交通不便、山路曲折，以渔业为生，现在依靠环山公路上连绵的红色砖瓦房，成了“最美沿海公路”“海上童话镇”的打卡地。现在，“打卡”效应还在继续扩散，到青山村在沿海山路上拍下自己和红瓦山村的合影并发在社交平台已经成为自媒体空间里的“在场”证明，满足了自媒体用户在网络空间的形象营造，也成就了“打卡地”旅游品牌的传播。

综合崂山村落现阶段的乡村旅游品牌传播现状，可以看出其传播内容主要以用户自发创作和官方媒体活动宣传为主，缺少经营者对于媒介内容的生产运营；传播途径主要集中在自媒体平台，政府导向的大型活动则会整合媒介资源进行融媒传播；传播效果平稳，尚未出现“爆款”的符号化品牌。

二、崂山村落旅游品牌传播困境

（一）圈内“自娱”，尚未实现破圈生长

随着数字技术发展，网络社会日新月异。万物互联的共享平台、数字缔结的社会关系、线上线下贯通的消费模式，以流量获得和转化为表征的资源分配与竞争，均标志着互联网从一个单一的“技术实践”进化为一种全面的“社会转型”，“流量社会”应运而生。流量社会背景下，流量与每个人的生活高度融合，重塑了社会生产的渠道和逻辑，成为影响个体行动、重构社会秩序的支配力量。对于品牌经营方来说，掌握了数字空间的“流量密码”，才能在品牌传播中占据主动权。

站在“流量社会”的宏观背景下分析崂山村落旅游品牌的传播，其“农家乐”品牌、“网红打卡地”品牌不过是崂山旅游中的附属产品，汇聚的“流量”集中于明确将崂山作为旅游目的地的用户，无法吸引更多尚未确定旅游目的地的用户因为崂山村落旅游品牌而“流”向崂山。另一类以政府为主导打造的“旅游节”品牌，其吸引的“流量”集中于生活在青岛的本地居民，“旅游节”品牌目前只挂着“青岛周边游”的标签，尚未突破“本地圈”，不能吸引更大范围的游客汇聚于此。

（二）节会效应散去，尚未实现传播“长红”

在新媒体时代，“媒介化”已成为一种形塑社会的新力量，“媒介化”并不是一种自定义、封闭的媒体间的信息转化，而是一种能够呈现开放性和多元互动、往复的文化关系。接收者在获得信息后，可以在媒介平台上进行评论，也可以传播者的身份再度生产传播信息。因此，品牌的传播应当是个交互的、持续往复的过程。目前来看，崂山村落的三个旅游品牌中，“旅游节”品牌的传播效果最为理想，其在传播过程中注重预热造势，相对比较成功，但依然存在着后续传播力不足的问题。旅游节过后，节会所带来的关注度和客流量散去，用户们的关注点很快转移到了其他信息身上，对于旅游节的体验反馈没有能引起持续的热度，品牌的传播还主要是品牌向用户的单向流动，用户的信息反馈没能及时被品牌关注并回应，从而让信息在媒介间持续，而品牌也没有持续的相关信息再度流入媒介平台进行节会的跟进。

三、基于崂山村落的乡村旅游品牌传播策略

（一）根植本土文化，把握内容竞争力

优质内容是传播的根基。智媒时代，每个人都可以成为传播源，新兴媒体平台上信息泛滥，内容同质化严重。以旅游类内容为例，抖音、快手平台“旅游”话题下都有百亿次播放量，小红书仅“旅游”词条的笔记就达到了近两千万篇。想要在同领域的内容中脱颖而出，抓中用户眼球，占据用户的碎片时间，就要根植本地文化，打造差异化竞争力。在地理位置上，崂山村落临山又临海，山海风光汇聚于一处；在农业发展上，传统的海洋渔业、山间散落的茶园，给乡村文旅体验提供了更多丰富的选择；在文化积淀上，崂山“螳螂拳”“王哥庄大馒头”“崂山面塑”，根植于乡村土地上的非遗文化，有着充足的可供开发的文化资源。以上都是崂山村落独有的乡村文化资源，更利于打造差异化的传播内容。

麦克卢汉（Marshall Mc Luhan）指出，媒介是人的感官的延伸。通过媒介手段传播的内容能够引起接受者的情感共鸣是尤为重要的。崂山村落品牌在对传播内容进行加工的过程中，不应该单纯停留在旅游体验反馈、风光展示，而是可以通过情感化的叙事，引起用户的共鸣。山海村落间远离城市喧嚣的平静、文化传承中一代代传承人的精益求精、新农村崭新面貌后“新农人”的无私付出……诸如此类的情感触发点都可以成为品牌传播内容深层次表达的落脚点，通过引发观者共鸣实现品牌传播效果的深化。

（二）培育原创 IP，打造专属符号

媒介传播是“人体功能延伸”，无论是日常的口语交流还是复杂的文本和图像，其

背后的意义是通过多种符号的形式综合传递和构建的，符号才是人们消费和热衷的关键因素。身处智媒时代，互联网跨越时空、互联互通，符号本身的延伸性、关联性被放大。对于品牌传播而言，打造有竞争力的文化符号，才能抓人眼球，吸引用户注意力。凭借俊美的外表“出圈”的藏族小伙儿“丁真”，成为理塘的文化符号和旅游名片；今年爆火的“淄博烧烤”成为淄博的文化符号，引发一波“赴淄赶烤”的旅游热潮；近期活跃在短视频平台的“天津跳水伯伯”成为了天津的文化符号，助力塑造了天津热情有趣、闲适幽默的城市品牌形象。

崂山村落品牌想要突破本地圈，实现更大范围的品牌传播，也要培育原创 IP，打造专属符号。一方面，可以从“新农人”视角出发，打造根植土地、现代化生活的民宿IP。乡村振兴背景下，很多在外接受了先进教育和新兴理念的年轻人回到家乡创业，开起了民宿。这些民宿区别于传统的农家乐形式，在空间设计、文化氛围营造上更迎合当下年轻人喜好。“在乡间经营一家年轻人喜欢的店”便可以成为这类人群的宣传切口，从年轻人的视角创作山海闲居、三两好友回归田园的文化符号。另一方面，结合“樱桃节”“鲅鱼节”等节会活动，打造旅游节 IP。目前，各类旅游节贯穿全年，根据不同的节气、农副产品生产时间零散分布，后续可以将全年的旅游节活动进行整合，着重打造共通的崂山旅游节 IP。节会之间传播内容相互串联、突出节会的延续性。崂山村落可以通过打造系列的吉祥物、关联的视觉设计等方式营造共同的视觉空间；可以推出文旅体验通票、旅游节集章等活动保持稳定客源；可以通过设置旅游推荐官、线路解说家的固定形象，发挥明星效应，串联全年节会。

（三）顺应智媒特点，精耕分众传播

智媒时代，随着人工智能、大数据、运算法的发展，社会进入了数字媒体时代。一方面，在智能媒介中数据的传输是基于个性化算法之后的定向传输，这样媒介平台才能更有效地抓住用户的注意力。另一方面，新兴的数字媒介不再局限于点对点的数据传输，而是提供了海量的数据平台，用户根据自己的需要在众多数据中筛选有效数据。基于这两种特点，在新媒体平台上进行品牌的传播需要针对不同的受众群体，生产不同类型的传播内容，从而来满足不同垂类用户的多样化需求。

1. 拓展内容方向

作为旅游品牌，崂山村落在进行品牌传播过程中的受众囊括老、中、青、幼多个年龄层次的人群，则需要结合不同年龄段的旅游需求提供旅游产品，区分内容方向。中老年群体更倾向于传统景点、山川风光的旅游体验，传播内容则可以向经典旅游线路和自然风光进行倾斜；青年人更热衷远离城市喧嚣、好友徒步山涧的野趣，传播内容则可以向田野慢生活、小众风光探秘的方向倾斜；青少年群体更关注拓展兴趣、文化知识的获得，传播内容则可以寓教于乐，配合研学路线的开发，注重童趣。

2. 把握传播语境

相比于传统媒体，新媒体的整体语境更加大众化，内容表达更接地气。因此，品牌传播内容可以通过更接近大众的方式呈现，拉近与用户之间的心理距离。第 51 次《中国互联网络发展状况统计报告》显示，使用过短视频的青少年群体占比 65.6%，活跃用

户达20%。年轻群体是新媒体平台的主要用户群，在面向这一群体创作传播内容时，可以使用更活泼化、网络化的语境来吸引这一群体的兴趣。同时，也可以适时地围绕近期的热点话题、流行热词来进行内容生产，提升传播内容的热度。

3. 区分平台特点

如今自媒体平台众多，虽然仅看传播内容均以图文、短视频为主，但其汇聚的用户群体各不相同。基于百度指数的人群画像功能，抖音的用户群体以20~29岁的青年群体为主，占比43.85%，快手的用户群体则以30~39岁的中年群体为主，占比34.97%。以上两个平台均以男性用户为主，而另一个自媒体平台小红书则更多聚集的是女性群体。基于此，品牌传播过程中在不同平台投放内容时便可以有所侧重，还可以结合不同平台的人群特点，策划更有针对性的线上打卡、推广活动。

（四）组建运营团队，形成多元传播主体

新媒体时代是一个人人都是媒体的时代。第51次《中国互联网络发展状况统计报告》显示，截至2022年12月，我国网民规模达10.67亿，其中短视频用户规模突破10亿，用户使用率高达94.8%。据2022抖音平台发布的《抖音电商助力乡村发展报告》显示，平台三农类电商达人数据同比增长252%。可见，乡土类短视频自媒体正在快速崛起，成为助力乡村发展、推进乡村振兴的核心力量。在乡村振兴战略和短视频迅速崛起背景下，应对当前崂山村落品牌传播内容少、影响力小的困境，就需要发挥新农人的主体作用，推进乡村旅游品牌有效传播。当前，内容的产出多以政府主导和个人记录为主，视频数量和质量受到局限。崂山村落间可通过成立“短视频联盟”等方式，将具有内容产出能力的传播者聚集起来，打造专业化团队，从而打磨内容质量；政府可组织“农村电商培训”“短视频制作培训”等专业化的惠农课程，帮助更多村民掌握简单的短视频拍摄、剪辑方法，形成官媒、达人、普通用户的多元传播主体，从而实现内容的量产。

（五）完善互动机制，形成传播闭环

随着互联网运用的发展，网络用户的交互作用得以体现，用户既是网络内容的浏览者，又是网络内容的创造者。自媒体平台转发、点赞、评论功能的使用，使得传播活动并没有在用户接收到信息的时刻结束，而是在用户接收到信息后和传播者之间的信息互动中不断延续下去。因此，想要提高品牌传播内容的影响力，就需要对于后续用户的信息反馈进行及时的回应，并能够根据用户的信息反馈，调整优化传播内容。当前，崂山村落旅游品牌传播过程中尚未形成成熟的信息运营和维护机制，这就需要传播主体在组建媒体运营团队时，在创作团队之外纳入社群内容运营人才，及时跟进用户反馈和动向。以“旅游节”品牌的传播为例，节会过后，参观者的游记vlog纷纷上线视频平台，此时传播者可以通过组织“短视频大赛”的形式与用户进行互动，根据视频点击量、点赞量来评选获奖视频。同时，传播者可以设置专属旅游节标签，由此筛选出相关视频，通过对视频内容的分析总结用户感受及需求，从而优化服务质量，明确传播方向。

四、结语

崂山村落只是中国万千村落的微小缩影，反映着中国大地上万千农村在发展乡村旅游品牌时遇到的困境。智媒时代背景下，社会已经进入人人自媒体的时代，短视频平台内争夺“注意力”的竞争越发激烈。另外，智能媒介的加持大大提高了收集分析用户数据的可操作性。如此背景下，乡村旅游品牌的传播需要积极地融入智媒时代中，从传播内容、传播主体、传播反馈等方面不断优化，才能拥抱智媒时代，实现品牌有效传播。

作者简介：刘铭羽，青岛幼儿师范高等专科学校副科级职员、教学秘书。

比较视域下博物馆盈利模式的国际经验及启示

宫月晴　董　晨

摘　要：文旅经济的发展为博物馆的经营发展带来了市场空间和创新需求。本文结合法国奥赛博物馆、伦敦自然历史博物馆、卢浮宫博物馆、中国台北故宫博物院及美国托莱多艺术博物馆的盈利现状进行比较分析，总结博物馆的盈利模式在现实认知维度具有品牌性、高附加值、主动性等特点，在价值判断维度中强调博物馆多元盈利方式、文化价值、艺术创新思维及科研能力，在行动对策维度注重以创新思维探索更多盈利可能，保持博物馆品牌的整体调性。随后依据我国博物馆的盈利现状，分析其盈利模式在品牌建设、常规运营、盈利思路中存在的问题，最后从顶层设计、整合模式及创新经营方面提出博物馆盈利业务发展的策略建议。

关键词：博物馆盈利；盈利模式；海外博物馆分析

项目支持：北京第二外国语学院，北京对外文化传播研究基地，北京市社会科学基金项目“北京博物馆之城品牌体系建设与传播策略研究”（项目编号 22JCC055）成果之一。

党的十八大以来，党中央和各级政府高度重视博物馆工作，社会各界对文化遗产和博物馆的关注进入新阶段。当前，北京博物馆事业发展历经百年进程，如今已从基本的博物馆展览展示、文物保护研究等属性，向文化符号转型升级，成为城市可持续发展的新动力。越来越多的消费者扩展传统文化的消费边界，博物馆相关建设势必要随着消费者需求而不断革新。然而，当前的运营模式一定程度上限制了博物馆的全面发展，基础运营费用无法满足博物馆所面临的技术革新、品牌运营、产品升级等方面的需求。本文将从这些现实需求出发，考量多家国际博物馆的优势经验，为我国博物馆盈利模式的创新带来思考与启发。

一、典型博物馆盈利模式的发展样态

典型博物馆的盈利模式成为其不断扩大市场规模及国际影响力的重要推动力。博物馆借助盈利模式能够实现向其他行业的纵向延伸以及盈利入口的横向扩张。本文将通过研究卢浮宫博物馆、伦敦自然博物馆、法国奥赛博物馆、中国台北故宫博物院及美国托莱多艺术博物馆盈利模式的发展样态，分析出博物馆盈利模式的发展样态。

（一）法国卢浮宫博物馆

卢浮宫博物馆始建于 1204 年，以收藏丰富的古典绘画和雕刻而闻名于世。1793 年 8

月 10 日，卢浮宫艺术馆正式对外开放。如今卢浮宫已成为世界最大的艺术宝库之一，2021 年卢浮宫共接待参观者 280 万人次，2022 年，约有 780 万人参观了卢浮宫博物馆，同 2021 年相比，参观者人数增加 1.7 倍多。

1. 设置多盈利点增加盈利入口

卢浮宫对参观的消费者设置了 17 欧元的门票费用，配备纪念品店及书店，还设有餐厅、咖啡厅、外卖柜台等，通过细分多类商业空间增设博物馆盈利点。除此之外，卢浮宫成立卢浮宫之友协会、包括加入卢浮宫之友协会、青年会员卡、单人或双人会员卡、家庭会员卡等，会费每年为 15~1000 欧元不等。会员卡拥有不同权限资格，大多数会员可享受卢浮宫研讨会、导游及活动节目的折扣，可获得巴黎和国外 100 多家博物馆的折扣，而最高等级的会员可免费进入奥赛博物馆并免排队。

2. 商业化视角将博物馆进行业务拓展

法国卢浮宫向社会开放，为各种临时的艺术展览、学术报告会和其他文化活动及私人活动有偿提供场地租赁和服务。例如，馆长卢瓦雷特以一天约 3 万美元的价格出租其场地用以拍摄电影。另外，卢浮宫的艺术品被送往日本、中国等世界各地展览，馆长同时与美国亚特兰大高等艺术博物馆签约，并将部分展品送到美国城市长期展览以增加营收。例如 2007 年，卢浮宫宣布与阿联酋合作，在该国首都阿布扎比以卢浮宫为名建设博物馆。阿布扎比卢浮宫可使用 30 年“卢浮宫”冠名权，其收藏品大多来自卢浮宫。2019 年 11 月 9 日，阿布扎比卢浮宫建成开放两周年后，就已达到 200 万消费者。2019 年的年度报告中，阿布扎比卢浮宫在外国游客中享有盛名，其中 70%的消费者具有丰富的专业知识，30%的消费者为居民。阿布扎比卢浮宫不仅带动了当地游客数量，还进一步扩大卢浮宫的品牌影响力。

总之，卢浮宫通过多元化业务拓展商业空间，利用博物馆的品牌及差异化资源实现商业变现。卢浮宫的对外合作有助于增加品牌的曝光，提升品牌的海外影响力。同时，在合作项目的考量中卢浮宫保持博物馆的品牌调性，很好地维护了消费者认知的品牌形象，进一步巩固了卢浮宫世界范围内的商业价值。

（二）英国伦敦自然历史博物馆

伦敦自然历史博物馆是欧洲最大的自然历史博物馆之一。博物馆的藏品总数超过 8000 万件，涵盖昆虫学、植物学、动物学、古生物学和矿物学等学科，是世界上最古老、最重要的昆虫学收藏之一。伦敦自然历史博物馆自 1881 年起对外开放，藏品总数超过 8000 万件，展现了地球 46 亿年的自然历史，年均参观人数达 500 万人次。

1. 根据资助金额为目标受众提供分级服务

博物馆的基础收费情况为普通消费者可免费入场，除此之外，分设会员、捐赠人及企业合作伙伴三种招募自主方式。其中会员可以免费无限参观史上已知最大的行走生物泰坦巨龙，了解野生动物的生活方式，即使门票售罄也无须排队。会员可享受专属的放松空间，包括餐厅、休息室、学习区等，享受商店及咖啡馆折扣。会员还可以参加晨间活动、研讨会、工艺品制作及家庭活动坊等专属活动。

捐赠人根据捐赠金额进行分级，捐款 1500 英镑为银圈捐赠人，可获得非工作时间进入博物馆的特权，与其他支持者一起深入参与博物馆的世界级收藏及展览；捐款5000英镑为金圈捐赠人，享受所有银圈福利，同时可参与幕后体验，并可根据捐赠人兴趣定制访问和旅游活动；捐款12000英镑为白金圈捐赠人，获得所有金圈福利并可以访问博物馆及其研究的最独家部分，将被介绍给博物馆密切合作的杰出科学人物圈子，参加独家招待会，并成为第一个体验重大新项目和展览的人。

企业合作伙伴则可由博物馆根据企业的需求为其提供定制服务，包括公司成员享受会员等级的服务、获得租用活动空间权限及将企业业务项目与博物馆研究项目进行整合等。

2. 利用卓越的科研能力带动博物馆经济收入

伦敦自然历史博物馆是植物、动物和矿物的国际分类学研究中心之一，集聚超过300名各类科学家，在动物学、昆虫学、古生物学、矿物学和植物学等研究部门和实验室开展工作，包括为欧洲航天局建造专业设施、为劳斯莱斯飞机研究鸟类撞机的课题、为英国警方提供司法检验支持等，这些收费的科研项目很大程度上为伦敦自然历史博物馆带来了盈利收入。

总之，博物馆将品牌资产通过商业逻辑进行价值分级，并整合成不同消费等级的服务产品，使得博物馆可以根据细分市场开展丰富多样的经营性业务。例如，针对具有经济能力的自然历史爱好者和企业家给予更多博物馆的权限。伦敦博物馆的营销方式在消费者心中强化了品牌认知以及品牌形象，同时为自身获得维系运营的经济效益。

（三）美国托莱多艺术博物馆

托莱多艺术博物馆是位于美国俄亥俄州托莱多旧西区附近的国际知名艺术博物馆，于1901年由托莱多玻璃制造商爱德华·德拉蒙德·利比（Eduard Drummoncl Libbey）创办。托莱多艺术博物馆宗旨是艺术教育，借助其享誉世界的收藏品作为教学工具，将艺术融入人们生活。托莱多艺术博物馆收藏了约25000件艺术品，包括美国和欧洲的绘画、玻璃艺术的历史，古希腊、罗马和埃及作品，亚洲和非洲艺术，中世纪艺术，雕塑，装饰艺术，平面艺术和现代和当代艺术。

1. 提供个性化产品服务

托莱多艺术博物馆以艺术专业著称，免费对外开放使得大众都可以走进艺术、了解艺术，同时增强大众对托莱多博物馆的品牌认知。博物馆有六种会员制度，包括65岁以上的高级会员、65岁以上的高级夫妇会员、65岁以下的个人会员、家庭会员、与博物馆互惠型会员、博物馆捐赠会员，面向个人、夫妇、家庭划分不同的会员等级，提供不同的服务。同时，托莱多艺术博物馆的园区内拥有40多个画廊，该博物馆的画廊及其他空间可提供剧院、晚宴接待等用途，例如其水晶走廊可承接250人左右的鸡尾酒招待会活动，修道院可以承接100人左右的接待活动，或可作为130人的剧院场地、60人的晚宴场地及150人的庆祝场地，通过其不同的容客能力及室内设计风格满足客户多种场景需求。

2. 销售艺术专业课程

博物馆针对不同年龄层次消费者的艺术学习需求，提供专业艺术培训，会员可以享受折扣优惠。在课程设置上，博物馆将授课对象划分为3~13岁、14~18岁及成人课。课程内容以艺术创作实践为主，如霓虹玻璃制作、壁画、数字艺术创作等。也有艺术专业史学的艺术史课程，分为220美元和105美元的两种价格。

总之，博物馆利用其专业艺术资源开设大众艺术教育课程，一方面强化博物馆的品牌理念和艺术教育属性，树立品牌价值；另一方面可以扩大博物馆的品牌业务范围及产业影响力。

（四）法国奥赛博物馆

奥赛博物馆与卢浮宫、蓬皮杜中心被称为巴黎三大艺术博物馆。其藏品总数约9.7万件，包括近6000幅绘画、1600幅版画、4800件雕塑和奖章、2.7万件建筑和装饰艺术品、4.7万件摄影作品等，被称为“欧洲最美的博物馆”之一的艺术宫殿。2021年，奥赛博物馆被评为全球二十大博物馆，年客流量达到104万人。

1. 细分收费等级

法国奥赛博物馆提供多语种版本的音频指南，为6~12岁儿童提供音频指导课程、为成人提供付费导游服务。除此之外，奥赛博物馆的票价设定也有很多销售组合，例如成人参观全部展览的票价为16欧，不满18岁的未成年人和成人一同参观共13欧；奥赛博物馆在每周四晚上延长营业时间，当晚夜间活动的票价为12欧，以稍低于平时白天的价格吸引消费者；博物馆规定每个月第一个周日免费，满足不同消费者的参观需求。

2. 举办高品质艺术性文化活动

博物馆通过艺术家影响力吸引消费者进行高层次文化消费。例如在2022~2023年，博物馆举办了多场午餐音乐会、晚间音乐会和知名作曲家的专辑演出等，门票36欧元。在2023~2024季，博物馆举办例如著名艺术家帕特里夏·佩蒂邦，女高音和钢琴家苏珊·马诺夫合作演出，致敬博物馆内藏品爱德华·马奈的《草地上的午餐》，门票36欧元。2023年，奥赛博物馆和夏约国家舞蹈剧院合作，邀请编舞家拉希德·乌拉姆丹与杂技演员在奥赛博物馆中殿呈现了钢丝和特技飞行等杂技表演，通过国家级艺术表演的联名合作吸引受众，获得很好的社会反响。

总之，法国奥赛博物馆邀请各届艺术家围绕博物馆展品做文艺演出。一方面，高质量的艺术类演出可以收取较高的票价；另一方面，对展品以艺术化的形式进行解读并再创作，增加博物馆展品的审美趣味，从而提升消费者对博物馆的品牌印象和感知价值，提高博物馆的品牌溢价能力。

（五）中国台北故宫博物院

中国台北故宫博物院成立于1925年10月10日，是以明清两代皇宫和宫廷旧藏文物为基础建立起来的大型综合性古代艺术博物馆。博物院的藏品丰富多样，包括绘画、书法、陶瓷、玉器、青铜器、雕刻等众多文物，馆藏文物达69.6万余件文物。2017年，中国台北故宫博物院入选全球最受欢迎博物馆之一。2018年亚太地区20强博物馆排行榜中，中国台北故宫博物院以第4名上榜。

1. 设置多样盈利点

中国台北故宫博物院与大陆普遍博物馆的盈利模式类似，即根据年龄和社会角色划分收费模式。通过举办亲子教育活动、开发店内零售周边商店、出版刊物、制作线上传播内容上传至视频平台等为博物馆拓宽收入来源。

2. 注重品牌价值和知识产权

中国台北故宫博物院擅长通过授权增加经营性业务。中国台北故宫博物院主要有三种主要的授权方式，即图像授权、品牌授权、合作开发。以品牌授权为例，中国台北故宫博物院品牌授权公开征求须知表明，企业需以非专属授权方式使用文物图像生产制造产品。在合作过程中，中国台北故宫博物院严格规定出版授权的作业流程与品牌授权机制，并详细标明品牌授权细则，如要求在企业的设计产品中，博物院的商标需与企业商标置于同一版面且大小相当。其藏品进行对外商业授权时，要求被授权人于图片旁或版权页上标明图片所属博物馆的名称，制成品完成后应提供样品供博物馆保存。

总之，中国台北故宫博物院通过商业授权扩大收入的同时，非常注重保护博物馆自身的知识产权。这样，不仅有助于维护品牌的合法权益、保护品牌资产，还有助于借助商业合作扩大博物馆的市场影响力。

二、典型博物馆盈利模式的国际经验

（一）现实认知维度：典型博物馆盈利模式的基本特征

1. 具有品牌性

典型博物馆始终维持品牌调性及专业性。首先，典型博物馆具有品牌保护意识。无论是卢浮宫博物馆进行对外换展、场地租赁，还是中国台北故宫博物院的商业合作，博物馆在进行商业化盈利的过程中始终保持其核心的品牌形象及产权。其次，在合作的过程中典型博物馆始终要求突出自身在项目中的角色，例如要求品牌的商标符号及名称等在合作项目中同等地露出，为品牌寻求扩大知名度的机会。

2. 具有高附加值

高质量的博物馆文化活动提高了典型博物馆的附加值及溢价能力，使消费者愿意进行高价的文化消费。以法国奥赛博物馆为例，典型博物馆通过文化艺术活动等为博物馆增加更多盈利机会，同时如音乐会类的文化艺术活动具有较高的溢价能力，能为博物馆带来单次活动更高的收入。不仅如此，高质量的文化活动可策划为营销热点，提升博物馆在消费者心中的高端品牌印象。

3. 具有主动性

博物馆主动积极招商引资，招募会员及捐赠者，寻求商业化空间。首先，从人力资源上，典型博物馆如伦敦自然历史博物馆及托莱多艺术博物馆利用其馆内人员的研究能力等为博物馆积极拓展专业课教育、项目研究及技术开发等业务，利用专业属性延长博物馆产业链。其次，从场地资源上，典型博物馆如卢浮宫及托莱多艺术博物馆利用馆内的空余资源进行对外租赁，在保护博物馆场地及藏品的基础上积极扩展客户资源。

（二）价值判断维度：典型博物馆盈利模式的价值思考

1. 强调博物馆的多元盈利方式

典型博物馆打破以藏品、展览为主要盈利业务的模式，利用其馆内资源开展多元盈利项目。公立博物馆维持其非盈利性的机构设置及运营模式，对外向大众免费开放，但在此基础上，博物馆不断创新更高层级的盈利项目，为多层次消费者设计满足高层次文化需求的商业服务。

2. 强调博物馆的文化价值

典型博物馆在拓展盈利点的过程中始终保持其文化属性，且充分利用其所具备的文化资源获取更多盈利机会。典型博物馆如伦敦历史博物馆等拓展的业务始终以专业学术成果或博物馆的文化价值，而并非违背自身的文化属性涉及有违博物馆的业务。

3. 强调博物馆的艺术创新思维及科研能力

典型博物馆在盈利模式探索的过程中充分发挥馆内人员的艺术创新思维及科研能力，为各个博物馆开发专属的盈利项目，使博物馆具备差异化商业价值及不可替代性。

（三）行动对策维度：典型博物馆盈利模式的策略探索

1. 注重探索更多盈利可能

典型博物馆链接所有有形资源与无形资产，将其所具有的每项单一价值资源进行多维的商业化开发。从博物馆的场地、藏品，到馆内人员的知识资产、研究能力以及博物馆的品牌、文化艺术业界资源等被典型博物馆进行充分的利用，充分发挥博物馆的文化价值、社会价值，从而提高自身商业价值，以探索盈利的更多可能。

2. 注重保持博物馆整体调性

典型博物馆所开发的盈利业务并非仅仅是商业化的索取，而是通过其盈利项目为捐赠者及消费者带来高品质的品牌服务，增强博物馆的品牌意识及专业性，注重建设符合并强化博物馆品牌整体调性的盈利行为。

三、我国博物馆盈利模式的问题剖析

（一）商业形象塑造不足

我国博物馆重视博物馆品牌传播，注重整合多媒体资源以提升博物馆品牌的知名度与影响力。然而在此过程中，更多地强调博物馆的公益属性，消费者所接触的信息也多是博物馆非盈利性的品牌形象。传播内容缺少博物馆商业形象的塑造，错失很多潜在的盈利空间，不利于博物馆品牌的商业开发。例如，中国美术馆针对未成年人推出了“美术作品中的儿童”“为新时代人物塑像”“美在新时代——助力中小学美育”“小小志愿者”等具有创新性的美育项目，拓展“馆校合作”空间，活动内容强化了中国美术馆公益美育的性质。2019 年 6 月 28 日，中国美术馆七层学术报告厅举行“美在新时代”中小学志愿服务成果汇报，其中中国美术馆的公共教育工作及社会价值等较为突出，但对于进一步的教育转化、商业化潜力等下游产业发展以及与教育或游学机构合作等潜在上游产业开发等并未显现。

（二）业务创新能力有限

国内博物馆大多以举办主题展览活动、出版刊物、文创产品及餐饮商业空间为主。如北京故宫博物院常年设置各类展览；中国军事博物馆自建馆以来，出版了《中国战典》《黄河在咆哮》《中国人民解放军 70 周年图集》《中国军事史图集》《南方三年游击战争》《雷锋在军博》等；许多国内博物馆均有设立餐厅、文创商店等商业空间。然而少有国内博物馆延长营业时间或举办夜间活动，少有博物馆开展场地租赁及品牌授权等盈利业务，少有博物馆对馆内人员学术能力进行商业转化。

（三）品牌溢价能力较低

在消费者对品牌文化属性的感知价值对其购买意愿的影响研究中，品牌长期稳定性作为外部刺激对于消费者感知价值各维度和购买意愿的影响均不显著。消费者对博物馆基于长期品牌文化组织活动的感知价值相对保持在较为平缓的价位区间，单纯以品牌文化背景为核心差异点的活动规模和质量较难具备溢价能力。例如，国内博物馆对人才培训常以低价或公益教育为主。而科研项目多是与高校合作进行文物鉴定与保护研究，如中国紫禁城学会“王府历史文化研究委员会”成立、军事博物馆参与编写的国家级科研项目《文物藏品定级标准图例（兵器卷）》，虽在文物保护及传统文化传承等方面获取了一定成果，但其更多停留在品牌文化属性的长期固有行为中，作为产品对消费者感知价值的新刺激起到的作用较为有限，较难通过提升感知价值提高博物馆品牌的溢价能力，即提高门票或其他活动的收费价格。同时，鲁迅博物馆组织 8~12 岁亲子活动感受传统文化、体验线装书活动计划，该活动容易被消费者理解为博物馆长期进行的文化教育行为，较少的创新性刺激难以提升消费者对博物馆活动的感知价值，从而难以提高博物馆文化活动的溢价能力。

四、我国博物馆盈利模式的策略建议

（一）顶层设计：兼顾博物馆传播与收益考量

在进行品牌传播的过程中，博物馆需为自身及消费者建立盈利意识，在项目策划及日常运营过程中更多考虑相应的收费模式及盈利点，确保在立足社会价值及文化价值的同时满足自身的商业价值。同时，博物馆可向消费者建立认知，即博物馆品牌不仅是单纯的非盈利性公益机构，还是具有商业属性的组织品牌。例如博物馆可在其官网、自媒体账号或其他媒介端口，对外招募博物馆的商业业务，如会员招募、商业研究合作及项目开发等，使目标消费者及企业可根据其需求找到相应的商业服务内容。

（二）整合模式：盘活现有资源，扩大盈利入口

博物馆作为文化产品及文化服务整合的场域，盈利资源包括藏品自身的展示、创意化展陈、藏品图像版权、服务人员的文化展示服务、馆内研究员的研究能力及知识产权、藏品陈列空间场地等。博物馆可链接的产业包括教育、科研、文创、旅游、餐饮、美妆、时尚、影视甚至游戏等行业，其价值包括消费者的多元化文化体验、品牌感知价值及文化资本的社交价值等。博物馆需整合馆内所有资源，充分调动各个盈利点，在原有常规性业务的基础上扩大商业潜力。例如沂蒙山小调活态博物馆与沂蒙山天蒙景区相合作，将博物馆的文化体验与特色区域旅游产业相结合，达成具有文化属性的博物馆与在地旅游产业的互补及资源整合，从而达成综合性文旅业务。

（三）创新经营：创新活动项目，强调特色价值

博物馆需通过高水平文化活动提升品牌溢价能力。高水平的文化活动一般都具有较

高的价格门槛，博物馆可以通过音乐会、舞台剧等形式提升博物馆在文化产业领域的商业价值。

例如故宫与腾讯合作举办的“Next Idea 音乐创新大赛”、北大红楼与艺术世界与鲁迅博物馆合作的“5·18 文创节”网上直播等都获得了很好的社会反响。再如沂蒙山小调活态博物馆以游客兴趣为出发点，设置包括听墙根、沂蒙方言与中文对照的翻牌游戏、民俗 DIY 等主要盈利体验项目，是富有特色的创新方式。

作者简介：宫月晴，北京第二外国语学院文化与传播学院政务品牌研究中心主任、讲师；董晨，中国传媒大学广告学院硕士研究生。

基金项目：北京市社会科学基金项目“北京博物馆之城品牌体系建设与传播策略研究”（项目编号 22JCC055）成果之一。

博物馆数字化传播与地方文化形象构建的传播模式创新研究

刘玉芝

摘　要：博物馆是有效实现文化的保护和传承的重要途径和场所，是连接人类文明过去、现在、未来的重要桥梁。山东作为历史名城，汇聚多元文化和各类型的旅游产业，形成多样、丰富且复杂的地方特色，如何有效统筹具有山东特色的文旅产业，并利用数字化媒体手段和新媒体传播模式，将山东的传统文化和中国式现代化有机结合，是扩展山东地方文化形象的重要问题。

关键词：博物馆数字化；地方文化再传播；数字化新媒体；传播模式

习近平总书记曾高度重视博物馆工作，他强调一个博物院就是一所大学校，并指出搞历史博物展览，为的是见证历史、以史鉴今、启迪后人，要求守护好、传承好、展示好中华文明优秀成果。2023 年 5 月，根据国家文物局公布的博物馆产业数据显示，我国记录备案的博物馆数量已达 6565 家，与上一年相比，新增博物馆多达 382 家，发展速度和数量排名全球前列。一年内累计接待游客多达 5. 78 亿人次，数字化博物馆的线上展览已近万场，相关参观教育活动累计 4 万余场，相关的新媒体话题超百亿人次。

因此，党的十八大以来，在党中央引领推动下，在山东省委政府的领导下，我省文化遗产保护传承工作成就显著。其中，数字文物藏品的保护、修复与管理工作也已成为传承山东地方文化底蕴和城市形象建设的重要部分，如何有效构建数字文物藏品在数字智能时代的市场媒介监管机制，也成为亟须讨论的问题。

一、国内外研究现状

（一）中文文献

基于 CNKI 数据库的文献统计，关于数字藏品的中文文献资料 606 篇，最早为 2005 年浙江大学的胡益峰和韩红芳的硕士论文《数字博物馆中的协同与展示技术研究》，两篇论文皆以计算机应用学科研究为出发点，分别针对数字博物馆的定义和结构技术进行了分析和研究，并以计算机建模的方式提出了数字博物馆的数字建构和运行模式的设想，为数字藏品、数字化博物馆建设的学术研究提供了技术的可行性参考。

此后，2005~2021 年的 16 年里，关于数字藏品的文献研究仅为 101 篇，而 2022 年关于数字藏品的研究则爆发为 371 篇。六百余篇文献资料的主题分布主要集中于 NFT 数字藏品、元宇宙、博物馆、博物馆藏品等关键词的研究。其中文献研究层次主要集中于应用型研究、技术研究和开发研究领域，涉及市场监管的资料仅有 5 篇，多以法律视角讨论数字藏品交易的权益保护、版权等议题。由此来看，文物藏品的数字化，为文物的保护和传统文化传播创造了众多机遇，但也面临市场运营与监管政策亟须完善的议题。因此，如何在现有的市场和媒介传播机制下突破传统文物藏品传播运营机制的壁垒，已成为当下文物保护和文化传播的重要议题。

（二）外文文献

在 CNKI 检索数据可获知，相关外文研究文献总数 952 篇，外文文献对数字藏品的研究时间相对较早，文献最早涉及数字藏品的研究可追溯至 1977 年，在 2013 年进入研究的上升阶段，上述外文文献资料的研究主要围绕 digital libraries、digital collections、metadata、collections management 等议题展开，主要针对计算机软件开发与运行，以及图书馆情报与数字图书馆的建设和方法论进行的研究。其文献所涉运营模式的研究虽值得借鉴，但由于国情与经济体制运行模式的不同，还须辩证看待。我国市场经济运行具有典型的中国特色，因此文化产业的研究应立足实际，结合具体国情和数字化智能时代的要求，努力为中国式现代化的建设提供更多的思路和发展的空间。

二、山东地方文化的特殊性

本文主要以山东的地方文化特色和传统文化的传承为基础，以同样具有鲜明地域文化特色的重庆作为对比研究对象，针对重庆传统巴渝文化的传承和红色旅游经济的发展，尤其是新媒体时代，重庆由“网红城市”这一标签，带动当地的文化和旅游行业发展的经验，为山东的地方文化发展提供一些思路。重庆三峡博物馆不仅集传统文化和红色文化于一身，更形成自己鲜明的博物馆形象，为重庆当地和向外辐射的文旅产业都产生了重要的影响。因此，梳理其在文物藏品数字化工作中的经验，以优秀单位为先导，链接山东博物馆等不同场馆和不同区域的数字藏品的交互式运行模式，结合数字化智能时代的新媒体手段，重点对山东博物馆文物藏品的数字化管理、运行和媒介监管工作进行研究，分析文物藏品保护与数字化传播的市场发展趋势，探讨数字智能时代下山东博物馆数字化传播与地方文化传承的立体交互式媒介监管策略研究。

习近平总书记强调：“每一种文明都延续着一个国家和民族的精神血脉，既需要薪火相传、代代守护，更需要与时俱进、勇于创新。”因此，数字文物藏品的运营须引入媒介运营和监管思维与数字化技术，探讨以藏品数字化为基石、以媒介传播监管为链接、以文化传承为目标的立体交互式媒介监管机制的建立，创新文物数字藏品的呈现形式和传播方式，让文物真正活起来，并进一步完成具有历史底蕴的山东地方文化形象的构建，以下几个问题需进行考虑。

1. 文物数字化策略方面，需要以点带面整合儒家文化系统

山东文化有着独特的地域性，如何将主城的历史旅游、红色旅游、民国历史、各区县的地方风俗文物进行有机结合，需要结合智能时代的新媒体媒介手段，进行统筹策划。因此，要建立多能型人才与数字化媒介的立体互动监管，积极培养文物藏品修复人才和数字化媒介人才，将文物修复的技术与数字化赋能的能力进行结合，实现文物藏品的有效修护与推广，同时逐步建立文物藏品数字化的市场运营与数字藏品（数字藏品也包含对文物藏品的再创作作品）的行业规范操作机制。

2. 文物修复技术和新媒体技术层面，亟须培养专业的文物修复和媒介运营监管人才

博物馆所涉文博物品通过师承制和引进人才两手抓，以项目聚人才，以人才带项目，持续为文物修复事业注入活水源泉。修复专业人才和数字化数量虽有所增长，但还处于人才紧缺状态，因此，如何培养和建立健全人才机制需要重视，实现数字化处理与文化再创作的媒介传播技术互动监管。采用创新数字手段，对文物藏品进行技术分析、还原与建模存储，统筹媒介资源，将文物呈现与传播赋予新的文化符号意义，建立完善文物藏品和数字藏品再创作的版权、竞争和交易机制。

3. 文物数字化的媒介运营和监管层面，需要结合新媒体和数字技术手段，建立有序且灵活的媒介传播交互式监管策略

如何有效盘活文物藏品，并持续有效实现数字藏品的传播与再创作，亟须建立合理的媒介传播监管机制。因此，文物藏品保护与数字化运营需要利用数字智能手段对文物藏品进行合理的数字化处理，并结合新媒体手段针对文物藏品的文化符号进行智能化赋能，将文物藏品真正盘活，从而形成将文物藏品从物理的存在，演变为虚拟的数字化立体互动式存在，最终实现文化的传承和再发展。须进行文旅产业与新媒体传播的媒介互动监管，结合新媒体的媒介传播，将旅游和文化传播产业互动，形成立体利益合作共同体的结合，完善资金统筹和文物的创新创作机制。

三、数字化博物馆传播与地方文化结合的机遇与挑战

由于文物数量庞大，且大小做工、历史价值、艺术价值等均有所不同，政府难以出台统一回购政策标准及配套措施，统一集中管理也存在困难，如何有效地将文物进行修缮和管理，实现其应有的文化价值，是亟须重点解决的问题。除响应并落实国家和政府的文物保护政策，积极推进文物数字化的进程，在此基础上，可充分利用民间公司力量组织进行文物的保护和管理，可大大节省管理和运营成本。

在文物的修复和数字化媒介监管机制中，依托数字化的再现与传播，既留存了文物藏品的基本数据信息，又为其提供了文创产品产业发展的诸多可能性，这不仅是传承文化的必然要求，还是数字化时代发展的必然要求。因此，为推进文物数字的媒介传播发展，就需要制定并完善数字文物藏品的市场行业规范和运营监管机制。文物藏品的保护和修复的人力和物力成本较高，加之数量多、有些文物产权不清晰，造成了管理和保护工作中存在诸多的难点。因此，结合重庆市政府的文旅政策经验，针对性地提出以下三项立体互动式监管模式。

1. 构建产学一体的人才培养模式

针对上述研究内容，切实解决文物修复专业技术人才和数字化操作人才短缺问题，是实现未来数字智能化时代的重要目标。充分调动民间企业和单位，共同探讨产学一体的人才培养模式，力图将修复人才赋予数字化思维，进行物理修复技术和数字化建模技术的融合和培养。

2. 整合文物建筑的统计、管理与维护

数字技术的支持使博物馆能够以全新的方式实现其原有的收藏、保存珍品等功能，使数字博物馆不仅成为一种新兴媒介，有效实现地方文化的全面普及与渗透，更为博物馆传播的社会意义带来了新的发展。因此，建立文物建筑数据库，需要细化文物的保护级别、建筑构成、管理执行、修缮维护进行数字化统计，责任到人。

3. 建立文产共赢机制

提升内涵，讲好地方故事。博物馆的外在呈现，表现为一座城市的名片，而实际上它更多的是承载了本地人民对祖先的崇敬、对生活的热爱和民俗的延续，是情感寄托和文化传承的重要载体。因此，将文物建筑的保护与修复与文化传播产业和旅游产业相结合，利用数字媒体手段，积极宣传文物建筑的文化价值和符号意义，盘活文物建筑的综合价值，以文旅收益为其保护和运营提供经济支撑。

总之，数字化时代博物馆传播学，不仅是地方文化和现代科技结合的产物，能够多样化地展现传统文化，结合新媒体的信息传播形式，博物馆内的文物与其所承载的文化，都不断被赋予新的生命，与中国式现代化的进程亦步亦趋，为地方文化形象的建设和服务民众的精神文化需求提供了有力的保障。

作者简介：刘玉芝，四川外国语大学国际新闻传播学院讲师。

文旅融合背景下挖掘乡村红色基因，打造红色文旅品牌路径探索

——以常熟市芦荡村为例

高佳佳

摘　要：中央多次强调“发扬革命精神，发展红色旅游”，使红色旅游受到广泛关注。红色旅游和乡村旅游融合发展成为推动乡村文化振兴、经济发展的可行方法。常熟沙家浜拥有丰富多元的红色历史文化资源，在发挥革命老区的优势基础上，不仅要提高思想站位和认识，还要深度挖掘散落在当地的红色文化资源，持续探索新的发展策略和方案，推动深度融合转型升级，才能更好实现可持续发展、提质增效。

芦荡村红色旅游发展取得了令人瞩目的成绩，红色旅游也具有一定的知名度。但是红色旅游品牌建设还处于初级阶段。芦荡村旅游管理者应该重视品牌的创新传播，通过各种有效的新型传播方式，使芦荡村红色旅游品牌更加广泛地传播，深入游客的心中。同时红色旅游目的地之间竞争在不断加剧，红色旅游产品同质化的问题日益突出。芦荡村红色旅游要在激烈的市场竞争中突围，品牌建设无疑是必由之路。

关键词：红色旅游；红色文化；品牌传播；乡村振兴

一、文献综述

（一）研究背景

乡村是我国红色革命的主要开展地区，红色乡村蕴含着丰富的革命历史遗迹、革命文物、革命精神等红色文化元素与红色精神内涵。红色乡村旅游作为乡村旅游与红色旅游的结合体，一方面，是促进红色文化传承与发展的创新途径；另一方面，也是助力乡村振兴的重要手段。我国89%的红色景区在边远穷困山区，全国老区县一共约1389个，占全国（除新疆、青海、西藏以外）28个省、市、自治的2856个县级行政单位的49%，覆盖全国3.7亿人口，占总人口的29.5%。2004～2022年红色旅游共接待了游客10亿人次，总收入达到4000亿元，全国红色旅游年平均收入在200亿元左右，由此可见中国的红色旅游是一种特有的扶贫旅游，将发达地区的财富资源通过红色旅游的经济平台输送到欠发达地区，达到共同致富的目的。

随着国民生活水平不断提升，游客更加注重旅游过程中的精神需求与文化需求，传

统旅游方式无论在内容与形式上都已无法吸引游客。红色旅游作为以感受红色精神、学习红色革命历史为主题的旅游形式，自2004年产生并不断发展以来，相比于传统旅游形式来说更具历史性。农村地区是红色文化旅游资源的主要集中地，红色旅游与乡村旅游的结合也成为红色旅游的新形式，有利于促进乡村振兴，推动乡村旅游转型发展。建立红色形象IP将成为红色乡村传播发展的必经之路，本文总结了各地区红色文化传播成功和失败的经验，为我国乡村红色文化资源挖掘和传播提供参考。

（二）研究意义

随着人民群众对旅游需求的日益提高，红色旅游产业和经济已经发展成为旅游产业和经济的主要类型。芦荡村红色旅游资源和自然生态资源丰富，红色旅游品牌建设需求极大。本文对芦荡村红色旅游品牌传播进行研究，分析其红色旅游品牌的特征和分类，对芦荡村红色旅游品牌传播进行SWOT分析，找出品牌传播提升之策，对于促进乡村红色旅游品牌传播具有十分重要的理论意义和实践意义。

1. 理论意义

芦荡村红色旅游品牌传播研究，对整合常熟市红色资源、传承红色文化、升级文旅品牌发展芦荡村红色经济具有重要作用，能为常熟市政府和其他城市的红色旅游品牌传播提供有益参考。红色旅游品牌的传播唯有紧跟时代发展的要求，紧随媒体发展的趋势，紧贴游客消费的需求，综合运用好产品、价格、渠道、宣传营销策略，才能真正发挥好品牌建设与传播的作用，让广大游客有兴趣和意愿前来参观，并在游览后乐意帮助传播。本文从各类文献著作中检索得知，芦荡村红色旅游品牌传播领域的研究课题很少，因此，本文运用SWOT分析沙家浜镇芦荡村红色旅游品牌的优势和劣势、机会与风险，并得出具有可行性的品牌传播提升策略，使更多国内外红色文化爱好者加深对乡村红色旅游品牌的了解与喜爱，加快乡村红色旅游品牌不断完善，促进品牌效应进一步凸显。同时，为江苏地区政府、企事业单位的管理者和组织者发挥优势弥补劣势、抓住机会、规避风险，打造红色旅游品牌提供理论参考意见。

2. 实践意义

本文以沙家浜镇芦荡村红色旅游品牌传播作为课题，细致分析红色乡村旅游品牌现状及存在的问题，从宏观角度提出品牌传播需改进的建议和策略，能为实践操作环节提供一定的借鉴和参考。本文在实践方面的价值主要有以下两点内容。一是为芦荡村红色旅游资源的挖掘和科学整合提供参考。二是为乡村红色旅游品牌的转型升级提供建议。当前乡村红色旅游品牌面临的主要瓶颈就是知名度不高、融合度不强、体验度不好等问题，通过进一步实施产品、价格、渠道、宣传等策略，进一步提升红色旅游服务水平，形成红色乡村旅游特色品牌，不断提升广大游客对芦荡村红色旅游品牌的赞誉度，进而带动整个芦荡村、沙家浜镇的文化经济事业发展，为乡村振兴提供红色传播力量。

（三）国内外研究现状

1. 国内研究现状

国内方面，魏加兴、郭轩汶收集整理游客对于红色乡村旅游服务的需求，通过Kano问卷进行调研，根据Kano需求类型评价表对各项游客需求进行属性归类，并对各项需求进行重要程度排序，为红色乡村旅游服务设计提供理论参考。在红色旅游资源分析和品牌传播领域，罗驰在《井冈山景区旅游发展战略研究》一文中，调研梳理了井冈山红色旅游资源，从市场营销角度构思出井冈山红色旅游品牌传播的对策。在红色旅游开发问题诊断方面，余凤龙、陆林较早地指出景区开发上出现的问题，并给出对应的建议。在红色旅游品牌传播理论研究方面，孙步忠、吴婧、曾咏梅提出红色旅游品牌传播有下列特点：红色旅游品牌建设的实施方主要是政府，旅游景区的游客来源类型较为单一，红色旅游景区品牌市场规模因为品牌建设时间先后存在不均衡性，红色旅游景区所在城市的知名度难以满足游客来源市场需求。

2. 国外研究现状

红色旅游具有国际性。“红色旅游”这一概念虽是我国的独创，但类似的活动在国外早已存在。几乎所有的国家都会利用纪念碑、展览馆等向国人进行爱国主义和民族精神教育。在西方国家，没有红色旅游这种类型，但也存在类似的旅游类型，如资本主义国家战争遗产旅游等。战争旅游方面，卡罗琳·温特（Caroline Winter）研究第二次世界大战对当今社会旅游活动造成的相关影响。亚当·韦弗（Adam Weaver）将美国和法国的战争旅游进行研究对比，得出的观点是战争对所在国家带来的影响是持久的。迈克尔·普莱特斯（Michael Pretes）以美国的拉什莫尔山总统雕像山为例，梳理了遗址遗迹景区对于培养国内民众共同认知的重要作用。马特（Matt）提出历史文化旅游景区对增进国民对民族的认同感和归属感，对本国民众的向心力与凝聚力的重要价值。除此以外，部分国家为吸引中国国内游客，整合有关中国革命人物和事件的旅游遗址景区，打造设计红色旅游精品路线。如 2015 年，俄罗斯将中国革命领导人在当地生活工作的相关遗址和中共会议旧址进行整合，向中国推广 5 条红色旅游精品线路。法国小城蒙塔日积极打造相关景区，吸引国内游客参观中国革命领导人在法国学习、生活的印记。

（四）研究方法

1. 文献分析法

通过在知网网站和万方数据网站以“红色旅游”“红色乡村”“红色文化传播”为关键词汇搜索相关文献，认真了解红色旅游品牌传播理论的相关知识，并对近几年红色乡村传播现状进行总结，从中提取红色乡村传播的共性规律，希望为芦荡村和全国红色乡村传播提供参考。

2. 定性研究法

通过 SWOT 分法对芦荡村红色旅游品牌传播的优劣势和机会、风险进行分析，在系统整理芦荡村红色旅游资源分类、解析红色旅游品牌传播现状的基础上，精准找到乡村品牌传播中存在的问题，并从机会层面提供一些可能的解决方向。

3. 比较研究法

本文在研究过程中参考了井冈山、延安等红色旅游品牌传播效果好、影响大的典型案例，从中找出经验和启示，寻找芦荡村红色旅游景区在品牌构建、知名度、影响力等方面传播不足的原因，同时借鉴其他地区红色文化传播的创新点，融合到芦荡村红色旅游品牌传播上来。

（五）研究理论

1. 品牌传播理论

IMC 品牌传播理论，指整合营销传播（integrated marketing communication），是将与传播方进行的品牌传播活动一元化的过程。整合营销传播，一方面把广告推销、公关、包装、新闻宣传等一切传播活动都涵盖于营销活动的范围之内，另一方面使企业能够将统一的品牌资讯传播给顾客。其核心思想是以通过传播方与消费者的沟通满足消费需求，确定统一的促销策略，协调使用各种不同的传播手段，发挥不同传播工具的优势，从而使传播方实现促销宣传的低成本化，以高强冲击力形成促销高潮。

2. 4PS 营销理论

该理论是关于品牌传播策略的重要理论。菲·科特勒教授在其《市场营销管理》一书中将品牌传播的营销要素归纳为产品策略（product strategy）价格策略（price strategy）、渠道策略（place strategy）、促销策略（promotion strategy），4PS 理论又称“品牌传播营销组合”，就是品牌传播者的市场营销方案，即品牌传播者为吸引目标市场，综合运用好产品、价格、渠道、促销四种营销策略，使品牌传播更加扬长避短，推动品牌传播受益者实现经济效益和社会效益双提升。

二、绪论

红色旅游作为满足精神需求的消费类型，近年来受到了游客的广泛关注和积极参与，据途牛旅游网发布的《2023 年上半年度红色旅游消费报告》（以下简称报告）显示，近年来，越来越多的年轻客群、亲子家庭主动参与到红色旅游中，其中，二季度红色旅游出游人次环比一季度增长 164%。红色文化的展示越来越需要更符合新媒体时代的形式，而红色旅游资源的挖掘和红色形象 IP 的设计将极大地影响消费者的红色旅游消费决定。

近年来，常熟市沙家浜镇芦荡村正式发布新 IP “芦荡火种”。该全新 IP 将会广泛应用于芦荡村文旅项目中，并充分融入“环阳澄湖”特色田园乡村跨域示范区建设和红色沙家浜组团建设；同时，结合常熟沙家浜渔文旅融合发展片区建设，提档升级芦荡村党群服务中心、新四军养伤处、阿庆茶馆、芦荡先锋站、红色家园综合服务中心等点位，建设芦耕菜园、“芦荡有约”民宿，鼓励引导村民和社会资本开办餐饮、咖啡馆、露营等特色业态，打造消费新场景，蹚出“红色+”乡村文旅新路子。从发展的态势来看，芦荡村红色旅游资源有待整合、红色旅游品牌有待打响、红色旅游品牌传播效果有待提升。因此，如何高质量发展红色旅游业，提升芦荡村红色旅游品牌传播效果，提升城市知名度和影响力，也日益成为常熟市政府和文旅主管部门需要重视的新课题。

三、芦荡村“芦荡火种”文旅品牌发展现状

芦荡村以沙家浜的红色 IP 为载体，形成以“一点红”带动“一片红”的工作效应和社会效益，2022 年至今年 5 月，芦荡村共接待培训团队 195 批次，上万人次。在沙家浜风

景区和阳澄湖景区的辐射带动下，村集体成立文旅公司，引入第三方团队开展整村文旅运营，实施农文旅一体化发展，拓展农产品认养、农家乐经营、精品民宿租赁、劳务合作为主的兴农模式。2022 年，村民人均年收入达到 5.7 万元。成立电商党支部，以“支部搭台、电商唱戏、共创品牌、农户受益”为路线，赋能水产养殖产业。2022 年水产品销售额达到 1 亿元，亩均效益上万元芦荡村红色基因和“芦荡火种”文旅品牌建设现状见表 1。

表 1　芦荡村红色基因和“芦荡火种”文旅品牌建设现状

芦荡村红色基因		
地点	现状	图片
新四军养伤处	如今成了生动的党性学习教育“现场教学点”	
阿庆茶馆	芦荡村以旧修旧地修复了新四军养伤处、阿庆茶馆，在建设过程中充分利用闲置的八仙桌、门板、柜子、床等本土特色材料进行修建，并四处搜寻具有江南农村特色的旧农具、老物件打造景观小品和氛围装饰，体现芦荡村地域特色	
沙家浜镇芦荡村红色家园综合服务中心	位于芦荡村草荡路，是芦荡村充分发掘红色文化和资源的基础上，打造的集红色研学、干部培训、乡产展销、生态体验等功能为一体的综合型沉浸式教育培训基地，同时它又是为群众提供惠民服务与文化休闲的开放场所	
“芦荡火种”品牌建设现状		
项目	现状	图片
建设“芦荡学堂”，推出“红色系”主题党课和“芦荡系”研学项目	打造系列红色党课，推动芦荡村与沙家浜风景区一体化发展，把“芦荡学堂”研学路线纳入沙家浜培训中心各类教育培训计划，示范打造红色教育“打卡圣地”	
	打造“芦荡小蟹农”“芦荡小菜农”等“芦荡系”研学项目，持续优化课程设置、提升课程内容、链接专业资源，做好未成年人科普教育工作，不断传播农渔文化	

续表

"芦荡火种"品牌建设现状		
项目	现状	图片
黄桥章基特色田园乡村	承接沙家浜风景区和阳澄湖景区辐射带动效应，培育成立苏州缀美芦荡文化发展有限公司，与沙家浜农渔文旅、古镇文旅两家公司达成战略合作，构建公司化运营机制	
建设数字乡村智能平台	拓展农业农村大数据应用场景，开设"芦花心语"新时代文明实践专栏，开发"文明芦荡随手拍"小程序，让数字赋能乡村治理，让文明实践触手可及	
设计红色村系列形象 IP	先后推出了"芦小花""芦小蟹""芦小农"等一系列 IP 形象，研发红色文创产品，开发沉浸式红色剧本演绎，提高红色文化的传播度，让红色精神薪火相传	

1. 聚焦红色教育，打造"芦荡学堂"

围绕革命红色教育、地方特色文化传承，创新打造"芦荡学堂"。推出以"追寻红色印记，铭记初心使命"研学线路为代表的"红色系"主题党课和以"芦荡小蟹农"为主的"芦荡系"研学项目，目前已拥有"芦荡小蟹农""芦荡小渔童""芦荡小菜农"科普研学课，创作《芦苇荡边读经典—沙家浜红色故事汇》等红色题材作品，设计红色村系列形象 IP，研发红色文创产品，组建红色宣讲队伍。推动芦荡村与沙家浜风景区一体化发展，把"芦荡学堂"研学路线纳入沙家浜培训中心各类教育培训计划，示范打造红色教育"打卡圣地"，整合沙家浜景区、市委党校、周边高校等资源，开发革命传统、乡村振兴、乡村治理、农事体验等特色课程，打造更有趣的红色定制实境教育课堂。紧扣苏州市域一体化发展战略，联合相城区串联沙家浜镇、阳澄湖镇点位，推出"环湖有约"线路，不断丰富课程体系建设。

2. 聚焦融合发展，打造特色文旅胜地

打造了黄桥章基特色田园乡村，"时光长廊""共享果园""芦耕菜园"，承接沙家浜风景区和阳澄湖景区辐射带动效应，培育成立苏州缀美芦荡文化发展有限公司，与沙家浜农渔文旅、古镇文旅两家公司达成战略合作，构建公司化运营机制，开发亲子蟹塘、生态湿地、芦耕菜园等农文旅项目，通过"电子商务+快递物流+特色品牌"模式助推渔业产业提档升级，探索以农家乐经营、精品民宿租赁、劳务合作为主的兴农路径，打造集红色教育、特色农业、水乡风情、民宿美食等于一体的"红色+"乡村旅游"新名片"。

除此之外，还建设了农家书屋，推动红色文化与生活融合，书屋占地面积为 500 平方米，书屋内藏书 2427 册，报刊 17 类，分为电子阅读区和纸质阅读区，以“书屋+阅读”“书屋+活动”“书屋+培训”为途径丰富阅读形式，强化学习效应，为乡村振兴发展注入源源不断的活力。充分运用现代技术，推动红色教育特色化、可视化、现代化，促进红色文化与百姓生活深度融合，形成“15 分钟全民阅读辐射圈”。

3. 聚焦乡村管理，打造民生幸福高地

深耕“芦荡红雁”党建品牌，结合“精网微格”工程开展党建引领基层网格化治理试点工作，实施“党群连心 一网情深”治理项目，常态组织“统一接待日”“海棠有约”共商共办用场景，探索智慧菜园、智慧农业、“海棠之声”智慧路灯等项目，有效整合乡村治理各类信息数据，全面提升乡村“治”慧。政府部门结合沙家浜培训中心师资力量和芦荡村青年学习社线路建设，从省派“第一书记”、省委选调生、常熟市派海棠尖兵以及熟悉村情村史的群众宣讲员、“乡土专家”等群体中，选育建强“先锋代言人”和红色宣讲员队伍，参与“芦荡学堂”定制课程开发；选派年轻干部组建“海棠集美”帮帮团，助力“芦荡系”研学项目，不断夯实红色基因传承基础，让红色故事家喻户晓。

四、芦荡村红色旅游品牌传播的 SWOT 分析

SWOT 分析方法是指分析研究对象所具备的内部和外部因素，自身的优势劣势、机会风险进行列举形成分析矩阵。通过 SWOT 分析法能对所研究的对象自身具备的各类环境条件和实力条件以及困难和问题等因素进行全面的列举，从而分析得出取长补短、扬长避短的发展策略，根据结论制定出相应的战略规划和实践策略，让研究对象更好地迎接挑战、占据市场。

（一）芦荡村红色旅游品牌传播的优势分析

1. 自然资源优势

芦荡村位于中国历史文化名镇常熟市沙家浜镇最南端，毗邻全国百家红色旅游经典景区、国家 5A 级旅游景区沙家浜风景区，苏嘉杭高速、锡太一级公路穿村而过，交通便捷，区位优势明显。全村总面积 6.5 平方公里，水域面积约 6000 亩，由 10 个自然村庄组成，总户数 585 户，户籍人口 2158 人。

2. 政策导向优势

2021 年，芦荡村入选中组部、财政部推动组织振兴建设红色美丽村庄试点村，成为江苏首批也是苏州市首个试点村庄。2021 年 12 月芦荡村章基被命名为江苏省特色田园乡村。先后获评江苏省卫生村、江苏省生态村、江苏省生态文明建设示范村、江苏省特色田园乡村、苏州市先锋村、苏州市先进基层党组织、苏州市特色田园乡村、苏州市健康村、常熟市先进基层党组织、常熟市文明村等多项荣誉。近年来，常熟市委组织部紧抓沙家浜镇芦荡村入选中组部红色美丽村庄建设试点契机，聚焦新时代党员教育新要求，大力打造“芦荡学堂”，放大沙家浜“红色 IP”效应。

3. 红色文化底蕴深厚

芦荡村历经抗战烽火洗礼，涌现了许多可歌可泣的抗日故事，还诞生了闻名全国的沪剧《芦荡火种》和京剧《沙家浜》，唱响了一曲曲军民鱼水情的赞歌。村里的革命遗址阿庆茶馆位于芦荡村黄桥宅基，芦荡村以旧修旧地修复了新四军养伤处、阿庆茶馆，在建设过程中充分利用闲置的八仙桌、门板、柜子、床等本土特色材料进行修建，并四处搜寻具有江南农村特色的旧农具、老物件打造景观小品和氛围装饰，体现芦荡村地域特色。新四军地下联络站也是四军伤病员留守处，位于芦荡村的黄桥宅基，如今成了生动的党性学习教育“现场教学点”。

（二）芦荡村市红色旅游品牌传播的劣势分析

1. 红色资源挖掘和产品开发不充分，缺乏新意

在旅游业的深度发展下，景区正在失去原有的先天优势，吸引力持续下降，推动红色历史文化资源与乡村旅游深度融合、转型升级势在必行。但乡村的红色旅游资源的挖掘和产品开发更需要突破传统文创产品的模式，和当地特色进行深度融合。以纪念馆为例，除了少量的现代展示手段如声、光、电，大多数展品都是以文字说明和图片展览的传统形式呈现。游客在游览时，缺乏互动体验性活动，难以提起兴趣，印象不深刻。总体上，芦荡村的游客以观光游、教育培训为主，景区为游客提供的产品和资源单一、产品质量和创新度不高，例如当地特色大米、大闸蟹、绿茶等农作物，无法提供更高层次的消费体验，直接影响了游客的停留时间和消费单价，也很大程度上降低了芦荡村红色品牌的吸引力。

2. 推动红色旅游发展的专业力量有待提升

一是专业翻译和其他工作人员短缺，同时免费开放服务的水平不高。对党的历史研究不够完善，对抗战时期的许多事件、人物和地点不能进行深入研究，对在世的老一辈革命者及其子女后代的访问和接触比较少，研究效果不理想。二是乡村旅游从业人员的素质普遍较低且数量稀少。主要由村民担任经营和服务人员，这些村民文化素质普遍较低。另外许多乡村旅游企业采用家庭式管理，导致效率低下且用人制度不完善。三是乡村旅游的服务设施、质量标准等制订和落实不够规范，缺乏科学化管理和创新发展。

3. 综合消费和体验环境不理想

从公共基础设施建设来看，路途较远、造成部分游客的交通出行不便，影响游客的出行率。另外，由于景区整体建设水平不高，特别是配套的住宿、餐饮、娱乐等硬件设施不到位，游客旅游体验感得不到满足，造成了游客在当地停留时间短、消费空间小等问题。做好合理的布局和规划是实现红色文化资源的合理开发与利用的必由之路。但目前景区现代化管理体制尚未形成，导致景区的二次消费、综合消费不理想，从而无法实现旅游开发的高质量综合收益。

（三）芦荡村红色旅游品牌传播机会分析

1. 红色旅游持续升温

随着国内经济稳健增长，人民可支配收入稳步提高，红色旅游已经发展成为民众出行的首选，2004~2022 年的红色旅游共接待了游客 10 亿人次，总收入达到 4000 亿元，全国红色旅游年平均收入在200亿元左右，从景区接待数量上统计，红色旅游已经占据国内旅游市场份额的四分之一，成为旅游产业的重要组成部分。据专家预测，未来旅游产业还将成为中国经济的支柱产业，红色旅游亲子出游趋势也在加速显现。《2023年上半年度红色旅游消费报告》显示，2023年上半年红色旅游用户中，亲子客群出游人次占比为36%。在亲子客群中，年龄在12岁及以下的低龄儿童亲子家庭出游人次占比达到了71%。"红色旅游+研学""红色旅游+休闲度假""红色旅游+乡村旅游"等丰富的体验形式，吸引了众多亲子客群去探索和了解红色文化及历史。可以预见的是红色旅游市场将迎来更加快速发展时代。

2. 上级政策大力支持

国务院印发《关于加大脱贫攻坚力度支持革命老区开发建设的指导意见》革命老区、红色旅游、旅游脱贫、休闲农业要求各地区各部门结合实际认真贯彻执行。依托老区良好的自然环境，积极发展休闲农业、生态农业，打造一批具有较大影响力的养生养老基地和休闲度假目的地。2021年江苏省文化和旅游厅发布《关于推进乡村旅游高质量发展的指导意见》，表明乡村旅游是旅游业的重要组成部分，在服务构建新发展格局、推进城乡融合发展、建设美丽田园乡村、弘扬文明乡风等方面发挥着十分积极的作用，是实施乡村振兴的重要力量。

（四）芦荡村红色旅游品牌传播的风险分析

1. 旅游市场日趋激烈

国内旅游市场风生水起，在旅游需求旺盛的刺激下，各地政府都加大了本地旅游的开发和宣传。2009年11月，国务院办公厅出台《关于加快发展旅游业的意见》的文件，指出把旅游业培育成国民经济的战略性支柱产业和人民群众更加满意的现代服务业。文件出台后，据不完全统计，全国有30个省、自治区、直辖市将旅游业定位为支柱产业，整个旅游市场格局正在重组。

2. 游客需求日益提高

随着经济社会的发展，旅游市场趋于饱和，旅游资源基本整合，旅游服务规范水平越来越高，旅游行业利润有所下降。越来越多游客有国际旅游体验，导致此类群体对国内旅游景区品牌和服务有了更高需求。市场的需求推动旅游景区要紧跟时代发展，才能在日趋激烈的市场竞争中站稳脚跟。

3. 市场主导作用有限

红色旅游产业在发展初期，因为市场发展不健全，需要政府主导但是随着旅游市场化水平越来越高，应当让市场成为红色旅游资源配置中起主导作用，政府的作用应当着眼于旅游市场监管。然而当前，随着红色旅游景区软硬件的升级、红色旅游品牌的传播，政府依然没有退出前台，企业、单位、个人等市场发挥的作用不大，这种现象需要进行改变，真正让市场成为主体，让政府为市场提供法治、资金、交通、科技等保障。

五、芦荡村红色旅游品牌传播提升策略

结合芦荡村本身的红色教育培训资源和旅游资源，相关部门应该结合全媒体时代的

“连接”特质，在内容、主体、情感三个方面增强红色资源的“网感”，为全面实施乡村振兴战略凝心聚力、赋能铸魂。

1. 内容连接：讲好红色中国故事

在全面推进乡村振兴的过程中，红色资源可以和乡村文旅发展相融合，形成场景象征意义的表达。这种文化场景的打造，不仅本身蕴含功能，同时也在无形中传递着文化价值，为文旅产业的发展提供新的借鉴。以往游客来了只是吃吃农家饭、放松休闲一下，如今来到村里更有可看、可听、可参观的地方，“养目、清肺、洗心”的同时也为当地旅游业发展“锦上添花”。《中国红色旅游消费大数据报告（2021）》显示，超过四成的年轻游客对于红色旅游的兴趣在于沉浸式的体验，“红色+生态乡村”已经成为讲好红色故事的新平台。目前芦荡村集体成立了文旅公司，实施农文旅一体化发展，未来仍需深耕红色+生态乡村的建设道路，打造沙家浜女英雄“阿庆嫂”IP，利用“线上+线下”双渠道模式开展宣传，提升乡村红色旅游的吸引力和影响力。

2. 主体连接：结合场景增加 UGC 生产

红色资源的传播主体可以更加多元化，除了政府机构、主流媒体、党史工作者外，还可以引导学生、村民、游客等群体加入传播队伍，使工作者们利用间歇时间举办红色大讲堂，目前芦荡村培育了一批善讲乡风乡韵的宣讲员，以红色绘本、红色故事会等形式开展“五色课堂”“夜间课堂”，让文明新风“飞入寻常百姓家”；下村为村民讲解红色故事，包括村名的由来和红色遗迹相关历史、故事等。村民们熟悉了家乡故事后，再讲给前来游玩的客人，既突出了当地农家游的特色，又拓展了传播场景，家常聊天中扩大了红色资源的传播范围。推动乡村振兴，以红色文化精神塑造文明乡风。

3. 情感连接：见人见物见精神

红色文化传承至今，所依靠的不仅仅是其承载的历史外表，更重要的是其背后蕴藏的故事与情感。因此，让红色基因、红色历史、红色文字“活”起来，需要避免机械式灌输和“文化晾晒”，使红色精神借助新形式、依靠新途径走进当今社会，走近人民群众，不仅需要话剧表演、旧址参观、历史讲解这种方式，还需要更易于传播的、容易和历史产生共青的形式，例如文创产品作为一种轻巧且可以承载红色文化的形式，价格相对低廉，可以进一步进行开发设计，精巧的元素设计和更实用的形式可以使爱国精神和奋斗精神达到更广泛的传播效果，满足当代人对使命感和荣誉感的追求。

六、总结与展望

目前旅游业蓬勃发展，其中文化旅游在政府支持和市场需求下占据了旅游业的半壁江山，越来越多旅游目的地大力发展旅游产业，尤其是具有红色基因和丰富生态资源的红色乡村，面对日益激烈的红色旅游市场环境，品牌传播时应强化品牌意识，注重传播效果，才能符合新媒体时代的消费者习惯 ，继而带动乡村的文化经济发展，实现乡村振兴。

本文梳理了芦荡村红色旅游资源，可大致分为红色文化资源和自然生态资源，结合了其他乡村在红色传播中出现的问题和创新，对目前芦荡村的红色文化传播现状做了总结，可以发现红色乡村在发展旅游业时经常面临的问题有：红色景点等级低，对红色基因挖掘不够，呈现简单化、套路化，住宿等配套设置落后，无法满足用户消费体验等，针对这些问题本文初步提出了提升的三个路径，分别是内容连接、情感连接、主体连接，希望可以对乡村红色旅游发展提出有益的参考和借鉴。对本次研究中存在的不足，希望今后能进行更加系统的学习和深入研究。

作者简介：高佳佳，苏州大学传媒学院硕士研究生。

乡村振兴背景下文化赋能乡村的品牌构建与推广

——以峪见·非遗项目为例

王乐萱

摘　要：脱贫攻坚的全面胜利后，乡村振兴成为乡村进一步发展的重要战略。而乡村振兴，需要的不仅是物质的满足，更是精神的富足。因此，乡村振兴需要文化赋能，需要强有力的品牌构建、全方位的品牌推广，进而达成文化传承与经济发展的双向共赢。本篇文章将以“峪见·非遗——西井峪村非遗赋能民宿项目”为主体，结合乡村振兴背景，探讨文化赋能乡村的品牌构建与推广，从文化赋能乡村的基本要义入手，展开对文化赋能乡村的品牌构建的特色分析，提出品牌推广的相关方案，因地制宜地探索出独具特色的品牌构建与推广之路，从而充分发挥艺术在乡村文化振兴的资源优势，助力中国传统文化与品牌传播。

关键词：乡村振兴；文化赋能；品牌构建与推广

一、引言

文化振兴作为乡村振兴的灵魂，应发挥其助力乡村振兴的重大作用。在此基础上，文化领域中越来越多的文艺活动开始与乡村产生联动，无论是将乡村故事融入内容创作的民族歌剧《扶贫路上》，还是结合文旅打造“戏乡”戏剧小镇，无一不在讲文化赋能于乡村的品牌构建，其能够推出多样化的乡村品牌，产生更具链条式、社会性的推广效应。文化赋能乡村，不仅是将常规的文艺演出地点由剧院移至乡村，更是需要从乡村本土文化出发，更多地以艺术的独特视角去包装、传递本土文化的魅力与价值，并通过中国式现代化的特色表达，激活乡村本土的文化活力、经济动力，从而盘活乡村传统文化资源，助力乡村达成脱贫任务后实现进一步的振兴，最终实现人民精神生活的共同富裕。

而“峪见·非遗——西井峪村非遗赋能民宿项目”正是一个文化赋能乡村项目，其是为西井峪村打造的专属文化赋能乡村的特色品牌，以西井峪石头村的特色非遗文化为突破口，联动当下所闲置的民宿群，打造以“非遗+民宿”为主要形式，以手工艺非遗体验教学为主要活动的创意文旅新融合项目。不仅如此，前期的调研与策划环节都在深度地解析西井峪村的非遗传统文化，致力于创造新体验、开发新空间，聚集特色非遗文化民宿，打造集非遗文化体验、文化认知、文化分享于一体的“乡村非遗活态文化民宿集群”，进而更利于针对性地打造专属的文化赋能品牌。

因此，本篇文章将以“峪见·非遗——西井峪村非遗赋能民宿项目”为主体，结合乡村振兴背景，探讨文化赋能乡村的品牌构建与推广，从文化赋能乡村的基本要义入手，展开对文化赋能乡村的品牌构建的特色分析，为其品牌推广提出方案，为因地制宜地探索出独具特色的品牌构建与推广之路、充分发挥艺术在乡村文化振兴的资源优势、助力中国传统文化与品牌传播寻找更多可能。

二、文化赋能乡村的基本要义

关于文化的定义，国内学者将其分为广义与狭义两个方向。广义来说，文化是物质器物（物质样态）、行为制度（活动样态及其凝固的制度样态）和价值观念（精神样态）；而狭义的文化主要是指精神文化。而文化赋能乡村，则是更多的从狭义的文化定义出发，指的更多是一种精神产物，一个可以称为民族生存和发展的重要精神力量。在此基础上，文化赋能便可以理解为精神层面的向外拓展。中国社会科学院文化研究所所长李建民认为，文化赋能是通过文化的力量，为个体和社会提供能力和动力，促进其自我发展和社会进步。因此，文化赋能的过程，更多的是精神产物与物质产物的多维融合。

对于乡村来说，乡村是文明的载体，深刻地烙印着浓厚的历史文化积淀。我国于2020年实现全面脱贫，进而推行“实施乡村振兴战略”，使乡村不仅在物质上达成富足，更是在精神上不断丰富。除此之外，乡村振兴战略规划中提到，“实施乡村振兴战略是传承中华优秀传统文化的有效途径”，可见，文化传承与乡村振兴与耦合共生，二者相辅相成、共同促进。由此看出，文化赋能乡村能够成为二者实现共生发展的方式之一。

由此看来，文化赋能乡村可以理解为把文化元素与乡村资源多样化地融合起来。在赋能过程中，不断地将精神产品与物质产品结合起来，使其不仅具有创新性、适配性，还能达成1+1大于2的共创效果，进而驱动新时代乡村建设的全面推进，真正实现乡村全面振兴，开启乡村高质量发展的新篇章。

而本次的“峪见·非遗——西井峪村非遗赋能民宿项目”便是将非遗文化与乡村农产品进行结合，组织“民宿负责人”与“非遗传承人”结对共建，将乡村旅游与天津本土非遗文化深度融合，打造“一宿一品”非遗体验特色乡村民宿品牌，以推出体验丰富乡村民宿生活、以民宿空间提供休闲疗愈的非遗体验方式。在其充分理解文化赋能乡村的深刻含义后，多方位构建赋能品牌，实现该项目及相关项目的更大成效。

三、文化赋能乡村的品牌构建特征

在中国，品牌最早被称为商号、标识等，其原型在农业社会的手工作坊上开始显现雏形；在西方，美国市场营销协会对品牌的定义是：通过一个符号来引导消费者对于一个产品或企业的识别性，并且区别于其他竞争者。《牛津大词典》对品牌的定义是：用以区别和证明品质。在信息快速发展的互联网时代，大众对于信息的接受往往取决于各类产品的差异性，也就是说，特色鲜明、创新度高的信息或产品更容易被市场接受、被大众认可。因此，品牌便成为将信息或产品加以包装的有效方式之一。而文化赋能乡村便是打造各类差异性品牌形象，使其包装对象不仅具有创新性、适配性，还能达成1+1大于2的共创效果。下文将以“峪见·非遗——西井峪村非遗赋能民宿项目”阐述文化赋能乡村的三大品牌构建特征。

（一）创新性

市场千变万化，品牌层出不穷，如何能够充分满足大众在选择产品消费的多维意愿，创新性便成为突破常规市场的重要步骤。创新是发展的第一动力，不仅体现在工业产业的技术创新，也体现在文艺领域中提高市场关注度，吸引大众兴趣的重要手段。因此，要提高赋能项目的创新性，使其在变化莫测的市场中拥有强有力的竞争力，进而在满足大众需求的基础上，实现文化传承与乡村振兴的双向共赢。

在开展“峪见·非遗——西井峪村非遗赋能民宿项目”时，通过大量的市场调研发现，文化赋能乡村的项目大多呈现乡村风景秀丽+文化产品展览的品牌模式，从大众角度来说，存有被动接受的局限性。因此，为提高观众在文化赋能乡村的项目中具有主动权、参与度，该项目搜索天津蓟州区的相关非遗文化，联动西井峪村当下的闲置民宿，将乡村旅游与天津本土非遗文化深度融合，打造“一宿一品”非遗体验特色乡村民宿品牌，使大众能够在纯视觉感官的基础上，加入更多感官的运用，进而带动乡村经济、传承独具特色的非遗文化。不仅如此，与传统文化赋能项目不同的是，本项目在运营初期所吸引的人群在策划阶段便定位在了亲子受众群，目的有三：一是在双减政策下，孩子们需要提高课外活动的参加频次，峪见·非遗项目将活动开设在乡村，让孩子可以在乡村的自然风光下进行体验活动，进而激发亲子参加的兴趣度；二是在活动形式中，该项目将非遗与民宿的相互融合，为亲子打造了体验互动和住宿活动，能够多维度增进亲子关系；三是在社会使命下，本项目将非遗以孩子们感兴趣的手工艺形式进行普及，使孩子们能够坚定文化自信，得到知识素养和审美能力的双重提升。目标受众的确定，不仅使品牌构建过程中的针对性更为明显，还是打破传统项目全受众的极大范围。

由此可见，无论是形式的创新，还是受众群体的创新，都在说明，文化赋能项目在品牌构建过程中的创新性是必不可少的。

（二）适配性

品牌调性是否一致，影响着在构建与推广过程中的品牌形象以及大众印象，因此，在品牌构建过程中，适配性是彰显品牌统一性的重要特性。在文化赋能乡村项目中，所选取的文化、乡村需要有很强的适配度，一旦所选取的对象不相匹配，则会导致品牌构建的失误，甚至失败。例如，将游牧民族的诸多文化赋能于云深不知处的山野乡村间，就会产生民族文化与乡村环境的割裂感，致使无法形成统一的品牌形象。为了避免二者对象的不符合，文化赋能乡村的品牌构建需深度地、持续地做好各类调研，以不断挖掘乡村文化，不断联动乡村资源，使无论是赋能对象，还是被赋能对象，都拥有着极度统一的品牌调性，进而拥有适配感，达成大众在体验文化赋能乡村项目时的和谐度。

“峪见·非遗——西井峪村非遗赋能民宿项目”便是在充分的多类调研下进行多样化的品牌构建。考虑到西井峪村所包含的“石头”文化以及当下所闲置的诸多民宿，本项目联动天津市蓟州区内的多类非遗活动，匹配展览、市集、演出等多项民俗文化，成功打造“乡村非遗文化民宿集群”，以此构建文化体验、文化认知、文化分享于一体的品牌形象，达成文化赋能乡村项目的适配性。不仅如此，为打破项目的单一性，本项目利用西井峪村内广场，结合年会、市集的传统项目，在村庄的季节变化特色的“配合”下，于春季与秋季分别开展“乐府渔阳·春华节”与“峪见飨宴·秋实节”，灵活运用校内资源优势，打造“奏响乐府”“舞动春华”“戏剧渔阳”连续三天不同板块的视听盛宴，以在活动品牌形象相符的情况下，使该文化赋能乡村项目的品牌形象具有多维立体感。

由此可见，在品牌构建过程中，需要着重考虑文化与乡村二者的适配性和谐度，以此呈现统一的、立体的品牌形象，从而更好产生联动，促进品牌的构建与推广。

（三）共创性

由于文化赋能乡村本身就是两个甚至多个的产品集合，因此，生产主体双方需要同时发挥自身的优势，才能使文化赋能乡村项目构建强有力的品牌优势，将主体多样的优势完全发挥出来，打造最广泛、最具效力的品牌价值。不仅如此，共创所包含的不仅是生产主体之间的共创，还包含着生产者与消费者的联动共创。《自由竞争的未来》一书提到，消费者被动接受产品的受众时代已经过去，消费者主动参与价值共创的用户时代已经到来。由此可见，在文化赋能乡村项目中，不仅要考虑文化产品与乡村资源能否达成1+1大于2的效果，更要考虑项目在品牌构建与推广过程中与消费者之间的产生的价值共创。

“峪见·非遗——西井峪村非遗赋能民宿项目”正是抓住了品牌构建中的共创属性，达成最大化的品牌价值输出。本项目以“非遗手工艺儿童乡间体验营”为主，利用西井峪村的闲置民宿，将国家级非遗文化带入民宿集群，在各个合作民宿融入特色鲜明、内容丰富的非遗文化元素，达成“峪见·非遗”的品牌构建。不仅如此，所体验的非遗文化项目成果会在各非遗入驻的民宿进行展览，以非遗文化营造展示展演与艺术空间，致力于打造“与非遗对话，与过去对话”的新场景。不仅让非遗文化以其视觉形态作为民宿居住空间的装饰要素，更借故事加深游客对非遗文化的认同感，使大众在参与体验之后，能够产生更强烈的归属感，进而达成消费者与生产者的共同创作，形成品牌构建中广泛的共创动力。

由此可见，共创性的注重，不仅使文化赋能乡村项目的生产方产生强有力的联动力、黏合力，更是与作为消费者的大众产生极强的关联感，以此推动品牌的进一步构建与推广。

四、文化赋能乡村的品牌推广方案

（一）联动各类组织，打造全方位推广体系

在文化赋能乡村的品牌推广中，不仅要项目的主办群体进行推广活动，政府、企业、学校等多个组织同样也需要产生联动，共同推广文化赋能乡村项目，以打造全方位的推广体系。

政府作为推广体系的总抓手，以主导性把握文化赋能乡村项目的推广方向，其采取积极的鼓励措施，不仅为各类项目的品牌建设更大范围地进行引流，也能够开设专项基金，支持项目的进一步发展；企业作为推广体系的广泛平台，以灵活性助力文化赋能乡村项目的推广力度，其利用市场化的企业模式，为项目注入市场化的灵活动力，以进一步提高项目的经济收益；而学校作为推广体系的公益平台，以引导力辐射文化赋能乡村项目的推广范围，其更好地连接学生群体，不仅能够扩大项目的品牌影响力，更是能够达成文化的进一步传承与发展。

因此，建立政府为主导、品牌为主体、多方参与共同负责的结构模式，才能形成有效的文化创意品牌推广体系。

（二）构建媒体矩阵，探索多元化传播模式

随着互联网技术的迅速发展，抖音、小红书、视频号等多媒体平台逐渐活跃，而新媒体相较于传统媒体而言，有更具时效性、便捷性、交互性和形象性的传播特点。各类媒体层出不穷，传播方式丰富多样，为最大效应发挥媒体平台的推广力度，逐步形成了全媒体矩阵的传播模式。所谓全媒体矩阵，是指以一个媒体平台为主导，利用数字化、信息化等技术，在内容、渠道、经营、管理等方面进行融合，综合多种内容生产体系，构建数字内容生产、聚合、分发的矩阵式体系，形成多元化的媒体传播形式。因此，为达成更广泛的传播力度，文化赋能乡村项目需要构建媒体矩阵，探索多元化的传播模式。

在“峪见·非遗——西井峪村非遗赋能民宿项目”的品牌推广中，除了线上的体验项目，研究团队还采取传统媒体与新媒体相结合的方式，通过构建品牌整合营销要素、运用营销手段、拓展营销渠道，建立线上小程序，达成与大众更多层次、更多元化的全媒体矩阵，促成品牌构建与推广的最大影响力。

（三）强化品牌形象，营造立体式传播脉络

品牌构建与推广的核心是提高品牌认知，强化品牌感染力，树立有价值的品牌形象，点燃与受众的情感共鸣，才能让品牌在市场竞争中占得一席之地。因此，在品牌构建与传播过程中，品牌形象不断深入，立体化传播脉络的搭建才能使品牌更为深入人心。

在“峪见·非遗——西井峪村非遗赋能民宿项目”的品牌推广中，“非遗赋能”“心灵疗愈”“价值共生”成为该项目在市场的品牌形象。“非遗赋能”是指以“非遗+民宿”为特色手段，组织民宿负责人与非遗手艺人结对共建，通过非遗手工艺，实现非遗创生的整体效益，推动乡村产业创新与特色文化产业赋能；“心灵疗愈”是指乡间的韵味自然、质朴乡情、美妙飨宴；非遗手工艺的美感、参与感、体验感、仪式感，都为心灵疗愈的一剂剂妙方；“价值共生”是指集文化体验、文化认知、文化分享于一体，打造活态文化空间，形成具有内生驱动力的文化链接社群。项目注重公益性与商业性相结合、社会效益与经济效益相统一，倡导村民集体合作互助，引导公益组织、社会企业、志愿者等第三方力量多元参与。在其品牌形象的确立之后，其后续活动的展开以及相关的宣传都在围绕该特色强力展开，以不断在市场上留下深刻的、立体的品牌形象，

达成真正多维立体的文化赋能乡村项目的传播脉络。

五、结语

基于乡村振兴背景下，文化赋能乡村项目的推进需要注重其品牌的构建与推广，以创新性、适配性、共创性呈现独具特色的项目品牌，并在推广过程中，联动各类组织、构建媒体矩阵、强化品牌形象，达成全方位、多元化、立体式的推广体系。作为艺术管理者，更应深谙国家相关政策，深入市场进行调研，不断学习品牌的构建模式与推广方案，真正将文化赋能于乡村，真正做到文化传承与乡村振兴的双向共赢。

作者简介：王乐萱，中央音乐学院硕士研究生。

博物馆文化与传播篇

寓传于器（物）与符号再造

——基于器物文明的品牌传播

韩志强　王晨帆

摘　要：“寓传于物，寓传于器”“寓教于物，寓教于器”，解决的是传播落地问题，文化只有落地才能成为文明。本文从器物文明入手，通过石雕、日常生活用品、壁画，拆解它们当中组成器物的“符号”所蕴含的文化内容和寓意，从过去、现在、未来三个维度分析了器物文明符号再造的内涵，最后从坚守中华文化立场，创建品牌传播符码体系、用创意激活文化元素、构建传播叙事体系，传播中国品牌形象三方面打造出具有文化底蕴的中国品牌。文章主要运用了理论分析法、文献研究法、案例分析法，研究目的在于唤醒当代品牌传播背后的“文化基因”，让中国品牌在全球语境下能够讲好中国故事。

关键词：器物文明；符号再造；品牌传播；寓传于器

“器物文明”由“器物”与“文明”两个词组成，“器，皿也。”器物是各种用具的总称。文明是人类社会发展到一定阶段的产物，它是某一个阶段，政治、经济、哲学思想的汇总体现，是当时社会价值观和所表达意义的集合体。器物文明是文明体域下的一部分，从旧石器时代到新石器时代，再到青铜时代，各种生产生活工具代表了当时社会的生产力发展水平，也成为特定时代的文化象征，器物不仅具有实用性，而且承载着丰富的文化内涵和象征意义。

中国作为一个文明古国，在器物制造方面有着悠久的历史和卓越的成就。从新石器时代的彩陶、青铜时代的青铜器，到商周时期的甲骨文，再到明清时期的瓷器，每一项器物的发明和创新都标志着中华文明的一个重要发展阶段。回顾历史可以发现，在器物制造与发明方面，中国始终处在一个引领世界的地位，形成了辉煌的器物文化与权威的器物话语体系。

在现代社会，器物文明的价值依然不可忽视。随着全球化、互联网、AI技术的深入发展，器物本身与虚拟器物的全球流通更加频繁，它们成为文化交流的重要途径。当代西方文化正在悄无声息地融入日常生活的方方面面，对西方文化的崇拜和传播，使中国传统文化出现断层。

改革开放40年以来，中国发展速度之迅猛，在世界上有目共睹。进入数字化消费时代之后，中国消费者的日常生活已经高度数字化。数字化的时代浪潮中，传播内容、形式越发多样化、传播主体更加多元化。从传播方式来看，报纸、媒体、网络越来越多的传播形式出现。从传播主体来看，打破了传统传播的方式，使之更加的“去中心化”，人人都可能成为传播的主体，每个人不仅能接收信息，还能成为信息的传播者。数字化时代中，品牌传播也可以利用各种形式进行传播，但是如何让品牌的生命力更加持久是需要探讨的问题。“文化要落地”就是很重要的一个砝码，将古代文化符码重构使其更符合现代审美，就是建构一个异质空间，让历史从器物中复活。品牌的背后是故事，在新时代语境下，器物文明赋能品牌，对过去的文明进行创造性转化，使品牌背后的故事变成新故事，让品牌生命力更加持久。基于以上认知，本文将从“寓传于器”的理论与实践、分析符号再造在文化传播当中的影响以及基于器物文明人们应该怎么做三个方面，对“器物文明”的文化内涵以及内在逻辑展开阐释与剖析，旨在纾解品牌传播的现代性困境，构建器物与品牌之间的链接，为当代品牌传播研究与实践补充一定的理论依据。

一、器物文明及其相关研究

中国自古以来就有“器以载道”的说法，意味着通过器物不仅具有实用价值，它背后隐藏的是更高的精神内涵。在中国古代，石雕、服饰、绘画等不只是日常用品，更是文化传承的载体。“器物从实用层面上升到叙事象征，延伸出形与义、物与域的双重文化属性。在器物主导的空间场域中，不同时代场景下的形而上被器物承载和继承，随器物的使用场景转化为精神、信仰及权力的象征。”器物的外形与含义、物体与所处的空间，传递着人们对美的追求、对社会秩序的理解以及对自然和谐的向往。器物经过一场时间的旅行，从过去来到了现在，背后承载的情趣意韵随着场域的不同而发生改变。“器以载道”就是将器物当时环境下的人生观、世界观、价值观等抽象概念融入具体物品或产品中的传播方式，把传统精神赋予到器物之上，通过这种介质加以流传，也就是“寓传于器”，器物在人们不断的传承当中使文化和思想得以传播和延续。

换言之，“寓传于器”是指社会共同承认的价值观和意义体系，通过特定历史时期的价值观和意义体系客观化的物质实体将其中所包含的文化流传下来。全球一体化进程正在迅速推进，各类产品、创新理念及多元文化正展现出一种日益显著的融合趋势。器物文明在品牌传播的作用也越来越明显。文明具有两大特性：共有性和传承性。共有性，主要指的是那些共同生活、构成社会成员的人群。在这些群体中，成员们不仅共享着相似的生活方式，与他们所使用的物品紧密相连，更在实物或行为的价值判断上，如评判事物的对与错、好与坏等方面，达成了基本共识。传承性，指历经世代、连绵不绝的人群共同体，这种传承的方式确保了人类的创造物能够跨越时空，代代相传，使每一代都能在前人的基础上，对文化进行转换。器物文明作为文化的一部分，同样也具有共有性和传承性两大特性。发掘器物当中的共有性，研究当时人们的生活方式，分析历史语境下，为何某件器物、某种样式能传播的十分广泛并且留存到了现在。以史为鉴，将历史的与现在的相结合，增强未来的品牌传播效果。

器物文明作为人类历史发展的重要组成部分，不仅反映了各个时代的技术进步和审美趣味，还蕴含着深厚的经典、民间的美学传统。许多相关研究学者就器物作为传承文化的媒介进行了探讨。如李曦珍、孙著远认为玉器是华夏器物文明中的重要媒介，在礼制、艺术和日常生活中具有十分重要的地位和象征意义。周晓虹认为要关注文化反哺现象，即年轻一代向年长一代传授文化和知识的情况。她通过分析不同年代中国家庭日常物品和饮食习惯的变化，总结了社会变迁和文化传承的新趋势。这一现象不仅体现了文化的流动性，也揭示了器物在文化传递中的重要作用。李萌认为纪录片《如果国宝会说话》采用独特的叙事视角和手法，将国宝与其所承载的文化、历史、精神结合起来，使观众能够更深入地理解和欣赏这些宝贵文化遗产。吴根友认为中华文明在精神文明、制度文明和器物文明三个层面对人类文明的重要贡献，指出了器物文明在世界文明的进程中所发挥的重要作用。杨先艺、周蕴斐、王琴全面阐述了中国传统造物艺术“器以载道”的核心理念，即器物不仅是实用工具，更是传达审美愉悦、社会和谐以及天人合一哲学的载体。他们以商周青铜礼器和明代家具为例，深入分析了器物在礼制、政治以及日常生活中的重要作用，以及其形态、材质、功能所蕴含的深厚文化内涵。徐青峰认为传统器物制作智慧体现了中华文明的生命力与美感，现代创造转换需结合新媒介与秩序更新。美育在认识传统与创新中起关键作用，设计文化的美育是最佳实践途径，有助于传承与更新民族文化传统，光大中国现代设计人文品质。潘天波认为中国器物的流通不仅促进了物质文化的交流，还激发了德国民众对异域文化的想象和创造动力。德国民众通过对中国器物的模仿与创生，不仅在艺术和生活方式上受到了启发，还在哲学智慧上得到了提升。

从上述文献可以发现，器物不只是单纯的物品，每个器物都成为承载文化的媒介。它们与自然界和社会的基础结构紧密相连，包括制度和文化等各个方面都无法逃避其影响。在这里，形成了一个多维度的框架体系。器物文明不仅是技术和艺术的体现，也是文化和社会价值的载体。“让记忆穿过岁月的化石回到生命的动态过程，唤醒当代人的心灵”。要让传统文化活态内涵在现代赋魅，唤醒品牌背后故事的内涵，让传统文化在现代的品牌当中“复活”。

二、器物文明中的“文化基因”

尽管器物的创造最初源于人类为了满足基本生存需求，并且始终与提升物质生活质量紧密相连，但这并不能掩盖一个重要的真相：早在远古时期，制器的行为就已经不再局限于仅仅为了生存的物质需求，而是发展成了在物质与精神层面上与人类生活世界相协调和互动的复杂体系。器物中的“文化基因”是文化传承过程中的一个重要媒介。一旦“文化基因”覆灭，文明便失去了它的灵魂。中国五千年文化之所以能够持续不断，是多种因素共同作用的结果。除地势和精神上的因素之外，“文化基因”的两大特性，“稳定性”和“遗传属性”，使中华民族优秀的传统文化在历史中稳定的发展。对器物中的文化进行再创造的传承，是使中华 5000 年的文明得以绵延不断的一个重要因素。

（一）柳氏民居中的“教化狮”

依据 2012 年进行的第三次全国文物普查结果以及 2010 年山西省文物局发布的统计

资料，我国现存古建筑总数为263885处，山西省内的古建筑数量达到28640处，占比超过全国现存总古建筑的十分之一，为10.85%。在元代以前的木构建筑中，全国共有580座保存至今，而山西省内的数量占到了全国的85.55%。由此可见，山西所遗存的木构古代建筑时代完整、品类众多、形制齐全，因此山西也享有“中国古代建筑艺术博物馆”的荣誉。

山西的地面古建筑，除唐、金、元的建筑之外，也有明清时期的民居院落，包含了很多文化内涵，体现出中国不同历史时期表现出来的民俗文化以及所蕴含的美学思想。其中位于山西省晋城市西南25千米的柳氏民居就是一个非常典型的民居案例。柳氏民居经历600余年，在飘摇的历史中能够稳定发展，首先是家族血缘关系的聚合力与家训、家规的规范相结合的内在文化构建方式保证了家族内在联系的稳定性；同时族员信仰推动了家族共同意识的形成。这些具有聚合力的家规家训当中一部分内容是通过在柳氏居民石雕的方式呈现出来的。

在柳氏民居的石雕、砖雕群中，每个石雕、砖雕都是一件艺术品，都有深刻的文化内涵。柳氏民居院内，矗立着两座牌坊，分别写着“丹桂传芳”和“青云接武”。“丹桂传芳”所蕴含的人文内涵就是朝廷赞颂柳氏弟子连连中举，同时也告诫柳氏后人严格遵循儒家伦理思想，严守家规家训。“青云接武”所蕴含的人文内涵是希望儿子像父亲那样忠恕廉洁，效忠国家，同时也昭示柳氏家族“世代为官而勿贪”“以国为忠”等祖训思想。在两座牌坊下，还有八组小狮子，分别代表了不同的寓意。

位于丹桂传芳牌坊前的首对石狮之中，有一尊被称为“满腹经纶狮”或“翘尾巴狮”。这尊石狮的嘴巴被一根绳索束缚，尾巴则高高翘起，象征着文人的傲慢与清高，以及他们直言不讳、乐于发表观点的特质。石狮嘴上的绳索寓意着对柳氏家族成员的警示：在言语上应保持谨慎，避免因言辞招致麻烦（图1左一）。第二尊石狮被称为“克己复礼狮”或“老实狮”，它象征着在官场的磨炼中，人们逐渐摒弃了自大的态度，学会了谦逊和谨慎。尽管外表看起来风光无限、权势显赫，但实际上背后隐藏着无数的风险和挑战。因此，即便是才华横溢，也应当保持谦卑的态度，踏实工作，避免任何傲慢和自满的行为（图1左二）。第三尊石狮被命名为“安分守己狮”或“胸有城府狮”，其造型下有两只幼狮，以及一只大圆球藏于其腹部之下，这代表着稳重的生活态度和对规矩的严格遵守。此外，其中一只幼狮正抬头仰望，这表达了一个道理：只有遵循家庭传统，敬老爱幼，读书人才能赢得他人的尊敬和敬意（图1右二）。第四尊石狮的脚下踏着一只探头张望的幼狮，同时在其腹下还有一只低头的幼狮，这一设计寓意着“出人头地”的愿望。它象征着子孙后代在成长成熟后不再需要依赖长辈的庇护，而是要勇敢地走出家门，四海为家，努力实现自己的宏伟目标和理想（图1右一）。青云接武牌坊第五尊石狮叫“金榜题名狮”，狮胸前戴了一朵花表示已经高中进士（图2左一）。第六尊石狮被称为“寻求靠山狮”或“泰山相助狮”，其雕塑紧贴着石柱，象征着柳氏族人在取得进士功名后应寻找强有力的支持者，以便为未来的发展打下坚实的基础。这表示，成为官员仅是职业生涯的起点，前路仍漫长，只有通过依靠权贵的庇护，才能在官场上稳步上升，实现更高的成就（图2左二）。第七尊石狮被命名为“宦海沉浮狮”，其颈部的毛发设计成了类似古钱币的形状。这尊石狮的面部透露出岁月的痕迹，而它所处的底座则雕刻着波涛汹涌的海浪。这样的设计寓意着官员在长期的仕途中变得经验丰富、处事周到，面对官场的风云变幻能够保持镇定自若。在变幻莫测的政治舞台上，既要有真才实学，也要懂得适时运用财富来维护和促进自己的事业发展（图 2 右二）。第八尊石狮称作“坐享俸禄狮”或“功成名就狮”，原本其腹部精妙地镂空雕刻着一枚官印，但不幸的是，该官印已遭窃。这尊狮子象征着达到事业的巅峰，意味着找到了稳固的依靠，享受着丰厚的官俸，同时也代表着通过取得高官来为家族带来荣耀和财富（图 2 右一）。这些狮子作为古代建筑中的饰品，一般成对出现，放在门口或庭院的两侧，以“左雄右雌”的形式出现。柳氏民居当中的“狮子”无疑是作为一种“器物”将柳氏族人的做人为官之道传承下来，对人们现在的工作、生活也有很大的启发作用。

图 1　教化狮一（作者现场拍摄）

图 2　教化狮二（作者现场拍摄）

艺术的目的除了审美，还有传达。无论是古城还是大院，他们以艺术的形式承载了丰富的文化，以此保留并进行传播。“教化狮”将柳氏族人对于生存和为人之道的基因进行封存，跨越历史长河将它带到了现在，成为文明史上的“活化石”。在中国古代的建筑当中，不论是石雕还是其他形制的装饰，它所表达的并不只是表面上的形式，传统的儒家精神、尊崇礼仪与孝悌之道、秉持仁义道德观念，以及敬业修身的品质，皆能透过民居建筑文化得以传承与展现。

（二）文明价值的转化

历经千百年，中华传统文化已经潜移默化积淀成为国民的普遍心理因素，规范并支配着人们的思想与行为。从百姓日用而知到百姓日用而不知，文化已经渗透到人们生活中的方方面面，如筷子、陶瓷碗盘等。这些不仅只是一种简单的餐具，也同样具有深刻的哲理性。筷子的形状一头圆、一头方，对应着中国传统的宇宙观——天圆地方。两支筷子代表一阴一阳、一动一静，体现了太极的理念。人们每天使用的陶瓷碗盘，上面的花纹和图案，通常蕴含着吉祥、美好的寓意。

除日常生活用具之外，在中国古代，服饰当中所蕴含的礼俗也逐渐成为人们潜移默化的内容。《左传·定公十年》孔颖达疏“中国有礼仪之大，故称夏；有服章之美，谓之华。华、夏，一也”。中国历代社会都十分注重服饰与礼法之间的关系。“观服可知礼俗”，服饰最能表现出时代之风尚。整个社会大环境下所追求的物质、精神，通过服装是最能体现出来的，它是社会风貌的一面镜子。在社会交往中，人们将“礼”作为行为准则，融入日常习俗之中，使“礼”与“俗”在不同层面上实现和谐统一。随着社会的不断发展，有些“礼”已经潜移默化到人们的意识当中，仿佛就应该这么做，没有任何原因。

“文化基因”所具有的“遗传属性”，让文明价值通过器物完成从物质性到精神性的转化，将中国传统文化融入日常生活的方方面面之中，通过每天一遍又一遍的重复，把这种“记忆”不断强化，从影响个人到影响群体，逐渐成为一种群体性的无意识认知，完成百姓的日用而知其内涵到日用而不知的过程。

（三）广胜寺水神庙中的壁画

中国壁画历史悠久，其中，寺观壁画是一个十分重要的题材。特别值得一提的是，山西地区的寺庙壁画，它们得到了相对完好且丰富的保存。元代作为寺庙建筑兴盛的时代，留下了大量宝贵的壁画资料，这些壁画资料无疑是中国艺术和文化的重要遗产。

山西省临汾市洪洞县的广胜寺内，矗立着一座历史悠久的水神庙。作为一座祭祀性质的庙宇，它承载着深厚的文化底蕴，距今已有六百余年的沧桑岁月。这座庙宇不仅是当地民众祈求风调雨顺、五谷丰登的重要场所，更是研究古代宗教文化、建筑艺术以及社会历史的珍贵实物资料。上寺、下寺和水神庙三个部分组成了广胜寺，上寺和下寺的壁画损毁比较严重，目前只有水神庙的壁画保存相对完整，布局合理，内容丰富多彩，构图得当，色彩鲜艳。壁画的内容展现出政治、思想与艺术的时代特征，为研究者提供了宝贵的历史图像资料。

水神庙当中的壁画是“中国古代庙宇中唯一不以佛道为内容的壁画孤例”。壁画以神话故事为基础，描绘了当时的社会生活场景。艺术家们在创作过程中打破了传统的框架，赋予了作品更为广阔的表现空间和深刻的社会意义。壁画中对水府诸神的描绘，如“祈雨图”和“降雨图”，不仅体现了古人对自然现象的崇拜和敬畏，也展示了古代祭祀文化和社会信仰。同时，壁画中官吏们在山间对弈和参与捶丸活动的场景，生动再现了古代官场文化和休闲生活的一面。宫廷生活的描绘也是元代壁画的重要内容之一。通过“王宫尚宝图”和“王宫尚食图”，可以窥见古代宫廷的奢华和精致，以及宫廷文化对当时社会风尚的影响。而“庭院梳妆图”和“渔民售鱼图”等作品，则将视角转向民间，展现了普通百姓的日常生活和劳作场景，充满了浓郁的生活气息。

元代壁画的内容不限于以上几个方面，园林、村舍、街市等多种社会场景，以及各种人物形象和民俗活动都是能表现的内容。这些壁画作品将当时社会生活的DNA融进壁画的内容当中，透过壁画可以很直观地感受到当时的生活场景。壁画不仅在艺术表现上具有很高的成就，同时也提供了了解元代社会经济、文化、民俗、戏曲、体育、娱乐和建筑等多方面内容的宝贵资料。

器物当中所具有的“文化基因”就是把对传统文化当中的各种知识通过情感化的方式留在器物之中，随着社会的发展，器物中传统的“文化基因”不断地与当时的基因进行碰撞与融合。将器物文明的精神、物质符号进行传承、创新，再传承与再创新的过程，即器物文明的符号再造。这一过程不仅涉及对古代器物形态、纹饰、用途等方面的再现和复原，还包括对其背后深层文化意义的挖掘和现代语境下的重新诠释。器物文明的符号再造是一个跨越时空与之对话的文化现象，它涉及历史、现在与未来的连续性对话。从石雕、日常生活物品到壁画，这些元素不仅承载着过去的记忆，也反映着当下的社会状态，并且预示着未来的发展可能。

在历史维度上，器物文明的符号再造是对古代文明的一种传承和发展。古代建筑的风格、日常生活用品的设计以及壁画的内容，都是对那个时代文化、审美和技术成就的体现。通过对这些元素的研究和再现，可以更好地理解古代社会的文化背景和生活状态。例如，柳氏家族的“教化狮”，展示了八尊以其独特的造型和寓意，展现了柳氏家族的家教理念和儒家文化精神。这些教化狮不仅是柳氏家族文化传承的象征，也是中国古代建筑装饰艺术的珍品；而古代壁画中的神话故事和历史事件，则展示了古人的信仰和价值观。

在现代维度上，器物文明的符号再造是对传统文化的创新性继承。在形态上，往往通过对古代器物的模仿和改良，创造出既具有传统特色又符合现代审美和功能需求的新产品。例如，为“平遥中国年”设计的logo，用一个“年”字保留了传统韵味，又适应了现代生活。

在未来维度上，器物文明的符号再造预示着文化创新的无限可能。随着科技的发展和社会的变迁，未来的文化形态将更加多元和开放。古代器物的符号可能会被赋予新的意义，或者与其他文化元素相结合，创造出全新的文化表达形式。例如，虚拟现实技术可能会使人们能够以全新的方式体验古代壁画，通过沉浸式的体验来感受古代文化的魅力。

器物文明的符号再造是一个动态的文化过程，通过石雕、日常生活中的各种物品以及绘画等各种形式的“器物”，将“文明基因”流传下来。通过对传统绘画技法的研究和创新，可以将其与现代审美观念相结合，创作出既具有传统韵味又符合现代审美需求的作品。它不断地在历史、现在和未来之间建立联系。通过对古代器物的重新解读和创新性表达，不仅能够保护和传承文化遗产，也能够推动文化的持续发展和创新。

三、基于器物文明的品牌传播应对策略

通过上述论述不难发现，“器物文明”其实就是物质文化遗产所含有的当时时代的

社会文化、内涵。它可以赋予各种形式“器物”意义将传统文化继承下去。反之，传统文化的继承也可以通过各种不断推陈出新的“器物”传承下去。“器物”放在当代社会生活的语境之下，不仅代表实实在在的物品，还代表着品牌。只不过需要思考：如何将中国传统文化通过品牌更好地传承下去，如何将中国古代器物中的文明通过现代化的语言表达，在现代社会焕发出新的生机与活力。顺着这几个问题，对基于器物文明的品牌传播提出以下建议。

（一）坚守中华文化立场，创建品牌传播符码体系

对历史最好的继承就是创造新的历史，对人类文明最大的礼敬就是创造人类文明的新形态。发展离不开历史，历史也需要未来进行丰富。历史是精神家园，通过国别、信仰和种族等解决了所有人的归属问题。历史具有前进的动力、激励向远方的功能。关于历史的记忆和影响力都具体体现在一个一个的符码里。但是历史不能深埋当下的土层中，历史必须演变为当下人们易于接受的内涵和形态，方能成为有影响力的活着的过去。因此，什么样的历史符码能够演变为当下符码就变成了一个选择性的话题，就延伸出历史符码与当下符码的关系问题，就必然要提出历史向当下发展的依据问题。

符码最初的意义是代表文字和语言，后期引申到设计中变成了组成画面的最小单位和组合形状。若干个符码组成了一个特定的符号，器物上的传统纹样同样具有双重符号性，一是用来提示人们的实用功能，二是作为用来装饰物品所具有的艺术价值，纹样发展到成熟的阶段时，纹样都有相对应的含义，如代表吉祥的多宝图，代表祥瑞的“凤喜牡丹”。田自秉在《中国纹样史》一书中谈到“对于原始社会的纹样而言，它们大都概括抽象，不作具体的描写，而只是标志的功能”。纹样的产生最初只是用来标志，只是在历史发展中，逐渐被赋予了文化的内涵，要正确看待传统纹样在当代的意义，结合当代的时代背景，解读创新传统纹样，创建出新的品牌传播符码体系。

品牌的核心实质在于其作为象征的价值——符码意义，它属于企业所有，在推广过程中赢得了消费者一定程度上的认可和共鸣。通过将历史符码的“外延”和“内涵”的拆解重组，将文化符号作用于品牌传播。在品牌长期传播的过程中，将“烙印”留在消费者心中。大卫·艾克认为“品牌就是符号”。优秀的符号对于塑造品牌形象具有至关重要的作用，“平遥中国年”（图3）就是一个很好的例子。

图3 “平遥中国年”logo设计（韩志强设计作品）

平遥，这座历史名城，不仅深植于中国的土壤之中，更是世界文化遗产的重要组成部分。它既承载着悠久的历史，又不断地吸收着时代的新潮。在这样的背景下，“平遥中国年”的庆祝活动应当以“国际化、年轻化、互动性”为核心价值观，致力于营造一个充满时尚气息、动感活力和明快氛围的古城年俗文化系列活动。

在这一系列活动中，logo 的设计显得尤为关键。作为现代文明的一个显著标志，logo 不仅需要体现出平遥古城深厚的中国传统文化精髓，还应当展现出一种国际化的时尚风范。实现这一目标，既是一种挑战，又是一次创新的机遇。如何在设计中巧妙地融合传统与现代、东方与西方的元素，创造出一个既能唤起人们对传统的回忆，又能引领现代潮流的 logo，是设计者需要深思的问题。一个成功的 logo 不仅要具备高度的识别性、独特性、传播力、审美价值和恰当的色彩搭配，更重要的是，它需要深入挖掘文化内涵、承载历史故事，并具备面向未来的发展潜力。只有这样，一个 logo 才能真正地展现出其独有的生命力和活力。

因此，“平遥中国年”的 logo 设计不仅仅是一个视觉符号的创造，更是对平遥古城文化传承与创新的一次深刻反思。通过这一设计过程，不仅能够加深对平遥传统文化的理解，还能够探索出一种新的文化传播方式，使平遥的文化影响力得以在全球范围内扩展。这样的 logo 设计将为“平遥中国年”的活动增添一份独特的魅力，使其成为连接过去与未来、本土与国际的文化纽带。

（二）用创意激活文化元素，制造新用途，创造新时尚

在当代社会，品牌代表着一种至关重要的象征，它成为推动商品销售的强大动力。创意在品牌传播中扮演着至关重要的角色，是文本创作与体验的核心要素，它不仅是文化传播和创意表达的核心，贯穿于文化产业的各个方面，也是增强符号传播效果、提升文化价值的关键因素。

中国器物文明的辉煌成就与深远贡献是无比璀璨的。这些丰富而精美的器物，不仅凝聚了古人的生活理想与创造智慧，更展现了深厚的审美思想。对于广告创意而言，这些器物所蕴含的真谛，对器物材质的深入解读、形态特征的把握、功能的理解，以及风格的领悟带来了很大的启示。

从哲学解释学的角度来看，理解与阐释是一个循环往复的过程，其中读者以自己的“合理预设”作为起始的视角，与文本或对象进行互动式的对话和质疑。通过这种与对象的“视界融合”，读者形成了全新的视角。在这个过程中，文化产业的创意本质体现了人为赋予的意义。创意本质上是主体间的一场精神上的沟通与交流。它不仅仅是因为创意作为一种精神的载体，还因为它参与到人们的对话和交流之中，不断地引导、影响和规范着人们的理解。创意能够激发符号所承载的精神价值，使符号不仅仅是一个简单的标记，而是一个充满意义和情感的传播媒介。创意推动符号表达形式的多样化，是提升文化附加值的关键，是符号经济发展的重要推动力，使符号能够在不同的文化领域和产业之间进行跨界融合。在文化产业中，通过对符号的创意性解读和运用，可以增强文化产品对消费者的吸引力，从而提升其市场价值和文化传播的效果，使文化传播更加丰富多彩，从而增强社会凝聚力和文化自信。

国民素质的提升，离不开诗歌和音乐。前几年十分出圈的一个设计——“地籁”（图 4），是一个陶瓷音响，它以其独特的设计和卓越的声音表现能力，在上海的时装周上引起了广泛关注。这款音响以其黝黑发亮的缸体和现代金属风格的外观，以及圆润的外形和真皮装饰，将多种材质和艺术元素巧妙结合，展现了古典与现代的完美融合，令人眼前一亮。音响的大缸体形成了天然的回音壁，使声音如同海浪一般层层叠加，达到了极致的音效。陶瓷内壁的气孔设计，让声音在回旋时如同众多乐器齐奏，实现了 360°均匀发声，呈现出充满空间感的音质。总体来说，这款音响以其独特的设计和卓越的音质，不仅为用户带来了视觉上的享受，更在听觉上提供了一次全新的体验。它不仅仅是一款音响产品，更是一件融合了古典美学与现代科技的艺术品。

图 4　“地籁”陶瓷音响（江绍雄作品）

还有 2022 年推出的虎年纪念款大礼包。老虎作为中国民族文化中的一个古老符号，其形象经历了从原始的部落图腾到权力的象征，再到吉祥的瑞兽，直至今日成为具有文化价值的虎文化形象 IP 的转变。在这漫长的文化传承过程中，老虎被赋予了尊贵的地位和深远的象征意义。在这一背景下，推出的“壶虎生威”虎年特别版传家壶（图 5），展示了对传统文化的现代诠释和技术革新的结合。设计上，这款传家壶借鉴了武强年画中的经典镇宅虎图案，并将其重新诠释于壶身。在中国传统文化中，老虎被认为具有保护家庭安宁和驱邪避害的神力，能够消除灾难并带来好运，是祈求家庭幸福和安康的象征。

图 5　“壶虎生威”传家壶

这款“壶虎生威”传家壶不仅仅是一件饮茶的器具，更是一件承载着深厚文化内涵和美好祝愿的艺术品。它结合了传统与现代、科技与美学，不仅实用性强，更具有很高的文化价值和收藏价值。在市场低迷的环境之下，依旧取得了很好的成绩。

（三）构建传播叙事体系，讲好中国故事、传播中国品牌形象

叙事作为一种文化表达方式，一种艺术表现形式，除具有传递和记录功能外，还能艺术化传播许多思想观念、价值观和信仰，在改变中让文化得以传承。

“传播文化软实力的基本功，是‘讲好故事’。话语的背后是思想，讲好中国故事，要更加充分、更加鲜明地展现故事背后的思想力量和精神力量，让中国故事更加生动、中国形象更加鲜活、中华文化更加深入人心。”在“如何讲好故事”的这一过程当中，需要挖掘中国优秀的传统文化，运用现代化的创新思维，创造出更加生动、立体有渲染力的故事向世界展示。与此同时，还有西方将中国功夫与国宝大熊猫结合，又打造出一个“功夫熊猫”的热门 IP 形象，创造了很大的收益。

想要提升国家软实力，就必须要重视文化的输出。目前在国内市场上，索尼和松下依旧是我国很热门的电子产品品牌，这些知名品牌对日本这个国家也产生了很大的效应。对于一些消费者来说，品牌力甚至可以作为评判一个国家好坏的标准之一。中国有着五千年的悠久文化，如何通过叙事讲好中国故事，传播中国品牌形象呢?

首先，器物文明是很重要的部分，将器物文明当中的中国元素进行整理归纳，结合中国传统的神话、民间、寓言故事，用全球性的语言重新排列组合，把中国的哲学思想、文学艺术、科技创新、社会发展等多个方面融入品牌创新中，让全世界看到中国的深度和广度。利用新媒体、社交平台、虚拟现实等的现代传播手段，让受众在参与和体验中了解中国故事，提高叙事的吸引力和传播效率。

其次，在传播中国品牌时，应注重情感因素的融入，通过真实、感人的故事，激发受众的情感共鸣。这些故事可以是关于中国人民的生活变迁、中国企业的成长历程，或是中国与世界的互动交流。培养具有国际视野、熟悉跨文化交流、掌握现代传播技能的传播人才，是讲好中国故事的关键。通过上述策略，可以有效地构建传播叙事体系，讲好中国故事，传播中国品牌形象，增强中国在国际舞台上的软实力和文化影响力。这不仅有助于提升中国品牌的全球竞争力，还能够促进文化交流与理解，构建人类命运共同体。

最后，要尊重世界各地的文化差异性。马克思主义传入中国并将之“中国化”，让它更适应中国国情；在传播传统文化时，也要注重将中国传统文化的“本土化”。

四、结语

在当今全球化的背景下，国与国之间的较量归根结底是围绕经济实力和影响力的较量。在本篇论文当中，从“器物文明”这一概念，以及石雕、日常生活用具、壁画当中蕴藏的文化含义入手，探讨了寓传于器的内涵，即器物当中的符号所引申出的关于精神上的含义。最后探讨了基于器物文明，应做到以下几点。第一，坚守中华文化立场，创建品牌传播符码体系。“去其糟粕，取其精华”地继承和创新中国品牌，让品牌能够立足于中国文化，又有传播价值。第二，用创意激活文化元素，制造新用途，创造新时尚。传统文化在当时的文化语境当中无疑是先进的，但是在现在的社会生活当中，要利用新技术，创造新用途，将传统文化创造出适应现代的新用途。第三，构建传播叙事体系，讲好中国故事，传播中国品牌形象。品牌的符号设计不仅仅是视觉识别的需要，更是文化传承与创新的重要途径。拥有足够深厚文化底蕴的中国品牌，不仅能够传递更深层次的理念，还能够在全球市场中建立起独特的文化身份和价值主张。这种策略对于品牌的长期发展和文化的传承与创新都具有重要意义，也更能在国际市场上经受考验。

尽管社会在不断地进行变化，人类的基本本质、情感纽带和根本需求依旧恒久不变。如果中国古人在今天，或许使用媒介进行传播的能力不会比现代人差，创意表现能力也不一定比现代人弱。器物文明是在品牌的创新和传播当中很重要的内容，品牌通过创新的符号设计将传统器物赋予现代意义，并传递更深层次的品牌理念，是一种富有成效的品牌传播策略。中华文化与文明没有中断与其创造性传播、创新性使用一切传播手段有一定的关系。“寓传于物，寓传于器”“寓教于物，寓教于器”，解决的是传播落地问题，文化只有落地才能成为文明。而品牌传播需要这种背后的故事唤醒人们对文化的重新认识，从而在国际传播当中站稳脚跟，绽放出更加顽强的生命力。

作者简介：韩志强，山西大学美术学院教授；王晨帆，山西大学美术学院2023级艺术学理论硕士研究生。

从弘扬优秀传统文化的角度认识博物馆的媒体属性

柯　宁

摘　要：弘扬中华优秀传统文化是国家战略。博物馆作为重要的文化机构，拥有专业的人才、技术、历史的积累，是中华优秀文化的集大成者，应成为对内宣传、对外文化输出的重要阵地。博物馆本身是一种媒体，拥有媒体属性。新博物馆学理论下更重视博物馆的社会功能，强调博物馆要深入社区、深入大众生活，新博物馆学加速了博物馆媒体属性的发展，并为博物馆成为中华优秀传统文化传承与发扬的阵地奠定了理论基础。

关键词：传统文化；博物馆的媒体属性；新博物馆学；数字化；对外宣传

一、博物馆是中华优秀传统文化的集大成者

习近平总书记指出，中华优秀传统文化是中华民族的突出优势。应该实施中华优秀传统文化发展工程，推动中华优秀传统文化创造性转化、创新性发展，增强全社会文物保护意识，加大文化遗产保护力度。从而加快国际传播能力建设，向世界讲好中国故事、中国共产党故事，传播好中国声音，促进人类文明交流互鉴，国家文化软实力、中华文化影响力明显提升。

博物馆作为重要的文化承载机构，1989 年 9 月国际博协第 16 届全体大会通过的《国际博物馆协会章程》第 2 条指出，其是“为社会及其发展服务的非营利的永久机构，并向大众开放。它为研究、教育、欣赏之目的征集、保护、研究、传播并展示人类及其人类环境的见证物。”博物馆的功能在于典藏维护、展示、研究、教育推广。博物馆采用“三部一室制”，即藏品部、陈列展览部、宣教部、办公室。博物馆具有如下五个作用：收集和保藏——收集、保藏文物、标本和其他实物资料；传播——传播科学文化知识，提高公民科学文化素质；思想品德教育；科研；丰富人民生活。对于博物馆的分类不同国家有不同的分类，我国常规的分法是：综合性博物馆（如国家博物馆）、纪念性博物馆（如淮海战役纪念馆）、专门性博物馆（如军事博物馆）；我国也参考国际上的分法，将博物馆分为历史博物馆、艺术博物馆、科学博物馆、综合博物馆、其他类型。

从博物馆的定义及功能各方面来看，首先不难发现博物馆本身就是中华传统文化的集大成者，拥有很多专家级研究员，也往往代表了某方面的专业权威；其次，大部分博物馆都有着悠久的历史积淀，对中华传统文化的研究起到了积极的引领和推动作用。

截至 2020 年底，中国全国备案博物馆 5788 家，其中国家一、二、三级博物馆达

1224家，类型丰富、主体多元的现代博物馆体系基本形成。同时，中国的博物馆总量已经跃居全球前五位，即美国、德国、日本、中国、俄罗斯。2021年5月24日，国家文物局等九个部门发布指导意见，提出到2035年我国将基本建成博物馆强国。随着中国经济的发展到了一定阶段，文博事业的发展也呈现蒸蒸日上的状态，具备规模和影响力。

二、博物馆应成为中华优秀文化对内宣传、对外输出的重要阵地

一般来讲，以目前国内博物馆的发展状况来看，大众对于博物馆的印象停留在宣传教育功能上，在博物馆专业领域，征集、典藏、保管、修护、研究藏品这些功能仍占据十分重要的位置，长久以来这也是博物馆最重要的功能，而博物馆的宣教功能一度并不特别受到重视，博物馆较少的表现出积极对外宣传的状态。然而，随着中国经济发展到一定阶段，人民生活水平提升，对美好生活提出更多向往，对文化消费提出更多需求。其次，国家层面大力弘扬中华民族优秀传统文化并作为国家战略提出，新媒体、新技术的发展对文化精华和优质内容的需求不断加大和深入，博物馆在新时代下得以更广泛、更深入地接入人民生活中，并在国家对外宣传上扮演更重要的角色。

党的十八大以来，习近平总书记多次提到博物馆在文化传承上的重要作用。“博物馆是保护和传承人类文明的重要殿堂，是连接过去、现在、未来的桥梁，在促进世界文明交流互鉴方面具有特殊作用。”2015年2月15日，习近平总书记到陕西省西安市调研时就曾指出，一个博物院就是一所大学校。要把凝结着中华民族传统文化的文物保护好、管理好，同时加强研究和利用……无论是对内向社会大众展示中华优秀文化的博大精深，在文化发展逻辑上去启发文化自觉，增强文化自信；还是对外在国际传播上，通过专业文博人员的严谨研究与梳理，通过现代化的媒体技术与手段，“让文物说话”向国际社会展示华夏文明，真正做到文化自强，博物馆都是非常重要的机构，应予以足够的重视，同时博物馆无论在人力、物力与历史积淀上都是相对优秀的文化承载机构，更应充分利用博物馆的研究成果，创新陈列展览成果，扩大对内对外的宣传，促进文化自觉、文化自信、文化自强。

近几年，随着越来越多的新媒体、新技术快速发展，互联网企业与博物馆进行了合作，例如腾讯与故宫的合作。一方面是博物馆自身数字化的需求，另一方面也是社会各界对于传统文化的进一步认识和需要、对于优质内容的极大需求，是博物馆进一步对外开放、进一步融入社会的需要。

在大力弘扬中华优秀传统文化成为国家战略之际，深入认识博物馆是传统文化的集大成者，用好博物馆的研究成果，使博物馆成为对中华优秀传统文化进行征集、典藏、陈列、研究且对外传播的重要学术机构、文化机构、宣传机构。

三、博物馆的媒体属性

“媒体（media）一词来源于拉丁语“Medius”，意为两者之间。媒体是传播信息的媒介。媒体有两层含义，一是承载信息的物体，二是指储存、呈现、处理、传递信息的实体。现在正处于一个“万物皆媒”的时代。博物馆完全具备媒体所必须的相关要素，

完全具备媒体属性。

博物馆说到底是传播新的机构，但是其传播的媒介和信息较为特殊，具备真实性和物质性的双重属性。具体体现在博物馆对于特殊的“物”（历史遗存藏品）的解码、重新编码（策展、布展、释展）和关心特定受众（博物馆观众）研究。

博物馆本身具有媒体传播属性。作为区别于传统媒体的传播媒介，博物馆在传播过程中有着自身特殊的优越性。固定的地址和罕见的文物激发了参观者的参观热情，文物的独一无二使文物具有保护价值。博物馆本身是一种媒体，与报纸媒体、电视媒体、户外媒体一样具有承载信息功能的物质形态，并且“传播”成为其主要职能；不同之处在于它作为一种空间场所而存在，其本身就是文化场所，其本身拥有多媒体手段而实现文化传播的功能，既是一个综合体，又是一个更专业的综合体。博物馆是一种媒体机构，有其特有的组织结构，例如三部一室制度。在此将博物馆与人们熟知的报纸媒体和电视媒体在主要的工作流程和工作内容上进行的对比去证实博物馆的媒体属性（表1）。

表1　博物馆与其他媒体的属性分析

报纸媒体	电视媒体	博物馆
选题	选题	策展（选题）
采风	采风	藏品征集、整理
撰写	拍摄制作	设计、文案、布展
出版发行	播出	展示
记者	编导	研究员
报纸	电视	展厅
读者	观众	参观者

从上述列表中，可以看到博物馆显而易见的媒体属性，同时又能看到博物馆与其他媒体不同的特殊性。这打破了对于博物馆的传统认知——认为博物馆是研究机构而非大众均可深入参与其中的媒体机构，认为博物馆是小众的、少数文人墨客钟爱的，大多数观众均处于走马观花式了解的场所而已。除少数一些很红火的博物馆之外，还有大量的博物馆处于门可罗雀的状态，这与大众对博物馆的认知有很大的关系，除体制机制的问题之外，也与在过去的时代环境之下博物馆对自身媒体属性缺乏认知有一定的关联。

然而，时代已经大不同。从根本上讲，我国经济发展已经达到了一定水平，脱贫攻坚胜利完成，人民对于文化生活提出了更高层次的追求，国家层面上也对国家形象，对弘扬优秀传统文化的重视提升到了国家战略的高度；再则，新技术、新媒体极大改变了人们的生活，使博物馆的功能得到发展成为可能，使博物馆的媒体属性得以更广泛和深入地发展。

四、新博物馆学理论为博物馆媒体属性奠定理论基础

纵观博物馆的发展史，可以看到，从起源于缪斯神庙，只为少数的、会认字的、执

政官、掌权者方能进入的“权力场所”，到近代以来博物馆注重典藏和研究功能，再到1928年英国人迈尔斯（H. Miers）提出了博物馆的功能由收藏研究发展出教育是博物馆的第一次革命。但事实上博物馆在20世纪70年代以前依然是文人雅士孤芳自赏的象牙之塔，教育的内容与群众的需求相距甚远，不能为社会及其发展起到作用。

20世纪70年代，工业化发展导致自然环境不断恶化，人类进行反思，开始注重与环境和谐发展。1989年出版的《新博物馆学》一书的主编彼得·弗格（Peter Vergo）在这本书的序言中对新博物馆学下了如下的定义：“新博物馆学是一种对旧博物馆学、博物馆内部与外部专业普遍而广泛的不满的陈述，旧博物馆学的疏失在于太重视博物馆的方法，而忽略了它的目的。”美国博物馆学家哈里森（J. D. Harrison）在1993年发表的《90年代博物馆观念》一文中指出：新博物馆学的观念是相对于“传统”博物馆学的观念而言的，并尝试对过去的概念做一番全面的检讨与批判。它的重心不再置于传统博物馆所一向奉为准则的典藏建档、保存、陈列等功能，转而关怀社群与社区的需求，成为博物馆经营的最高指导原则。这可以说是博物馆学的第二次革命。

1996年我国台湾师范大学罗欣怡先生曾用图表的方式解释传统博物馆学与新博物馆学的区别（表2）。

表2　传统博物馆学与新博物馆学的区别

项目	传统博物馆学	新博物馆学
以何为本	物	人
侧重	方法、技术	目的、理论
理论基础	藏品管理、保存技术、陈列设计、历史学等	博物馆应为社会及其发展服务。除方法与技术外，还要懂得自己专业外的政治学、社会学、教育学等
发展策略	学术研究、专家为主、精英主义	观众需求为主、大众主义、专家参与
使命	巩固主流文化、提升文化素养、改善社会行为	尊重文化的多样性、关注环保教育与社区，强调终生教育，提高观众素质
展示（陈列）手法	静态的，分类清晰，内容侧重过去，学术气氛浓厚，很少让观众参与。一般认为展示是教诲式的。展出时间较长	动态的，采用主题单元展示。内容侧重现在与未来，采用高科技，尽可能让观众参与。展示为启发与激励式的，注意娱乐与休闲。除展示外，还有多种传播方式。强调七年左右更新基本陈列

这一革命实际上是对博物馆功能的一次拓展与延伸，是对博物馆承担起更多的社会宣教责任提出了要求，新博物馆学的这一理论与观点更加符合当前时代的需要。社会需要作为掌握专业的、重要的研究资源与成果的文化机构——博物馆，更好地去服务于人们对于文化、娱乐生活的需求，更深度地融入社会发展，承担起文化传承的重任。同时，不难发现新博物馆学的理论实际上更加强调了博物馆的媒体属性，也助推博物馆发展其媒体属性。

五、数字化时代博物馆媒体属性的强化

现在正处在一个数字化的时代，技术的更新迭代加速进行着，从互联网时代到移动网络时代到万物互联的元宇宙时代，整个社会被纳入了“数字化”的潮流当中，深切地改变着人们的生活方式。得益于通信技术发展的红利，自 2016 年 4G 推出兴起以来，短视频行业的发展如破土春笋般一路势不可挡，抖音 APP、快手 APP 如鱼得水，各大厂商也奋起直追，投入这场传播革命中积极布局，身处这个时代的人们都不可避免地在日升月落中被拉入这样一个全民视频的时代，受众喜闻乐见的接收程度让视频在信息交流传播中占据了越来越重要的地位。尤其近几年来，线下门店商务受到了极大的冲击，各行各业更是积极地将业务由线下转线上，主观上也更重视数字化进程并不断加强线上布局。

博物馆的数字化也早有研究和实践，尤其是这几年，博物馆的媒介化趋势越来越呈现向展示宣传为导向靠近。因为在当前的时代背景下更加得到管理层的重视，许多博物馆将数字化进程作为博物馆生存发展的重要战略目标之一。数字资源在实际的传播过程中具有交互性、快捷性、多元化的应用特征，并且在传受关系上更能够凸显个性化、多元化。博物馆的数字化也随着技术的进步经历互联网 1.0 时代、2.0 时代，由最初的简单数字化，到移动互联网时代进入更深入的万物互联时代。例如很多博物馆都是从藏品的数据化开始着手，到越来越多的部门例如展览、管理等和更多流程的数据化，形成在线化的深入数字化的生态。

2021 年的“518”国际博物馆日，国内各大博物馆均尝试着开启了“线上+线下”新方式。除展览外，博物馆纷纷推出夜场、鉴宝、讲座及各类互动活动，打破传统博物馆展览沉闷、乏味的缺陷，很多特地为“518”推出的节目都支持线上观看。山东博物馆延续了 2020 年的传播方式，开展了以“文物山东薪火云传”为主题的山东省博物馆直播联动活动，采用直播云游博物馆的形式让无法身临实地的博物馆爱好者也能一饱山东博物馆的眼福。除此之外，山东博物馆还推出“公益性文物鉴定活动”“鲁绣互动活动”“毛笔描摹古代经典活动”等鼓励受众切身参与到活动中来。山西博物院推出的活动主题是“让历史照亮未来”，贯穿了皮影戏演出、“博物馆来啦”、山西境内长城摄影大赛、第五场民间收藏文物公益鉴定咨询活动等一系列丰富多彩的项目。线上方面，山西博物馆将开启全天不间断直播、线上小游戏·拼图识文物。同时，山西博物院还将联合学校、社区、爱心机构、企业等，让丰富有趣的教育活动走出博物馆。近两年，河南博物院凭借盲盒“出圈”。2021 年的“518”，河南博物馆推出考古盲盒公益义卖活动。邀请知名主播与河南博物院专家学者一起边逛博物馆边聊一聊“考古盲盒”的故事。2021 年《唐宫夜宴》通过借助“人”让展品“发声”的巧妙设计火爆全国，河南博物馆在“518”活动中将其中主角仕女乐队手办盲盒也同步登录馆内线下文创店进行发售，利用网络媒体的网红形象噱头吸引更多的年轻人关注到博物馆的活动上来。线上，河南博物院官方抖音号联合抖音官方设计开发的“国宝定制特效道具”上线，在新浪微博客户端开启#让我康康你的“考古”现场#话题。

越来越多的线上展览，采用更多的技术手段，例如AR、VR的应用。这些使博物馆超越了实体时空的限制，“在场”的观赏行为变成了“在线”的云展览，此时的博物馆实际上成为线上博物馆、云博物馆，它可以是一个网站，可以是一个APP，所有展览都被数字化以线上展览的方式面向参观者，此时的博物馆与任何一个媒体APP没有差别。如前所述的将博物馆与传统报纸媒体和电视媒体比较起来看，此时的博物馆与在线媒体比较起来，其媒体的属性更加强化凸显。博物馆的“作品”实际上是展览，研究员策展人员是内容生产者，而参观者实际上是受众。而博物馆本身作为一个知识的聚集地，无论是软实力还是硬实力都是比较强的，它具备一个媒体最重要的一点——优质内容优势。

六、结语

人类信息传达交流的媒介在时代的更迭发展中经过了语音、文字、图片、视频等方式的变更，信息传播形式变化的背后，信息传输量日益增大，信息传播效率与丰富程度越来越高，信息传输成本却在不断降低。日新月异的科技发展，正在加速推进传播的变革。

未来还会出现新的信息传达形式吗？答案是必然的。信息传播方式的变化会随着技术革命的进行而进行，在未来，技术革命不会止步，只会不断推翻旧制，与之同行的信息传播方式革新也只会不断前进。正如新华网党委常委、董事、副总裁申江婴在2022福州国际数字化媒体发展研讨会上所说的：“从历史的经纬中，我们发现，每一轮信息科技的变革，都催生出新的传播形态，带来传播格局的嬗变，让我们感受世界、了解世界、体验世界的方式发生巨大甚至是颠覆性的变化。可以预见，以5G、物联网、人工智能、元宇宙技术为引领，科技将重新改写甚至定义传播的未来。”

在万物互联的时代，在关注移动设备、智能终端设备的同时，也应该关注这种文化传播场所的变化，因为万物互联时代的到来，其媒体属性得到颠覆性的变化和提升，博物馆藏品经过数据化的处理，引入可穿戴设备，开展越来越多的线上展览等方式，都使博物馆作为一个媒体机构具有更大的想象空间。从策划、生产、制作、展示、传播方方面面均可更深入考虑其媒体化的属性。

博物馆作为中华优秀传统文化的集大成者，天然具有许多丰富的“选题”和优质的“内容”，只要能结合新技术新媒体，深入考虑博物馆的媒体属性，用好博物馆，对内宣传、对外文化输出，博物馆将成为大力弘扬中华优秀传统文化的强大阵地。

作者简介：柯宁，中国传媒大学广告学院2021级博士研究生。

融媒体时代齐鲁文化传播的有效路径探析

——基于社会主义核心价值观视角

高方方

摘　要：齐鲁文化，作为建设社会主义核心价值观的重要组成部分，蕴含着丰富的文化内涵，深深扎根于齐鲁文化的沃土之中，为人们提供了宝贵的文化财富，对于塑造社会主义核心价值观具有显著的促进作用。本文从齐鲁文化和社会主义核心价值观建设的联系出发，在探讨融媒体技术下齐鲁文化传播方式的同时，坚持社会主义核心价值观的引领，从增强齐鲁文化自信、完善平台建设以及深挖齐鲁文化资源等方面传播齐鲁优秀传统文化，以期为齐鲁文化的传播提供一条可借鉴的路径。

关键词：齐鲁文化；社会主义核心价值观：融媒体；传统文化

一、引言

中华优秀传统文化中包含着深刻的思想，内容丰富，内涵丰厚，它是中国文化的精华，是彰显民族精神价值内涵最主要的部分，更是促进社会发展进步的文化瑰宝。新时代必须继承和弘扬这笔宝贵的精神财富，促进富强民主文明和谐美丽的社会主义现代化强国建设。在目前的情况下，优秀的传统文化如何在与社会主义核心价值观融合的情况下得到较好的传承和发扬，并与现代传媒进行有机融合，对增强我国的软实力以及国际影响力具有十分重要的作用。在以孔子、孟子、荀子等学者为代表的齐鲁大地上，儒家思想以“仁”“义”为基本出发点，成为中国两千多年来主流意识形态的代表人物。在互联网技术迅速普及的背景下，齐鲁优秀传统文化的传播方式发生了相应的变化，逐渐走向多元化，并且逐渐渗透进各个领域，给社会生活带来了深刻的影响。整合融媒体背景下的齐鲁文化，需要用社会主义核心价值观作为指导，与此同时，齐鲁文化和社会主义核心价值观也在交融互促中共生共存，在此基础上开辟新时期传播齐鲁文化的有效路径。因此，文章探讨了如何把两者有机地结合在一起。

纵观全局，中华优秀传统文化是我国最深厚的文化软实力之一，中华文化遗产是中华优秀传统文化中宝贵的遗产典型代表，是一个重要载体。齐鲁文化作为中国悠久历史文化中的一个重要部分，它既是一个国家共同记忆的承载者，又是世代传承下来的宝贵文化遗产。齐鲁文化在社会主义核心价值观中占有重要地位，蕴藏着丰厚的文化资源并深深地植根于齐鲁文化土壤中，从齐鲁文化中吸取养料，涵养文化，对培育社会主义核心价值观有着较为积极的推动作用。还对当代大学生确立正确的世界观、人生观、价值观起到了积极的促进作用。当代人需要深入探讨齐鲁文化的核心与本质，并致力于齐鲁文化传承机制的创新，从而激励人们自觉地追求与实践社会主义核心价值观。在互联网信息技术日益发展的今天，大众传媒极大地冲击了传统文化形态，逐步形成了一种新型文化格局。但在数字技术快速发展的今天，齐鲁文化传播由于文化传播渠道越来越多元、受众选择越来越多样等原因遇到了空前挑战。如何发挥新媒体的优势，让新媒体和传统文化接轨，成了目前亟待解决的难题之一。文章从融合多媒体技术出发，在社会主义核心价值观指导下，论述了齐鲁文化传播方式的媒介融合与社会主义核心价值观相结合的观点，目的在于为齐鲁文化的研究提供一个新视角，为增强传播的竞争力提供现实借鉴。

二、齐鲁文化和社会主义核心价值观建设的关联

（一）文化的凝聚与交融的共生

党的二十大报告指出，社会主义核心价值观是凝聚人心、汇聚民力的强大力量。此外，文化是人们通过不同的价值观交流的汇合，生成和建构的现实载体，而价值观具有独特的价值属性，这必然会对文化的发展方向产生影响。因此，二者之间存在着紧密的相互联系和相互作用。文化是一种特殊形态的意识形态，其主要特征之一就是凝聚性，即通过一定形式将人们所认可的观念转化为具体事物，进而达到凝聚的过程。与此同时，价值观所特有的价值属性又不可避免地影响文化的走向，两者有着密切的相互关联与互动。文化具有的作用是塑造人的观念与行为。齐鲁文化的形成，就是在齐文化和鲁文化分别形成的同时，两者又有所碰撞、有所汇合，并从而互相审视、互相选择、互相渗透、互相交融而造成的过程与结果。虽然两种文化在思想上相去甚远，但是又不是静止的，它们在不断运动中产生新的文化形态。齐文化与鲁文化的相互交融、相互融合的过程，主要是齐文化向鲁文化靠近，鲁文化逐渐向齐文化渗透，齐鲁文化主要以“仁”“义”为基本出发点，以孔子、孟子、荀子为代表的儒家思想便在这前后崛起于齐鲁大地，成为中国两千多年的主流意识形态。

一个社会、民族、阶级的价值观念就存在于它的行为和产品（物质产品和精神产品）之中，特别是渗透在哲学、科学、文艺、宗教、法律、制度，以及风俗习惯之中。文化是一种特殊的生产要素，它与经济、政治等因素一起作用于人们的意识系统，决定着人们的思维活动方式和实践取向。齐鲁文化潜移默化地形塑着人的价值，使人逐步远离错误思想，接受和认同正确价值，进而形成其特有的价值，这些价值的形成与发展都与文化有着密切的联系。作为软实力的文化在国家富强、民族振兴中起着举足轻重的作用。追求文化共生，就是要满足人们日益增长的美好生活需要，尤其是精神文化方面的持续追求与满足。新媒体作为当下流行的文化传播媒介，承担着优秀传统文化教育传承的任务，同时应该是社会主义核心价值观建设中的一个主要渠道。在现今多元文化大环境中，互联网用户表现出独立思考、个性追求以及强烈自我意识等特点，这将为其社会主义核心价值观的培育提供丰富多样、生动形象的文化媒介。党的二十大报告中指出，

以社会主义核心价值观为引领，发展社会主义先进文化，弘扬革命文化，传承中华优秀传统文化，满足人民日益增长的精神文化需求，巩固全党全国各族人民团结奋斗的共同思想基础，不断提升国家文化软实力和中华文化影响力。社会主义核心价值观这一先进文化形态的生成与传播，离不开社会文化生态环境即文化生态对它的支撑与保障。社会主义核心价值观对社会主义文化发展起着主导作用，但它对促进群众性精神文明建设也有着不容忽视的引领作用。通过营造齐鲁文化氛围，丰富社会文化活动，创造良好的社会氛围，把社会主义核心价值观纳入高校育人体系之中，并转化为广大师生自觉遵守的价值准则与行为准则。文化交融环境下，人们心中饱含着对中华卓越传统文化之爱，激发其内在力量，推动其主动实践社会主义核心价值观。

（二）社会主义核心价值观具有价值引领作用

以社会主义核心价值观为指导，并对齐鲁优秀传统文化的传播起引领作用。社会主义核心价值观包含的新时期意识形态属性是它的内核。在社会主义意识形态塑造过程中，要树立社会主义核心价值观的主导性，社会主义核心价值观对于社会的发展有着不可忽视的作用。就此而言，社会主义核心价值观是社会主义意识形态主流价值体系，社会主义核心价值观作为国家意识形态建设最根本的价值导向，对于社会个体具有强大约束力、引导力和凝聚力。与齐鲁优秀传统文化相结合传播已经成为社会主义核心价值观构建和传播的一大方式，更加突出新时代意识形态核心地位的社会主义核心价值观必须表现出文化的凝聚力。更重要的是，倘若要保证齐鲁优秀传统文化在融媒体平台健康持续地发展，就需要立足于社会主义核心价值观以及社会道德要求。融媒体平台是一种信息传播方式上的革新，能有效增强受众对于主流意识形态认同。在融媒体时代来临之际，多种社会思潮纷至沓来，给人们的价值观带来了冲击与影响。值此关键时刻，强化社会主义核心价值观对融媒体平台传播齐鲁优秀传统文化的引领作用，有利于引导广大用户尤其是互联网群体对社会进行深度思考，还有利于净化网络环境，营造传播良好氛围，提升社会凝聚力。

三、融媒体时代齐鲁文化传播现状及存在的问题

新媒体是传播社会主义核心价值观的一个重要场域，发挥着不可或缺的作用。如融媒体平台等新的媒介形态具有短小精炼、更新速度快的特点，深受网民喜爱和追捧。其以自身特质成为新时期我国文化以及社会主义核心价值观在当前传播的重要渠道。在互联网技术日益发展和移动终端逐步推广的背景下，人们接受信息的渠道日益增多，融媒体平台这种新的传播方式也随之出现。与传统媒体相比，融媒体平台因其内容紧凑、节奏快等特点迎合了用户碎片化阅读习惯而成为用户闲暇时娱乐、信息接受的首选平台。融媒体平台以其特有的优势迅速抢占网络阵地并获得众多网民的青睐，同时逐步形成新的媒介生态模式。近年来，包括抖音、快手和小红书在内的多种融媒体平台凭借制作流程单一、传播门槛不高、传播渠道多样等优势成为融媒体平台传播领域中的劲旅。场景化是互联网时代融媒体平台产品创新与发展的重要体现，是增强用户黏性和提升用户价值的关键方式。融媒体平台通过场景化展示，给用户带来了新的视觉体验；以用户需求

为出发点，营造更加贴近用户生活的情境，对用户产生吸引力，使其身临其境。同时融媒体平台还能借助场景增强内容的吸引力、给内容添加热度。

融媒体平台的出现，通过多元化的传播渠道和全媒体的协同，实现了内容传播效果的最大化。融媒体平台这一新型媒介形态有着较强的传播优势与影响力。通过网络等不同传播渠道实现同一条融媒体平台内容的多平台多传播，以产生各大平台间的共振效应和传播覆盖面的拓展，获得最大的传播效果。另外，融媒体平台还可以作为传统主流媒体舆论引导与新闻生产的一种重要方式，让融媒体平台变得更具有权威性。在融媒体平台迅猛发展的今天，网络空间表现出“去中心化”特征，即人人都是传播中心，各类资源得到广泛传播，这与中心化社会空间结构相比形成鲜明对比。在此背景下，主流价值如何得以传播变得更加重要。智能算法在弘扬社会主义核心价值观过程中提供了新技术手段，进而增强了算法宣传的实际效果。伴随着人工智能、大数据分析和云计算的蓬勃发展，融媒体平台已经成为智能媒体最具代表意义的一种应用。智能算法应用于融媒体平台中有效地解决信息过载时代信息和用户需求准确匹配的难题。算法推荐作为智能终端在互联网上运用之后衍生出的新传播模式，能够按照用户偏好自动地选择对应的栏目或者主题。在传媒越来越智能化的今天，算法推荐借助精准匹配技术优势，通过从融媒体平台中深度挖掘用户信息、上网偏好及其他网络行为数据、剖析用户心理画像、构建算法模型、匹配内容、权重分配等方面对传统信息分发模式进行重构，对用户逻辑思维、价值观念都有着深远影响。同时算法推荐也可以引导观众形成正确价值判断与情感取向。当前融媒体平台时代下，融媒体平台碎片化、娱乐化等特点与社会主义核心价值观总体逻辑性构成不和谐关系。在这个过程中，人人皆为传播者和受众，人人皆有话语权。以抖音融媒体平台为例，从用户意愿出发，任何一个用户都能点赞、评论和转发其他用户视频，与此同时用户还能自己拍融媒体平台视频，人人都能成为传播主体，给社会主义核心价值观的传播导向带来影响。另外，由于社会主义核心价值观时代性与实践性的鲜明特征，融媒体平台在社会主义核心价值观的传播中发挥着积极的作用。以社会主义核心价值观为指导，融媒体平台传播内容。在互联网技术不断进步和普及的背景下，融媒体平台凭借其短小精炼、互动性强的特点，很快成为信息传递中的一种主要方式。所以融媒体平台已经成为社会主义核心价值观构建和传播的一大方式。要想保证融媒体平台健康持续地发展，就需要立足于社会主义核心价值观以及社会道德要求，对人民群众生活中的方方面面进行挖掘，进而产生深刻影响。

在社会主义核心价值观的传播过程中，相关主体可以借助抖音等融媒体平台智能算法进行推荐，从而实现社会主义核心价值观内容的高精准推送，达到最大化的传播效果。随着大数据技术及智能算法的普遍应用，传播者主动权发生很大变化，不仅对传播内容及传播方式产生影响，还使用户拥有更大的信息选择权力，使其有机会从大量信息中双向选择传播内容。在此背景之下，受众通常会被放置在较为封闭的情境之中，得不到真正自由的表达，同时很难产生有效的互动，这就使社会主义核心价值观构建受到了极大的挑战。在这一智能时代下，智能算法将利用大数据对其进行基于用户兴趣与需求的分析与预测，以准确推送出用户所关心的信息，让用户受困于一个同质性封闭的信息体系之中，无形之中制约着其信息自由。也因为信息发布平台太过集中在社交媒体，造成了广大用户并没有得到他们真正想要的资讯，而是孤立在“圈”之外。日积月累，使用者会渐渐丧失对自己感兴趣“社交圈”之外资讯的注意力，甚至会渐渐游离于社会公共议题之外，从而弱化社会主义核心价值观影响。另外，网络舆论场的开放性也易于形成群体极化。如果对社会主义核心价值观理解不透彻，以“信息茧房”为载体的准确推送就有可能激化社群间区隔，进而影响社会共识和社会主义核心价值观整合效应。

四、以齐鲁文化为主线，与社会主义核心价值观共促共荣

（一）深入挖掘齐鲁传统文化资源，提高社会主义核心价值观传播力

孔子的情义观奠定了儒家情义思想的基础，他所建构的“血缘之亲推之于泛爱众”的情感模式经过孟子等后代儒学的推演，使等差之爱成为中国传统文化中最基本的情感模式。这一情感模式反映了儒家对待情感的“利他性”价值倾向，如五一假期期间，淄博公职人员不放假甘愿为城市发展服务，这同时也属于情义文化的一部分。不能忽视的是，文化符号作为城市发展必不可少的个性资源和特色名片，是建设文化强市的基础，对此进行合理的开发与应用有利于文化和经济的双重发展。淄博以独有的“人情味”作为当下虚无的时代背景下拔地而出的景观，其爆火背后的故事可以追溯到 2022 年 5 月初。当时，山东大学两万名学生因为疫情被分配到淄博隔离，他们在那里受到了当地人民无微不至的照顾。在隔离结束前，当地人民为他们准备了一顿烧烤大餐，并在路边挂出了“明年春暖花开时，欢迎你们回家!”的横幅，这个故事就此在社交媒体广泛传播，成为“淄博烧烤”爆火的起源。2023 年 3 月初，几千名大学生如约而至，前往淄博“打卡”撸串，与淄博市政府完成了一场浪漫的“双向奔赴”。这样的双向奔赴，无一不是基于情义文化基础上的书写，也是山东情义文化的一种写照。

情义文化是山东文化的重要组成部分，它既有文化的基因，又有环境的影响，山东的情义从古代绵延至今，既产生了诸多关于情义的历史事件，也产生了诸多关于情义的精神。一方水土养一方人，山东的情义文化形成与其地理环境也关联密切。一方面，淄博市位于山东省中部和鲁北平原交界处，南临泰山，北依黄河，这样的地理环境为诸多灿烂文化的汇聚提供了土壤，最终成为齐鲁文化的共同渊源。事实上，在某种意义上，地理环境对人格塑造也有着潜移默化的影响。此外，从古至今，齐鲁大地上很多人表现出的情义，给后人留下至深的印象，是山东的情义文化在现代社会的体现，为人们了解山东情义文化提供了一个窗口。由于社交媒体使人们随时随地都处于一个流量社会中，现代消费文化也在符号消费影响下更加注重公众的关注度和注意力。用“情义”与“诚意”将流量变“留量”，淄博政府在第一时间采取了措施。首先建立应急预案：淄博市政府制定了一套完善的应急预案，以应对突发的烧烤流量。预案应该包括疏导人流、限制人流量、维护治安等方面的措施。政府与当地的餐饮、旅游、交通等相关行业的企业和协会进行沟通和协调，以确保相关行业能够及时应对烧烤流量带来的影响。还有加强监管，联动周边城市推广特色美食，分散烧烤流量带来的压力，随后重新摸排公交路线，新增 21 条烧烤定制专线；在火车上安排志愿者，做好待客全配套设施；制作“淄

博美食图”、规范产品收费服务标准等举措，同时在餐饮、住宿、交通等方面提供优质服务，以提高游客体验。在其游客人数超过自身接待能力时，并未将经济效益摆在首位，而是发布《致广大游客朋友的一封信》，字里行间处处透露出真情实感，这作为淄博独有的情义符号在社交媒体传播。情义，也属于这种“高大”品格的范畴。如在社交媒体中广泛传播的“淄博公务员为游客接站”等报道，身高一米八的“山东大汉”亲自接站，为游客留下来深刻印象。然而这里的“大汉”，绝非仅表示形体上的高大，更重要的是人格的“高大”，这是在原有的基础上发生了情义属性的延伸。

（二）坚持社会主义核心价值观的引领，健全齐鲁文化传播融媒体平台

融媒体平台因具有制作精良、体现社会现状、展现正确价值观等优点而成为吸引用户关注和延长生命周期的一个重要指标。所以在目前的情况下融媒体平台行业的发展迎来了全新的挑战与机遇。为此，融媒体平台应秉持 PGC 创作模式，在社会主义核心价值观指引下，打造内容与形式兼具的融媒体平台作品，同时借助相关渠道拓展传播范围。此外，融媒体平台一定要正确处理专业权威和用户需求的关系，不为引起用户关注故意消遣，不因突出权威显得死板，这样才能保证平台专业性强、吸引力大。不可忽视的是，融媒体平台应该用高质量的作品打动人心，使观众潜移默化地喜欢，进而增强观众忠诚度。在内容的选择上，融媒体平台要从公众日常生活中寻找真善美，在传播的过程中要呈现高质量的内容。融媒体平台应关注用户体验、增强受众黏性与忠诚度，以取得较好的宣传效果。在此基础上，融媒体平台创作者也有部分用户会制作同质化内容以获得流量，这一创作方式也是造成视觉疲劳的重要因素。所以融媒体平台行业有必要以自律规范的方式减少过度竞争、内容抄袭等问题的出现，使融媒体平台行业能够得到良性的发展。发展融媒体平台需要政府、市场、社会等多方力量的参与以推动融媒体平台良性运行。对齐鲁文化展开的艺术创作离不开创新这一要素，所以融媒体平台创作者要从艺术与技术层面上进行不断地探究，从而推出更加优质的融媒体平台。

在这个高速运转的世界中，齐鲁文化以一种独特的方式渗透到人类社会生活的各个角落，深刻地影响着人们的感知和行为。齐鲁文化发展到今天，在改变人们审美习惯与价值取向的同时，还深刻改变了人们对于现实世界、行为方式与人际关系的认知模式。大到视觉艺术表达方式，小至日常生活视觉呈现，都有许多不同方式被人所融合。齐鲁文化以多种方式改造并重新组合着人们生活的时空。齐鲁文化在人类社会生活中因具有特殊的性质而形塑着个人与社会的互动，并由此形塑着人类社会的样态与秩序。媒介作为人们进行交流沟通的载体，已成为当代社会交往的一种重要形式。鲍德里亚与麦克卢汉都把媒介看作是可以引发深刻社会变革的科技手段，在其视野中，这种看法颇具预见性。借助影像传播手段，尝试探索影视文本是怎样成为一种承载特定思想情感与价值判断的符号系统。它以文化故事、历史事件等为载体，把齐鲁文化遗产中融入社会主义核心价值观的精神文化遗产纳入影视剧作品创作拍摄之中，或在恢宏的纪录片叙事中凸显物质遗产之瑰丽，精神遗产之动人，使齐鲁文化在受众视听享受之余被更深地了解与认可。随着网络传输技术的不断升级，符号化的思维和行为是人类生活中最富于代表性的特征。城市文化符号作为时代变迁的镜像，承载着人们的文化活动，是历史性与当代性融合的最佳写照。一座城市除了高楼大厦、城市风貌、美食美景、别样物产，更能打动人心的，则是这座城市迷人的文化气质和城市文化传奇的续写。不可忽视的是，本土化的文化符号在传承和创新传播中不断丰富内蕴、延续，这也成为城市治理必不可少的一步。淄博市连续举办十九届“齐文化节”、七届“齐文化与稷下学高峰论坛”、五届“海峡两岸齐文化节”，创新性地开发成语故事云展示平台和成语故事主题游戏，打造“沉浸式”齐文化体验项目，提升齐文化在青年群体中的影响力。因此，中小城市在形象建构中应当学习淄博对本土文化符号的媒介化与年轻化的呈现方式，发挥历史文化符号的独特意义。此外，加大对现有文化资源的整合力度，吸引年轻群体，向城市发展注入新动力与消费新活力，通过社会治理在全社会形成社会认同，以此来进一步筑牢社会主义核心价值观。

（三）推广齐鲁文化 IP，增强中华优秀传统文化自信

文化自信修于内，是城市精神凝聚力的重要核心。文化自信是一个国家、一个民族发展中最基本、最深沉、最持久的力量，必须坚定文化自信。文化遗产保护与旅游开发的最新动向在于文旅融合发展，文旅融合是文化遗产继承与开发的需要。近年来，中国文化和旅游业深度融合日益加深，推动文化产业迅猛发展的同时也深刻地影响着传统民俗文化的传承。以淄博为例，其爆火“出圈”并不是因为烧烤，也不是因为“八大局”，而是因为打破了传统城市宣传的桎梏，更是源于淄博始终坚守的文化自信和厚积薄发的文化底气，形成了有中国特色的文化自信。在这些珍贵资源既是历史和人文的重要资源，又是文化产业发展必不可少的物质基础。充分挖掘齐鲁文化遗产的深厚底蕴，淄博建成“稷下学堂”440 余个，推动齐文化与精神文明建设相融合；塑造有厚度、有温度的城市公共文化空间，拥有 75 家博物馆。由此，城市文化自信可以从两方面进行培育与引导，一方面，因为一座城市的文化气质，涵养着居住在此的人们，铸造了城市特有的人文风骨和精神特质，而人们因此有了深入骨髓的自信，并且默默润泽着这座城，完成社会善治。另一方面，借助网络这一新兴传播媒介来宣传推广可以取得事半功倍的效果，不失为一种新的有效手段。网络新媒体、自媒体等多元文化的助推为传承齐鲁文化遗产、弘扬社会主义核心价值观提供了一种创新性的现代化传播方式。齐鲁大地人才辈出，而新媒体具有传播途径广、成本低等特点，所以能够借助新媒体从业人员传播齐鲁优秀文化遗产与社会主义核心价值观相互交融的正能量，进而对网络不良信息与错误舆论进行有效抵制，传递更健康积极的网络文化氛围，实现对网络文化的净化，对优秀文化与正能量进行宣传。习近平总书记提出：“文物承载灿烂文明，在传承历史文化，维系民族精神，是老祖宗留给我们的宝贵遗产，是加强社会主义精神文明建设的深厚滋养。”所以，一方面，要深挖当地历史文化底蕴，提高当地人对于本土历史文化的认同感与归属，深植母语情怀；另一方面，积极弘扬中华民族优秀传统文化，让传统精粹从历史中走出来，以文明实践激发文化自信自强的深沉力量，走进寻常百姓的生活当中。

在淄博宣传齐鲁文化的过程中，其政府部门的举措立足“以人为本”的理念，提高了城市的人文价值。此外，当地人民用自己对于家乡的执着与支持，在多方的合作下重拾了人与人之间的真诚，以诚相待、货真价实、宾至如归，这就是人们心中最接地气的烟火气。如此，官方舆论场下移，与民间舆论场形成交互模式。在新媒体环境下，城市文化服务的效能如何将在网络空间中无限放大。因此，要对基于本土特色文化品牌的服务理念和流程进行人文化改造，探索并建立具有文化特色的服务模式。尤其是在文化符号传播的初步阶段，将优质到位的文化和旅游服务借助社交媒体传播融入人们对于城市的感知中，从各自的视角出发找寻当地文化符号，传递人文价值，更好地落实新时代赋予的城市定位和功能。

五、结语

齐鲁文化遗产，作为中华文化遗产的重要组成部分，其种类繁多，内涵深刻，至今仍具有生命力和时代价值。它不仅深刻影响着中华民族的思维方式和行为习惯，还在与世界交流互动，为世界奉献中国智慧，推动人类命运共同体建设，具有重要的时代意义。同时，通过加强宣传推广，推动社会主义核心价值观在共同文化中的融合和向全社会各个领域的渗透，成为广大民众自觉践行的行动指南。这表明，社会主义核心价值观已经成为人们日常生活和工作学习中不可或缺的一部分。在中华民族伟大复兴的进程中，必须深刻领会齐鲁文化遗产在社会主义核心价值观中的融入，积极探索齐鲁文化遗产的创造性转化和创新性发展，抓住齐鲁文化遗产涵育社会主义核心价值观践行路径的关键节点，以社会主义核心价值观为指引，高效继承和发扬新时代中华文化遗产。将社会主义核心价值观融入齐鲁优秀传统文化，不仅是对其进行保护、继承和发扬，更是实现社会主义核心价值观在齐鲁大地深深扎根，展现出强大生命力的根本途径。

作者简介：高方方，鲁东大学新闻与传播学院硕士研究生。

具身认知理论视野下博物馆美育数字化路径

房倩格

摘　要：博物馆美育作为社会美育的一部分备受学界关注，当前博物馆美育常以数字化的形式呈现，基于身体的数字技术在博物馆中运用已较为普遍，带来诸多成效的同时也面临许多挑战，侧重身体影响感知的具身认知理论为博物馆美育数字化提供了新的分析视角。本文分析具身认知理论与博物馆美育数字化的契合之处，梳理博物馆美育数字化现状，探讨具身认知理论视野下博物馆美育数字化面临的问题并提出相关路径，以具身认知的视角为博物馆美育数字化提供参考。

关键词：具身认知；博物馆；美育；数字化；数字技术

2022年，文化数字化战略的纲领性、指导性文件《关于推进实施国家文化数字化战略的意见》发布，明确“十四五”时期末，基本建成文化数字化基础设施和服务平台，形成线上线下融合互动、立体覆盖的文化服务供给体系。文化数字化战略为我国建立健全公共文化服务体系指明了方向，为博物馆业点燃了下一步工作建设的指向明灯。

促进人的创造力，发挥美育的正向激励作用是当代博物馆美育的应有之义。我国博物馆业正经历数字化变革，技术更新重构了博物馆日常工作，博物馆美育也随之重构。然而，在博物馆美育数字化的过程中，当美育工作与提升馆内数字化水平相冲突时，部分博物馆将美育置于次要境地，导致美学思想缺失，美感缺位。博物馆美育工作在数字化趋势下面临新机遇与新挑战，如何处理美育与数字技术的关系成为当前亟待解决的问题。

一、具身认知理论与博物馆美育数字化的契合

具身认知理论与美育、博物馆美育、博物馆美育数字化均存在一定契合之处，以具身认知理论的视角讨论博物馆美育数字化具有一定的适配性。

（一）具身认知理论与美育

具身认知理论起源于海德格尔的身体“在世性”和梅洛·庞蒂的知觉现象学，后续在认知心理学等学科中也出现了新的进展，其强调身体在认知的实现中发挥着关键作用。核心含义主要包括三个方面：第一，认知过程的进行方式和步骤实际上是被身体的物理属性所决定的；第二，认知的内容也是身体提供的；第三，认知是具身的，而身体又是嵌入环境的。认知、身体和环境组成一个动态的统一体。

“美育”一词源于席勒，本义即是感性教育。美育作为感性教育，注重人的感性发

展与审美意趣的延伸。席勒提出的美育正是在理性主导的文化下保证人的感性发展，使人获得理性与感性的协调平衡，以塑造和谐、完整的人格。我国美育思想始于20世纪初的西学东渐，王国维、梁启超、蔡元培等受西方美育思想影响，逐步确立了我国美育传统的基本思想格局，即以情感教育为核心，以去除物欲和私欲为手段，以养成道德人格为目标。

具身认知理论与美育存在一定内在的契合之处。一方面，美育过程中身体是必要的在场参与因素。即使是对身体调动较为浅层的静观式审美活动也需要身体的参与，例如静观欣赏一幅画作需要调动肉眼进行观看。另一方面，身体是感性流露的表现媒介。人的感性常常借助身体进行抒发，如表情、话语、眼泪等。美育是感性教育，而身体对感性的反映最为直观，身体所显示出的美育效果也便于直接观测。

具身认知理论与美育之间存在互促关系。以具身认知理论的视角研究美育能够对当前数字化趋势下注重技术，忽视身体的倾向进行纠偏。以美育的视角研究具身认知理论，能够研究感性教育中具身认知理论所发挥的作用，为具身认知理论提供实践支持，扩宽具身认知理论的研究边界。

（二）具身认知理论与博物馆美育

新博物馆学思潮下，博物馆业界重心经历了从物到人的转向。在此背景下，学界涌现了诸多关于观众的研究，其中，博物馆的教育功能备受关注，博物馆美育是博物馆教育的重要组成部分。我国的博物馆美育始于20世纪，我国学者蔡元培将美学与社会教育相联结，提出了社会美育的概念，认为博物馆是实施社会美育的必备机关之一。

具身认知的理论特色在于强调身体的媒介作用。在博物馆美育中，身体作为媒介发挥着重要作用。一方面，博物馆提供了环境容纳身体进行美育。博物馆作为承载藏品的空间，划分出了相对割裂的环境，这种环境有时是具体的空间场所，有时是抽象的数字空间。博物馆作为将文化与美感凝结成物质资源的文化载体集结地，提供了美育所必需的文化资源与空间资源。另一方面，博物馆美育与具身认知理论都注重在特定环境中身体参与上升到感知。具身认知理论注重认知、身体、环境的整体性，博物馆美育是在博物馆相关环境下认知与身体相互作用以达到美育效果的情景。具身认知理论强调环境中身体对感知的作用，博物馆美育强调在身体参与下博物馆环境中感性的发展。博物馆美育中以身体促进认知的现象是常态化存在的，具身认知理论与博物馆美育的结合是根据实际发生的现实经验所抽象出的理论化表达。

（三）具身认知理论与博物馆美育数字化

博物馆数字化是当前博物馆发展的必然之势，博物馆数字化变革已经影响到博物馆的收藏、展陈、教育等各个工作层面。博物馆美育发展至今，不可避免地需要处理博物馆美育与数字技术的关系。博物馆美育数字化，即是先前的博物馆美育与数字技术结合以数字化形式展现，是博物馆数字化的工作中的一个方面。

具身认知理论与博物馆美育数字化二者之间存在理论与实践层面的双重契合。在理论层面，当前博物馆美育在数字技术赋能下，并未产生身体与意识割裂所导致的意识独立化，而是将身体与意识联结更为紧密。数字技术延伸了身体的五感，放大了身体在博物馆美育中的作用幅度。当前的博物馆美育不仅依靠眼看、耳听，还依靠手触、鼻闻、唇尝，甚至身游。身体在当下博物馆美育中所发挥的作用不可忽视，以具身认知理论的视角探讨博物馆美育数字化存在一定必要性。在实践层面，沉浸式业态、交互式设备、可穿戴设备等以身体为媒介的数字技术被普遍应用于博物馆美育领域，博物馆数字化工作开展如火如荼，脱离数字化谈美育已经不合时宜、力不从心，具身认知理论与博物馆美育数字化也存在一定实践层面的契合。基于此，本文侧重探讨具身认知理论视野下博物馆美育的数字化问题。

二、具身认知理论视野下博物馆美育数字化的现状

具身认知理论强调认知、身体、环境的动态统一，当前博物馆美育在数字化进程中认知、身体、环境三个方面均发生了数字化转变，三者相互交织、共同作用，形成博物馆美育数字化动态统一体。

（一）认知：单向灌输转向双向影响

在认知方面，先前博物馆是一个自上而下的、灌输美感与价值观的教育空间，观众仅是作为接受教育的一方，很难对博物馆美育方向进行影响。当前博物馆不再是单向的美感灌输机构，观众对博物馆美育的意见也会作为博物馆美感表达方向的参考。在博物馆美育数字化方面，博物馆与观众进入一种双方相互影响、协商融通的新模式。

观众对于博物馆美育的反馈意见逐渐影响了博物馆后续策展中美学表达方向，博物馆所筹划的展览也激起了观众的广泛关注。例如，观众兴起的“汉服热”带动了服饰文物考究与欣赏的热潮，山东博物馆与孔子博物馆联合打造了“衣冠大成——明代服饰文化展”，激起了观众的热烈反响。后续参考观众的美育反馈意见，孔子博物馆推出“齐明盛服——明代衍圣公服饰展”，持续引导观众进一步欣赏服饰之美。

博物馆美育对观众产生一定影响，观众表达美感观点也影响着博物馆后续美学表达方向。例如，山东博物馆的文物亚丑钺被观众认为是“丑萌”文物的代表，在观众中拥有较高人气。山东博物馆立足观众对亚丑钺的美学印象，推出“鲁博冷知识”系列短视频，将亚丑钺打造成形象可爱、声音轻快的解说员，让科普视频更具备趣味性，受到观众一致好评。

（二）身体：观看接受转向交互体验

先前博物馆美育倡导人观看展览，侧重点在“看”，通过观看使观众接受美，对于身体的调动较为表面。当前则转向人融入展览，侧重点在“游”，对于身体的调动更加深入，通过体验使观众领会美。数字体验项目与数字互动项目在博物馆美育数字化中应用较为广泛。

博物馆普遍将数字体验项目视为美育数字化建设的重要表现形式。例如，上海博物馆推出的“乐游陶瓷国”VR体验活动中，观众在博物馆展厅通过使用六自由度模拟器座舱和头戴式显示设备“穿越”到古代制瓷窑址的场景中去，按照制瓷的一系列叙事逻辑，帮助参观者解构古代制瓷活动背后蕴含的文化。基于传感的交互手柄、眼镜、头盔等VR设备将身体互动与博物馆美育项目深度融合，传感技术使技术与身体更加贴合，

技术提升了感官的作用幅度，放大了身体的媒介作用。

数字互动项目大多以身体为媒介，使观众能以第一视角领会博物馆的美学内涵。在伦敦 V&A 博物馆展出的为期 6 个月的“Digital Dragons”展厅中，设计师利用数字技术创造出一个互动交流平台。设计师以彩色的珍珠、旋转的斑点和圆形的图标等方式，引导儿童通过跳、旋转、点、踢等方式完成与展厅的互动。这种互动交流还有一定的感染力，儿童之间也存在着一定程度的行为模仿和复制。此外，数字互动项目中轻量的互动体验设备在中小型博物馆中更受欢迎。例如淄博市陶瓷琉璃博物馆结合鱼纹盘藏品引入“鱼盘绘画工艺”游戏交互体验设备，资金压力小，观众满意度高。观众通过与设备互动、与作品互动，更容易调动身体留下更深刻的感性体验，达到美育应有的效果。

（三）环境：实体场馆转向虚实相生

在环境方面，先前的博物馆通常依托于实物开展美育工作，而当前博物馆美育环境则打破了实体的限制，线下美育环境虚实结合，线上美育环境不断拓展，二者相合使美育环境边界不断延展。

博物馆美育活动中，美育不再受制于实体物品，数字投影、交互屏幕、虚拟数字人在博物馆随处可见，实体博物馆的环境虚实相生。先前的博物馆更侧重于展出“珍品”，如故宫博物院珍藏的绝世珍宝。当下的博物馆展品突破了传统意义上“珍品”的限制，如民俗博物馆，展出的是稀缺性不高的日常生活用品，这些生活物品不像“珍品”一样仅仅陈列就能够体会到它的价值，更侧重于如何阐释出其背后的文化价值。在展陈中利用数字技术造情景、讲故事，体现出展品的凡俗美，让展品回归于使用场景与历史环境在当下已经较为普遍。

美育环境不再局限于实体博物馆，更是打破实体的围墙延展到了网络。抖音发布的 2022 年博物馆数据报告显示，截至 2022 年 5 月，全国三级以上博物馆抖音内容覆盖率达 98.64%，播放量超过 394 亿次，相当于全国博物馆一年接待观众人次的 72 倍。网络视频中的评论者、网络虚拟展览的浏览者都是网络虚拟环境中的博物馆美育接受者。文创产品设计中表达着博物馆的美学思想，线上文创产品店铺浏览者、文创产品的购买者、文创产品的测评者等也潜移默化地受这种附加于商品之上的美学熏陶。

三、具身认知理论视野下博物馆美育数字化存在的问题

各馆美育数字化建设水平不一，部分博物馆美育数字化已取得一定成果，部分中小型博物馆美育数字化工作才刚刚起步，正在克服诸多问题。总的来看，具身认知理论视野下博物馆美育数字化中存在以下几个普遍性问题。

（一）具身美育数字化效果难以估量

由于美育是感性教育，不存在武断的是与非的标准答案，美育效果难以估量。尤其在博物馆美育以数字化形式展现后，估量美育效果的难度加大，这一点在观众与博物馆层面都有所体现。

在观众层面，美育的对象经历了从专业人士向大众的转变，先前对专业人士进行的美育有专业水准可以作为美育效果的参考标准之一，当前大众的文化资本存量高低不

齐，难以用专业水准进行衡量。博物馆美育受数字化加持后，存在数字技术利用是否充分、观众是否充分体验等疑问，这其中存在极大的波动空间。当前以身体为媒介透过数字技术进行美育，容易出现真实感降低、忽略实物展示、其他影响因素作用加大等问题。先前观众的身体处于同样的实地场馆环境中接受美育，观感效果差别不大，当下美育数字化项目中部分观众沉浸互动、部分观众潦草观看、部分观众直接略过，美育效果衡量的难度增加。

在博物馆层面，观众体验以身体为媒介的美育数字化活动后，具身美育的效果如何、美感留存的多少等后续反馈博物馆难以精确掌握，观众的表述也难以形成客观的优劣标准。部分博物馆的工作人员对观众体验具身美育活动后的工作尚未跟进，具体表现在对公众的反馈与意见漠不关心、对公众离开博物馆后发表的看法毫不知情等，容易导致美育工作方向上的偏差与工作效果上的不明晰。当前数字化已是时代任务，部分博物馆希望尽快完成数字化任务，尽早打造本馆现代化、科技化的形象。由于美感衡量标准有一定浮动区间，当博物馆的数字化水平与美育相冲突时，美育常被置于次要位置，出现博物馆数字化任务优先的情况。如果不对美育工作进行考核，美育就容易不被重视，如果对美育工作进行定量考核，就将它定义成为一种新赛道，反而带来了美育的消解。

（二）数字技术与文化特点耦合不足

美育的进行依赖文化与美感，技术只是辅助文化与美感更好发扬的手段。技术不断向前突破，然而博物馆美育数字化工作中常出现技术突破与文化耦合性不足的现象。博物馆美育数字化项目所制造的是一种技术加持下人为筛选的数据化的文化资源。而选择何种文化特点进行塑造是人为决定的，这就牵扯选择的文化基因是否能够代表该文化的特点、信息传达能否带来最佳的美育效果等问题。

一方面，文化特点的抽离难度较大，数字化场景营造所依据背景的信息缺乏。虚拟场景营造等技术是选择性复刻真实现实，是将真实环境的特点抽出转化为数字资源，据此建设美育数字化项目。数字化的场景营造需要充足的背景信息与文化资料参考，才能还原出最贴近文化特点的虚拟场景，然而由于资料无法可视化以及相关背景资料的缺乏，营造数字场景难度较高，呈现效果良莠不齐。

另一方面，数字量化数据不等于身体实际感知，也无法等同于文化与美感。部分美育数字化项目借助传感器等技术手段将美感量化为特定的数据，基于这些数据建立数字化项目附加于身体上，然而身体与数字之间的客观鸿沟目前仍旧难以跨越，不少观众使用沉浸式数字体验设备后常产生晕眩感。如何采用恰当的技术赋能恰当的文化特点，同时保证与身体结合的最佳效果，是当下博物馆美育数字化实践中的一个难题。

（三）教育价值与虚拟互动缺乏磨合

美育是一种教育，其教育价值至关重要。具身认知理论视野下，容易产生美育价值与虚拟互动磨合的失洽，导致美育教育价值不足。

具身认知视角下，博物馆美育数字化的过程中对身体的调动容易陷入过浅或过深两种极端情况，二者都将导致教育价值的缺乏。一种情况是利用数字技术对身体的调动较为表面，对于身体的调动仅限于观看的基础上增添对屏幕的手指点触，如一些交互体验设备仅靠手指点触完成设备的变化，存在深层次调动身体完成美育的改进空间。另一种情况是指利用数字技术过度调动身体，趣味性过强，导致美育效果降低。如借助虚拟现实眼镜与手柄，调动四肢摆出数十种滑雪的姿势完成活动，或进入虚拟游戏中的古代城门调动身体进行射击，体验极其逼真，更像是一款游戏，观众对游戏输赢的体验大于对文化的印象。

部分博物馆的文化资源优越，然而在虚拟互动与教育的匹配方面产生了错位。由于没能采用合适的虚拟互动技术，导致观众兴趣匮乏，尚未达到应有的美育效果。部分博物馆热衷于引进体积大、观感上能够显著提升馆内科技水平的投影、多媒体放映屏幕类设施，这导致许多博物馆引进的数字设备都是此类设施，只是放映的内容不同，千馆一面的现象依然存在。许多博物馆引进的“魔墙”项目大多将展品信息录入，虽然不同博物馆展品信息不同，但都是套用同一种模式，在观感上非常相似。线上的虚拟展览中也存在套壳式的模板化，容易采用与其他虚拟展览相似的全景扫描技术，立足本馆美学特色独立定制的虚拟展览相对较少，这种同质化现象容易引发观众的审美疲劳。

四、具身认知理论视野下促进博物馆美育数字化的相关路径

当前美育工作与数字技术结合升级的需求尤为迫切，推动博物馆美育数字化是当下的重要议题。博物馆美育与具身认知理论具备一定结合点，具身认知理论视野下，推动博物馆美育数字化可以从以下三个方面入手。

（一）技术赋能文化，优化评估方式

1. 运用技术放大文化特点

博物馆美育数字化不是重新复制现实，而是对资源的重新组织。在这种重新组织的美育数字化项目中，部分文化特点是简略的，部分文化特点是被刻意放大的，选择文化、突出特点是博物馆美育数字化必要的抉择。博物馆美育数字化中应将藏品背后合适的文化特点通过技术放大，技术改进的章法应围绕如何增强藏品背后文化的吸引力。注重技术服务于美感呈现，将数字技术服务于表达文物本身美感，必要的时候应当简化数字技术含量，确保以美的形式展现。引进数字设备时应考虑与展览的总体美感相符，避免数字技术与展陈结合不伦不类，拼贴痕迹明显的现象。

2. 采用合理的美育数字化评估方式

美育是一个复杂的情境系统，美育在情境中进行，也更便于采用情境化评估方法，并在情境中进行研究与完善。在博物馆情境中进行效果评估时，工作人员与观众的语言和行为等都应纳入考核范围内，进行综合性的动态评估，将自评与他评相结合，针对评估结果进行整体性改良。此外，应借助数字技术将观众的评估结果、偏好、意见等数据再利用，反哺于博物馆美育建设。美自古在活态中传承，在流变中沿袭，博物馆应借助数字技术与观众的美学反馈数据，在实践中不断为本馆的美学赋予新的时代内涵。

（二）数字延伸感官，适度调动身体

1. 利用数字技术赋能观众多感官感知

先前博物馆基于实物调动人的视觉、听觉、味觉、嗅觉、触觉等进行多感官的具身互动。在此基础上，当下博物馆可以利用数字技术将虚拟、现实、多感官相结合达成更

加虚实结合的具身化美育体验。如借助沉浸式体验设备闻着青草香气在虚拟书画场景中畅游，拿起画中桌子上虚拟糕点的同时，可以品尝到博物馆准备的现实食物等。借助数字技术延伸身体五感，以虚实结合的方式带来更深入、更具备张力的美育体验。数字技术的创新相对平常，基于身体的模式创新反而能有意外之喜。

2. 注重研究身体、美育、数字技术三者结合的最佳效果区间

过深、过浅调动身体都将达到美育效果的不充分。博物馆美育难以完全定量，博物馆美育数字化建设不能信奉唯数据论、唯技术论。积极借鉴国内外博物馆非数字化的美育项目中关于身体调动的经验，对博物馆美育数字化项目进行适当升级。实践中应不断将美育数字化项目取得的实际成效进行评估与记录，注重研究身体、技术与美感的结合限度。不断将实践经验落实为书面规律总结，以供后续工作参考。

（三）重视情感体验，关注仪式建设

1. 注重结合情感体验

美育作为感性教育，充分调动情感能够提升身体感知的效果。博物馆美育数字化建设中应注重情感体验，侧重加入情感元素，调动观众感性情绪。注重建立观众之间共鸣与情感分享的相关机制，助力观众产生精神上的愉悦感与共鸣感。情感体验能够充分调动人的感性，配合恰当的环境与身体的辅助，更容易达成美育应有的效果。

2. 注重仪式感的建设

数字技术的发展使欣赏博物馆藏品在网络上变得极其迅速、便捷，避免了舟车劳顿、等待观赏等欣赏前的诸多前置环节。科技的发展方向倾向于迅速、方便、节省，仪式的发展方向倾向于缓慢、准备、繁复。数字化越往前发展，越容易失去仪式感。在博物馆美育数字化项目中，并不是越迅速效果越好，而是越能体现出文化的味道、调动起观众的感性体验效果越好。仪式跟身体是相关联的，仪式能够放大身体的兴奋程度，身体进行文化仪式能够助推体验文化的快感。在信息资源极易获取的当下，博物馆美育数字化应注重仪式感的塑造，如将数字技术附加在仪式上，通过虚拟仪式体验或塑造虚实结合仪式体验项目等方式提升观众的美育成效。

五、结语

学界存在美感是否可以量化的争论，对此出现美感可以量化的纯客观观点与美感无法量化的纯主观观点，而注重发挥身体的媒介作用丈量美感，是介于两种观点之间，主客观相结合的第三种答案。在博物馆美育数字化的过程中，身体是重要的参与因素，注重身体进行美育以达到感性教育的应有效果是一个中间的、恰当的、符合实际的道路。审美是人类特有的体验，博物馆是我国美育的重要场所。博物馆美育数字化是一个长期的过程，美育效果也需要长时间检验。具身认知理论通过“以身促知”催生“有知有行”，为博物馆美育数字化提供了新的学术视角。

作者简介：房倩格，山东财经大学文学与新闻传播学院文化产业管理专业2021级硕士研究生。

博物馆文化的游戏化传播路径研究

许甜甜　姒晓霞

摘　要：博物馆是历史保存和文明传承的重要殿堂，也是中华民族精神力量的承载者和凝聚者。随着时代的发展，博物馆的功能逐渐从“收藏导向”过渡为“传播导向”。与此同时，受众主体意识在技术的助推下逐渐觉醒，其对于博物馆的参观动机与心理预期发生了巨大转变，因此文化传播如何与受众需求相适应成为博物馆当下发展的主要任务。本文借助游戏化传播范式，从外在形式与内在逻辑两方面分析博物馆文化传播与游戏化传播的契合点，探讨将游戏化传播要素引入博物馆文化传播的可行性，从受众角度出发提出参与、反馈、体验三条发展路径，旨在为当下博物馆文化传播提供借鉴与新思路。

关键词：博物馆文化；游戏；游戏化传播

党的十八大以来，党中央高度重视文博事业发展，将新时代博物馆工作提升到了新高度，为做好博物馆文化传播提供了根本遵循。当下多数博物馆文化传播的动机在于它们假设受众非常感兴趣且会主动走进博物馆，忽略了如何激发受众兴趣与主动性，缺乏使受众产生兴趣和参与的理由。特别处于信息盈余时代，如何使博物馆文化与当代文化相适应，让更多人主动走进博物馆了解历史、传播文化，使优秀传统文化达到有效传播是当下需继续探索的问题。本文从游戏化传播视角出发，期望为博物馆文化的可持续发展提供新角度。

一、游戏与游戏化传播

游戏是游戏化的根源，游戏化是基于游戏为达到最佳传播效果所生成的机制，可见游戏作为一种优化传播的手段，其与传播有着密切联系。从传播学角度出发，游戏本身就是一种传播，同时传播也与游戏的内在逻辑相契合。游戏作为一种认知思维，为游戏化传播实践提供了一个基本的运行逻辑，因此理解游戏化传播需要先从游戏入手。

（一）游戏

提起游戏，人们可能会联想到手机游戏、电子游戏或者传统的儿童游戏“捉迷藏”等，但这些都归属于日常的游戏类型。斯蒂芬森将阅读报纸也视为一种传播游戏，他认为读报的过程如自愿参与的游戏一样，是一种无功利性的传播快乐，可见“游戏”的泛化程度很难去做明确定义。约翰·赫伊津哈认为游戏是一种生存功能，其先于文化存在且不能从逻辑学、生物学或美学上加以精确定义。他将游戏视为一种自主行为，特意置身“平常”生活之外，“不严肃”，而同时能让游戏者热情参与、全神贯注。麦克卢汉从媒介角度出发，认为“游戏是人为设计的场景和群体知觉的延伸，旨在容许人从惯常的模式中得到休整”。游戏在不同背景下定义有所变动，但其本质特征不变，以上观点也展现出游戏的共性：自愿参与、获得快乐、有固定形态、无功利性、行为活动。据此游戏可以理解为一种让人们自主参与其中、以获得快乐为目的、有一定规则且无功利性的行为活动。

（二）游戏化传播

“游戏化”线上系统最早由英国埃塞克斯大学教授理查德·巴特尔于 1980 年提出，意指“把不是游戏的东西（或工作）变成游戏”，《游戏化思维》一书中将其概括为“运用来自游戏的设计理念、忠诚度方案以及行为经济学的原理，推动用户进行互动和参与”。目前凯文·韦巴赫的定义使用较为广泛：“在非游戏情境中使用游戏元素和游戏设计技术”。1967 年，威廉·史蒂芬森首次将游戏与传播相联系，从人本主义出发提出传播游戏理论，将传播视为主观游戏，其核心着眼于受众，强调受众在游戏过程中的真实感受，但该观点当时并未受到主流学界重视。随着技术变革和信息发展，游戏化传播逐渐被学界所关注。蒋晓丽、贾瑞琪将游戏化传播界定为将游戏机制应用于传播实践之中，使传播获得类似于游戏的情感体验的一种传播方式。邱源子认为游戏化传播相异于大众传播，缺少游戏化不会使大众传播受到影响，但其又展现着强大的传播基因。喻国明则进一步认为游戏范式是构建盈余时代有效传播的重要路径，也必将成为未来传播主流范式。综合目前研究可见，多数学者认为游戏化是媒介演进人性化的趋势表征、是传播的内在基因且会成为未来传播的主流范式之一。总体来看，游戏化传播作为一种新的传播范式正在逐渐显现，具有广阔的发展前景和应用空间。

二、博物馆文化游戏化传播的可行性

（一）外在形式的契合：目标性——规则性

“博物馆”一词源于希腊语“Museion”，意为“祭祀缪斯的地方”，随着社会发展，其定义和功能也在不断调整。经梳理发现，博物馆发展轨迹逐渐从“收藏”“教育”转向“传播”。除收藏和教育外，多数博物馆已经陆续关注到受众参观动机、体验、期待等需求方面。与此同时，人们的主体意识在技术的助推下逐渐觉醒，公众在信息盈余时代更看重自身诉求与个人体验，而游戏化的融入也为博物馆文化传播提供目标支撑、增加动机。在游戏化传播中，设置规则是其必不可少的要素之一，旨在通过设置规则而实现目标，将游戏机制与要素融入“非游戏”情境中来，以此提高受众参与度，这也为当下博物馆文化传播提供引导方式。

（二）内在逻辑的契合：以观众为中心——以玩家为中心

20 世纪 80 年代，西方博物馆的相关理念及实践传入我国，其中影响最深的便是“以藏品为中心”到“以观众为中心”的转向，该理念消解了博物馆“藏品为本”的单向输出模式，将重点转移至观众的个人感受和反馈，这也为国内博物馆的实践提供了借鉴。在博物馆行业迅速发展的今天，主动吸引观众参与博物馆逐渐成为博物馆发展的重要指标，这也正与游戏化传播的内在逻辑所契合。游戏化传播注重个体本身，强调游戏带给玩家的情绪体验。斯蒂芬森将人内传播作为游戏的主要内容，将关注点聚焦于传播快乐和自我提升。二者相比，其传播目的都不谋而合地回归于个体本身，但是博物馆作为展示文物的载体，因其历史的严肃与厚重等特殊性在与受众链接过程中出现远离。游戏化传播的融入为博物馆文化传播提供新的思路，博物馆在文化传播过程中也应借助游戏化传播内在机理不断完善出适应自身的传播体系。

三、博物馆文化游戏化传播的要素

上述说明，游戏化传播的内在逻辑和外在形式与博物馆文化传播有一定的可适性且可以为博物馆文化传播提供借鉴，所以本文对游戏化中的要素进行分化并提取，旨在使用游戏化传播中的要素助力博物馆文化的有效传播。

（一）场景：提供体验

场景是指人与周围景物的关系总和，其核心是场所与景物等硬要素，以及空间与氛围等软要素。每个游戏都有特定的场景来构建属于自己的世界与地图，其所创造出的沉浸式场景可以带给玩家更强的代入感与体验感。同样，场景是文化传播的重要载体，场景的助推帮助人们更加生动形象地理解文化。党的十八大以来，习近平总书记强调："要系统梳理传统文化资源，让收藏在禁宫里的文物、陈列在广阔大地上的遗产、书写在古籍里的文字都活起来。"技术的发展为失去历史场景的文物提供了很多可能性。不应该将博物馆仅作为展示文物的参观空间，还可以从参观者的体验视角出发去完善博物馆文化传播机制。当然除了线下博物馆的实体场景建构，线上服务的场景化也是推动受众全方面体验博物馆文化的重要渠道。因此，博物馆如何构架多元化场景路线是助力博物馆文化游戏化传播的重要渠道之一。

（二）规则：设定限制

赫伊津哈指出“规则是游戏概念中非常重要的因素，所有游戏各有自己的规则”。他认为游戏划定的临时世界里哪些“适用”，就是由规则决定的，游戏规则具有无条件的约束力，不容置疑。因此，对于游戏化要素的探讨，不能不提到其中的规则。规则是指运行、运作规律所遵循的法则，目前学界将规则普遍定义为具有普遍性的行为模式。规则本身是一种限定，通过设定前期限制和结果生成意义。规则的设置可以提高受众参与性，有规则才会有互动，玩家通过规则的设置不断参与其中，在不断体验、试错的完善过程中便可使玩家自发参与其中，同样玩家通过规则的设置也会在尝试、获得反馈、进行调整后逐渐接受。博物馆文化传播也是如此，一定符合情境的规则设置可以帮助受众主动去探索和了解历史文化及文物背后的故事。

（三）任务：驱动参与

《游戏化思维》一书按金字塔分层结构将游戏的元素分为组件、机制、动力三部分，而任务是游戏组件中的重要元素之一，其指预设挑战，与目标和奖励相关。游戏化自身配有激励属性，其本质是激发受众兴趣从而达到某种行为激励，任务则是激发他人兴趣的重要引导方式，其很大程度依赖于受众的动机，只有人们主动参与其中且聚精会神，才能产生更高效的学习。哈里·契克森米哈提出心流理论，指人全神贯注投入某种活动享受其中并产生充实、兴奋的精神状态，该理论强调心流状态发生的条件是参与者的能力与任务难度达到平衡状态。玩家参与游戏所获得的体验感也是如此，目前人们已将其作为评判游戏优劣的标准之一。设计者不能保证心流的必然发生，但可以设置触发心流状态发生的条件，所以在博物馆文化传播中，通过任务设置驱动受众在参观时集中注意力，尽可能营造心流状态发生的条件，使博物馆文化得到更大范围的有效传播。

四、博物馆文化的游戏化传播路径

（一）构建新鲜有趣参与感

游戏是参与度非常高的媒介形态，游戏化同样带有该属性，其是有助于影响人们决定参与与否的关键因素。因此，在博物馆传播中引入游戏化思维是提高受众参与度的重要路径。首先，通过趣味性内容引发公众兴趣，如网络流行的文物搞笑大赏挑战，通过挖掘文物与当下结合的有趣点吸引更多观众主动走进博物馆寻找稀奇文物并配文生成文物表情包。其次，引发公众情感共鸣，如抖音“一眼千年潮越古今”话题挑战，受众通过博物馆文物演绎前世今生，引发人们对于千年历史文化的共鸣；再如文博节目《国家宝藏》，其从家国情怀、爱情、友情等方面入手演绎文物背后的故事，唤起受众情感共鸣，同时也加深了人们对文物的认识和对历史文化的归属感，增强文化自信和文化责任。最后，通过激励机制吸引受众持续参与。激励的本质是通过某种行为奖励吸引受众持续参与，而任务则是激发他人兴趣的重要引导方式，如游戏中玩家完成任务可以获得虚拟游戏币、经验值、大礼包等奖励，设计者通过激励机制引导玩家主动参与游戏。博物馆也可以设置互动版块吸引受众参与，在不同参观环节设置任务和奖励，让参观者在体验历史文化的同时还能享受游戏的乐趣。

（二）打造身临其境体验感

游戏化传播的魅力在于极具代入感，玩家通过游戏可以进入虚拟世界沉浸其中，这也正与沉浸式传播内涵相符。沉浸式传播是一种让受众达到沉浸状态的传播模式，这种状态使受众专注当下情境，暂时忽略现实世界的感受，通过模糊现实与虚拟世界的边界以实现沉浸状态。博物馆文化传播可以借助该模式为受众增强体验感。第一，沉浸剧场。这对于历史场景明确的博物馆来说，可以设置真实年代场景氛围让受众置身其中，如三星堆博物馆推出的“三星堆奇妙夜”中将博物馆打造为古蜀王国的神秘剧场，通过现场音乐、舞蹈等表演方式讲述古蜀王国的历史。第二，解密游戏。利用谜题、道具、密室等元素设置虚拟场景，让玩家解决问题或逃出困境。博物馆也可以设置历史场景，让玩家主动探索及解开与博物馆文化相关的谜题，如洛阳市文物局联合多家博物馆推出的大型实景剧本杀夜宿体验，让游客“穿越”千年体验古人生活，了解文物背后的故事，在博物馆中沉浸式感受历史文化；再如中国大运河博物馆推出的《大明都水监之运河迷踪》密室逃脱，让青少年以第一视角游历大运河，在层层谜题中梳理大运河历史，并在每个板块融入历史知识点。第三，技术的发展为失去历史场景的文物提供了很多可能性，通过VR、AR、MR等虚拟技术的加持打造真实场景，提高观众的感官参与度，如中国国家博物馆《盛世修典》沉浸式展览，其体验区以虚拟现实引擎驱动空间投影技术，同时采用全新的空间音频智能处理技术和视、听、触、摸多感官实时交换装置，引领观众“走”进中国古代绘画中体验中华优秀传统文化。

（三）生成互动反馈交流感

反馈概念来自控制论，指将输出的东西再输入回系统中去，在传播学中，反馈即受传者回传给传播者的信息。在游戏化中，点数、徽章、排行榜是反馈机制构建的三大要素。正如游戏化需要这三种形式让玩家和设计者知道游戏进展如何的信息一样，博物馆文化的游戏化传播也需搭建起传者受者间的对话平台，从而找寻出适合受众需求的传播方式。博物馆可以以分析受众需求为目的收集参与者信息。一方面，通过信息收集建构用户画像，设置分众化传播，如游客会使用身份证信息参观博物馆，馆方可以对游客年龄、性别、地区等信息进行提取，设计差异化传播模式；另一方面，通过数据反馈让设计者实时了解参与者感受并做出调整改善，如巴黎卢浮宫博物馆与任天堂合作了3DS语音导览游戏，人们通过3DS获得可视化图例和真实体验，而卢浮宫又利用该指南收集用户体验数据，通过分析用户的参观状态和兴趣，继续做出改进和优化。当然，该反馈不限于设计者对参与者的反馈，参与者也可以发起对话反馈给传播者，从而通过反馈环节实现传受双方二者双向交流的良性模式，达到博物馆文化游戏化的有效传播。

五、结语

游戏时代的到来让人们难以否认游戏化传播的魅力，其在博物馆内在逻辑和外在形式的契合方面展现了极大的魅力。游戏化传播关注受众本体需求，在互动反馈中为受众体验所服务，将游戏化融入博物馆文化传播中有助于博物馆的可持续发展。当然不可否认的是，游戏化传播只是提高受众参与度的外在动机，一味地注重手段可能会适得其反，出现泛娱乐化现象，只有与文化传播的内核相呼应才是博物馆发展的长远之计，因此博物馆文化传播与游戏化机制如何相适应也是后续需要继续讨论的问题。

作者简介：许甜甜，西安工程大学新媒体艺术学院硕士研究生；姒晓霞，西安工程大学新媒体艺术学院副院长、副教授。

基于 SWOT 分析的博物馆文化创意产品营销策略研究

李羿贤

摘 要：文创产品作为博物馆陈列展的一种延伸，将蕴含在文物中的文化元素发掘出来、传播开来，有利于传承民族记忆、坚定文化自信。文章以博物馆文化创意产品为研究对象，运用 SWOT 分析方法和个案分析法对博物馆文创产品营销和文创消费者进行分析。明晰新媒体语境下博物馆文创产品面临的机遇和挑战，借鉴优秀博物馆文创的营销经验和表达逻辑，进而通过细分市场、跨界联动、创意策展等方式，为推动当代博物馆的创新管理体系多元价值协同提供参照。

关键词：博物馆；文化创意产品；营销；SWOT 分析

一、引言

国际博物馆协会关于博物馆新的定义，重构了收藏、保护、展览、研究、教育和文创等博物馆功能叙事的语言、载体和手段。当前，我国博物馆事业处在从“数量增长”到“质量提升”的关键期，面对新兴技术的挑战和个体审美的崛起，博物馆不仅收藏人类历史、保护人类遗存旧物，还创造人们的未来想象、丰富美好生活。随着 5G、大数据、人工智能等数字技术的快速发展，文化的生产、传播、消费方式也正在发生深刻改变。习近平总书记指出：“要顺应数字产业化和产业数字化发展趋势，加快发展新型文化业态，改造提升传统文化业态，提高质量效益和核心竞争力。”党的二十大报告就“实施国家文化数字化战略”作出部署，为社会主义文化强国建设提供了重要遵循。中共中央办公厅、国务院办公厅印发的《“十四五”文化发展规划》强调，“必须进一步发展壮大文化产业，强化文化赋能，充分发挥文化在激活发展动能、提升发展品质、促进经济结构优化升级中的作用。”

文创产品，即文化创意产品，是指依靠人的智慧、技能、天赋和文化沉淀，对文化资源、文化用品进行创造与提升。通过知识产权的开发和运用，借助现代科技手段而产出的高附加值产品，也被称为博物馆“最后一个展厅的展品”。优秀的文创产品是博物馆实现发展、宣传和创新的有效载体，是连接公众的重要纽带，不仅承载着中国优秀传统文化，还是新时代中国故事的绝佳表达。优秀的博物馆文创产品能够拉动一个博物馆甚至当地的经济增长，提高经济硬实力。从狭义来看，具备物质性的文创产品发展历程较长，在大众视野中十分活跃。甘肃博物馆的“马踏飞燕”主题文创产品，以搞怪丑萌的风格成为爆款；四川三星堆博物馆开发的“川蜀麻将摆件”极具地方特色，又生动演绎了四川民俗元素；中国国家博物馆鼎鼎大名的国家级文物“陶鹰鼎雪糕”成为拍照打卡必选项。从广义来看，具有精神文化传承性质的文创产品也尤其重要，但大众关注度不高。各地博物馆通过具有模因性质的“魔性 rap”介绍家乡和文物，由人民网发布的《整个活！让国宝文物来说唱 battle》在 Bilibili 网站获得了 256 万次播放量，充分释放了“博物馆的力量”。2023 年 9 月由两位自媒体博主煎饼果仔、夏天妹妹，耗时三个月，在英国大英博物馆、中国河南博物馆等地取景、拍摄的网络微短剧《逃出大英博物馆》数次冲上热搜，成为人们的关注热点。一系列网络知名 UP 主和变装博主由此开始拍摄我国以及各个身处异乡他国的文物拟人视频，用个体创作的力量吸引人们关注文物背后的故事。这也说明，以往博物馆的第一职能是收藏、研究和展示。现如今，文化的展示与传播也开始被放置在首位，文创产品不应该局限于物质性发展。各类形式的创新性传播和短视频平台的文化宣传能力，需要被更好的重视并利用。“古老中造时兴”在博物馆工作中正在逐渐占据重要位置。

二、新媒体环境下博物馆文创产品营销分析

（一）优势分析

1. 审美价值

博物馆的展示空间场景，由建筑、声音、气味和光共同构成。实际上是一种基于身体在场的实际性体验，包括感知、情感和精神在内的直觉性体验。鲍德里亚在《消费社会》一书中提出，现代社会中，消费已从经济概念转变为文化概念。随着整个国潮文化市场的进一步发展，博物馆文创产品从内部自然而然地生长出来，在近几年的流行文化当中广受年轻人追捧。博物馆文创是博物馆收藏、保护、展览、教育等核心功能的重要拓展。在传承的过程中赋予文物以新的审美内涵，扩充着其在审美价值上的外延。在产品营销过程当中，将中国历史的故事用现代的方式讲述给消费者，让人们在购买使用中了解中华传统文化，传承千年的底蕴，不断提升文化的辐射影响力。不仅可以在博物馆和展览中展示，也可以进入人们的日常生活，将优秀传统文化从静态的展示变为动态的体验，成为综合公共气氛美学的文化产品。随着经济的发展和行业的成熟，未来博物馆文创产品的审美价值将进一步加深，让美学融入生活，以传统对话年轻，向世界展现东方美学的优雅与从容，展示出丰厚的国家文化。

2. 社会价值

博物馆体验场景是被赋予了人与社会、人与世界等特定意义的空间，在不同时代承担着不同的社会角色。文化的厚重和传承，穿越千年文明的融汇和互鉴历久弥新，是不同文明开放共享、包容互鉴的跨文化交流平台。这一公共场景的设立，为公众走近文物、触摸历史打开新窗口。在博物馆的展览设置当中，既有静态的无机物藏品，又有活态的有机物藏品，将原物膜拜、展览参观和创意消费集于一体。连接了人与物、人与人、人与社会，打破了自我封闭的知识生产，将博物馆纳入到更为广阔的社会文化生产网络中。2023 年 5 月 16 日，习近平总书记在考察运城博物馆和运城盐湖时强调，要认

真贯彻落实党中央关于坚持保护第一、加强管理、挖掘价值、有效利用、让文物活起来的工作要求，全面提升文物保护利用和文化遗产保护传承水平。“文是根本，创是生命”，文化是博物馆文创产品的根和魂。“出圈”的文创品，大都建立在对文化内涵的准确把握与创意的考究打磨上。把丰厚的文化资源转化为文化生产力，让文化衍生成为蕴含人文精神、富有现代气息的创意产品，以文塑旅，以旅彰文，“小文创”赋能“大文旅”。

3. 产业价值

文化创意产业作为一个新兴产业，已成为当今社会发展的重要方向。随着人们对精神文化生活需求的不断增加，文化创意市场也有着更加广阔的发展空间。首先，从市场趋势来看，文化创意产业已经成为经济增长点。从“博物馆雪糕”到“考古盲盒”，从“小夜灯”到“立体书”，博物馆文创产品频频出圈，屡屡掀起消费热潮。《2022 年上半年全国文化消费数据报告》显示，文化消费支出中以文创为代表的购物占比达到 55%，是最热门的文化消费支出。其次，从产业布局来看，文化创意产业形成以城市为中心的产业集群。北京、上海、珠三角等地已经成为文化创意产业聚集地，吸引到大量的人才与资金。最后，中国文化创意产业在政策支持方面，也得到税收优惠、财政支持、土地奖励等支持措施，全球文化创意产业正在以每年 10%以上的速度增长。文创产业有望通过政府、企业和人才的共同作用，发挥真正的产业价值。

（二）劣势分析

1. 内容趋同

随着博物馆文创逐渐走入大众视野，文创产品的开发也面临一些瓶颈。许多博物馆文化创意产品趋于同质化，缺少创意元素，跟风推出相似的热门产品似乎成了一些博物馆的路径依赖。许多产品只是对文物进行简单的复制和再现，无法体现文物馆藏背后的独特性和思想深度。2022 年，中国青年报社会调查中心联合问卷网对 2006 名青年进行的一项调查显示，53.6%的受访青年觉得文创产品存在同质化问题。纵观国内各家博物馆，帆布包、钥匙扣、明信片等相似产品屡见不鲜，有的能与馆藏文化有机融合，有的只是在产品上简单印上文物图片。一些产品中甚至没有关于文物的相关介绍或图片等关键信息，缺少向大众科普文物知识、传播文物文化的关键一环。如中国国家博物馆推出的百鹿尊纸吊灯，仅有陈设品的名称与介绍，并未附带陈设品的实体图片，购买者难以辨别文物相关元素如何与文创产品相融合。如何挖掘新的内容、提升产品质量，如何解决创意枯竭问题，也成为文创产品持续发力的重要抓手。博物馆文创产品不能仅注重产业价值和商业利益，而应该将其纳入承担社会责任，融入传播中国优秀传统文化更大的立意中去。

2. 回购率低

博物馆的首要目的不是直接销售某件文创产品，对消费者购买行为的影响通常是一种具有隐性传播的说服。从博物馆线下消费者的购买习惯来看，其购买行为通常建立在充分参观，或者对于文物有部分了解的基础上，形成了一定的生理和心理体验，培养出一定的消费情感后才可能发生。某些购买行为只会发生一次或少数，如具有相同功能的博物馆文创小夜灯，购买一个后在短时间内很难发生再次购买的行为。在实体店铺中，观众的体验经历、情感触动、环境影响、消费情境的设置、产品设计的优劣等因素，都会直接或间接影响到观众消费行为能否转化成功。总的来说，在博物馆观众消费问题上，容易出现转化率低、回购率低的情况。需要注意在内容创意、价格设置、线下文创店铺场景营造、线上推广营销等的重点把握。除了观赏性和符号价值，也要让文创产品在实用性、独特性上做足功夫，最终将“客流量”转化为“客留量”。

3. 产品设计缺陷

设计不佳、质量问题、工艺粗糙也是消费者认为文创产品存在的主要不足。有的文创产品为了做而做，缺乏质量，更谈不上“精美”；有的文创产品脱离生活、缺乏实用性；有的文创产品则表面光鲜，没用几次就会坏。品质不高的文创产品，很难激发观众的购买欲，品质高的产品却价格昂贵，让人望而却步。因此，开发物美价廉、品质优良的文创产品，成为各个博物馆亟待解决的问题。博物馆处于由多元利益相关者构成的复杂社会网络之中，需要平衡博物馆从业者、大众参与者、政府监管者、媒体监督者、专业工作者、商业开发者等不同参与主体的不同价值诉求，将文化权益与文化权利、文物保护与文创开发、社会价值与商业价值、私人视角与公共视角、本土立场与世界情怀等不同思考框架纳入博物馆生态治理体系中，平衡公共服务与商业运营的创意管理模式，探索出一条可持续发展的博物馆运营管理新道路。

4. 缺乏展销渠道

作为连接博物馆与大众的一座桥梁，文创产品是“让文物真正活起来”的具体载体。虽然近些年来互联网和新媒体的兴起，为文化创意产品的推广提供了新的平台和机遇，但大多数博物馆文创产品依然依赖着传统的销售渠道和推广方式。博物馆文创市场缺乏联动性，总是习惯各自为战，不仅使创意资源无法得到充分利用，也使市场推广和产品推广的效果大打折扣。在展销路径上，可以借鉴一些优秀非遗文创或动漫周边的展销方式。如积极参与线下文创集市集会；尝试与音乐节文创集市跨界联动；在各类文化出版领域文创产品交易博览会中交流沟通；参与国潮文创博览会等。在确定参展后，利用抖音、小红书、微博等社交平台集中宣传，或与文化知识类、历史文化类博主、UP主合作宣发，抓住年轻人注意力，开拓博物馆文创产品和博物馆文化的传播路径。

（三）机遇分析

1. 行业创新性融合

馆藏是博物馆文创的核心，必须尊重其历史背景、文化内涵和记忆技巧等，不得随意进行篡改或扭曲。设计更多符合文物原貌和更有参与感的文创产品，既要符合现代审美需求，又要体现博物馆文化的特色，可以通过运用现代设计手法、新材料和新技术，将馆藏与现代艺术相结合，打造具备独特魅力的文创产品。此外，创新性设计并不局限于实体之物，数字文创产品的数字化、互动性、可定制等特点，也为大众提供更加丰富，具备个性化的消费体验。博物馆发展逐渐与文化产业相结合，催生了诸多博物馆文化新业态，如博物馆文创产品开发、博物馆IP授权产业、博物馆沉浸体验、博物馆商业特展、“网红”博物馆经济、私人或行业博物馆等，极大地推动了博物馆文化业态的创新发展。数字文博产品仍需不断完善功能、充实内容，通过“文化+科技”的全面融合发展，让文物真正活起来，更好体现文物的历史、文化、审美、科技、时代价值，进一步增强受众的“体验感”与“审美力”。

2. Z 世代市场需求

高度发达的互联网背景下，传统意义上的景区纪念品实用意义小、价格昂贵且做工不精。有些甚至并不具备景区独有特色，而是简单的挪用元素、照搬照抄、甚至不同景区售卖相同的手链、串珠、雨花石等常见物品。文创的跨界，将原本不可能利用的物品属性进行融合，改变了景区纪念品没有使用价值的尴尬属性，摆脱陈旧不精的感觉，让Z世代热爱旅游和网上购物的年轻人们眼前一亮。从博物馆文创产品消费人群基本特征可以看出，消费者以女性为主，占据调查者的76%。在年龄分布上，19~30岁的年轻消费者占据65%的比例，该年龄段的人群定位普遍是在校大学生、研究生，40岁以上的消费者占比最少，这同样与文博市场的年轻化趋势吻合。可以看出，文创产品消费者大部分具有较高文化水平，受到过良好的文化教育、美学教育，在满足生活需求的基础上有对精神世界的追求。

（四）威胁分析

1. 泛娱乐化内容的冲击

娱乐文化的现象本身应该满足社会公众的娱乐需求，也是大众传播时代信息批量生产的必然结果。数字互联网时代的娱乐文化，往往以媒体的传播为载体，以娱乐为主要功能，以消费的刺激为最终目标。但是，互联网时代的青年审美实践呈现出狂欢的态势，并且有出现异化的可能。“泛娱乐化”指的是以消费主义、享乐主义为核心，以内容浅薄空洞，甚至不惜以粗鄙搞怪、噱头包装等方式，放松紧张神经，达到快感的思潮。所有文化都在以娱乐化的方式呈现，并逐渐以这种趋势向所有的平台扩散，青年群体容易忽视博物馆这类优秀的中国传统文化，在注意力被不断抢占的今天，被更多具有娱乐性质的内容所吸引。博物馆文创的实践探索，代表了博物馆叙事的表现方式和博物馆业务的展现形式，是对大众文化消费意识觉醒的积极回应，彰显了一种日常生活状态下的“博物馆力量”。在供给端的创造力生产和消费端的想象力消费的双重推动下，博物馆文创持续升温，不断冲击着博物馆展陈、研究、教育等其他功能，也考验着博物馆管理团队的运营能力和对主流文化的引领能力。

2. 外来文创 IP 挤占市场

大英博物馆以安德森猫为IP形象，纪念品销售是其主要收入来源，年营收高达两亿美元。推出的珍藏卡系列分为典藏卡、乱入卡、女性卡、景品卡、萌神卡、宝藏卡六种，抓住了卡牌迷群的情感需求与圈层价值诉求，成为极具影响力的博物馆文创IP。在形象设定和IP推广上，我国博物馆依旧需要从底层逻辑出发，立足本馆资源，利用珍稀文物集中力量抓住文创产品这一风口，尽快打出属于具备中国特色的文创IP，充分发挥IP感染力。2022年7月16日出版的《求是》杂志中强调，要积极推进文物保护利用和文化遗产保护传承，传播更多承载中华文化、中国精神的价值符号和文化产品。上海大学文化遗产与信息管理学院副教授黄洋认为，“现在比较好的办法是通过IP授权的方式，用通俗的话说就是专业的人干专业的事儿。博物馆一定要以强大的学术支撑把文物阐释好，设计和销售的事情交给企业等社会力量参与进来，这样互惠互利共赢发展。”如好丽友敦煌博物馆联名国潮礼盒、故宫稻香村联名款点心等，收获了良好市场反馈。因此，博物馆要以更加开放的姿态，多与商业机构及优秀的外部机构进行合作，助力产业发展，创造经济价值。需要文博工作者精心发现和挖掘，才能努力将我国丰富馆藏的意义和价值用创意的方式表达出来，走进公众的视野，通过“源头活水”让博物馆的知名 IP 生生不息。

3. 知识产权保护待重视

随着文创产品的持续火热，增强版权保护意识成为各大博物馆面临的问题。依据《文物保护法》和《博物馆条例》，国有博物馆馆藏文物的所有权属于国家。国有博物馆因其公有属性，实际上是以国家代理人的身份对文物进行管理，因此博物馆文物管理权本质上即是一种对国有财产的管理权，因而国有博物馆可对其馆藏文物享有占有、使用、收益的权能。2019 年，国家文物局发布了《博物馆馆藏资源著作权、商标权和品牌授权操作指引（试行）》，对于博物馆版权保护工作具有非常强的指导意义。同时，越来越多的博物馆也开始开展版权登记和商标注册等工作。也有诸多博物馆在文创产品的推出中，逐渐认识到知识产权保护的重要性。如 2022 年 6 月安徽博物院推出的“铸客来了”冶铸盲盒，灵感来源于古代青铜冶铸技术，原陈设品是国家级文物铸客大鼎，极具安徽地方文化特色和原创性，在产品上市之前就预先申请了专利。在国家有关政策的扶持与领导下，博物馆文创产品应当加强侵权赔偿和打击力度，完善原创和产权保护机制。

三、博物馆文创营销路径

（一）以受众需求为中心

对大众需求的满足是创意产品最终的目的，需要满足市场需求和消费者群体，确定目标市场进行细分，根据目标市场的特点进行定位和设计，这样可以提高博物馆文创产品的市场竞争力，实现文化与经济的互动发展。博物馆的文创工作要以实现社会效益为目标。认真践行“保护第一、加强管理、挖掘价值、合理利用、让文物活起来”的新时代文物工作方针，注重文物研究的基础工作，充分发掘文物内涵价值。如研发产品，组织专业的文博专家解读产品涉及文物元素背后的精神价值，深耕藏品内涵，打造个性化、系列化、服务种类多样的文创产品。2016 年上海博物馆于迪士尼入驻时的联名产品，将青铜器与迪士尼经典动画形象米老鼠（米奇）进行融合，米奇头上的大克鼎纹样与动画形象的贴合度并不高，佩戴效果不尽人意。跨界联名应该在充分了解产品性质和文化背景的情况下，基于大众爱好展开。在设计过程中，前期的市场调研、产品设计的理念、产品使用的材质、产品推广的渠道等，都需要精益求精。注重提升文创产品品质，注重对标志性文化元素的准确提取，避免因新潮设计而产生廉价的消费质感、丧失文化品格。也要根据不同产品的属性与用途来选取贴合的馆藏元素，这样才能使产品的用途与倡议的元素有更强的贴合度。

组建博物馆文创孵化团队，培养专业人才。如中国国家博物馆曾举办“国博衍艺”青年文创体验营活动，邀请了50多位来自全国各地的青年设计师参与产品研发；河南博物院推出“文创智库平台建设”，由本院各部门及专家学者、各类高校、知名品牌方和企业合作方组成。博物院输出的是方法论、价值观，提供全方位的支持，与生态伙伴之间共同定义产品、主导设计、协助研发、背书供应链，最后对产品提供渠道、营销支持，负责销售和售后工作。同时，各大博物馆还应与学校建立密切合作关系，加强复合型文创专业人才的培养，为博物馆文创高质量发展提供支撑。

（二）线上线下结合推广

博物馆文创产品的线上售卖具有便捷性的特点，但同时也有着滞后性和虚拟性。博物馆线下的实体商店会增加购买者的体验感，加深真实性，能够对自己亲身挑选出的文创产品更具有信任感与期待感，但是在便携性方面，对于部分游客来说是一大问题。因此，结合线上线下文创产品的售卖优缺点，统筹宣传营销模式，开展“线下+线上”的多平台宣传营销推广，是文创产品进入公众视野和文化生活的最佳路径之一。2018年故宫文化官方旗舰店入驻有赞商城后，通过拼团拉新活动，在汉服圈掀起一阵热潮，活动参与人数相比往期增长近700倍。截至2023年9月，淘宝“来自故宫的礼物　故宫博物院网店”粉丝已达918万，年成交额突破十亿。故宫文创在“线上+线下”的推广模式中，加入了体验官这一角色，将线上公域流量和私域流量相结合，充分利用体验官的意见领袖作用，强化内容和产品的传播推广。在线下采用“体验+游览”模式，充分利用体验官自身流量，根据活动目的不断优化流程，使粉丝获得极高的体验感，增强对于品牌的忠诚度，从而更好地创造内容传播内容。

将优秀推广模式进行拆分，首先，可以打造线下实体店的“展览”化呈现。有很多参观者反馈，文创区与展览区存在“割裂”，为避免这种情况，文创区应提高设计理念，通过“展览化”的呈现方式，削弱过渡“商业化”的标签，让文创同样能讲好故事。其次，可以策划文创集市、文创快闪店等线下文创活动。此外，还可以依托线上淘宝店铺，进行直播带货，打造以文物知识和文创创意为特色的互动式线上交流平台，使文创成为吸引年轻人的“新媒介”，实现文创产业的可持续增长。

（三）重点把握市场反馈

买卖是最好的保护，使用是最好的传承，分享是最好的传播。博物馆文创产品并非仅有单一价值的悬浮的艺术品，更需要增强与现实生活链接。清华大学的研究数据中显示，国内主流博物馆的文创产品当中，有礼品属性的产品最受欢迎。设计师李新宇在亚洲设计思维峰会的创新实践案例演讲中，总结过文创爆款需要大致符合的六大逻辑：刚需；使用频率高；容易引发话题故事，激发情感；适合朋友、同学、家人间的礼物赠送；品质感和轻奢感；多场景传播。也就是说，博物馆文创最终还是要面向市场，满足消费者的需求。博物馆文创应当以市场需求倒逼产品创新，不断开发新的产品。提升专业水准，组建文创孵化专业团队，不断提升设计、工艺、市场营销能力，让产品质量更受市场认可。

四、结语

文博行业在文化建设中具有不可替代的独特作用。文创这类衍生产品，可以使人们更好地欣赏到文物之美，也可以实质性地支持文物保护工作，进一步唤起大众对文物的自觉保护意识。通过文化创意进行创造性转化和创新性发展，各地博物馆文创话题的成功“出圈”，也在吸引越来越多的人走进博物馆，了解各地的历史文化，成为展示全世界不同文明灿烂成果的文化窗口。这表明，文化创意肩负着提升国家文化软实力的发展重任，各个博物馆要以弘扬和传承中华优秀传统文化为核心，在深入挖掘文物内涵中提升文化自信，在科技赋能大胆创新中追求卓越品质，形成“文创+”的新兴业态，在文化坚守与公众迎合、社会效益与商业效益之间维持平衡，全面推动文创工作高质量发展。唯有如此，才能“让收藏在博物馆里的文物、陈列在广阔大地上的遗产、书写在古籍里的文字都活起来，丰富全社会历史文化滋养”。

作者简介：李羿贤，郑州大学新闻与传播学院 2021 级硕士研究生。

中国文化类综艺节目海外文化认同塑造与对策研究

——以《国家宝藏》YouTube传播为例

范家萁

摘　要：中国文化类综艺节目是我国电视人基于中国丰富传统文化资源，经历三十余年业界探索而形成的广受大众喜爱的文化产品，以高质量的创作水准、高文化含量被誉为中国综艺里的“一股清流”。而当这股“清流”随着YouTube等全球性社交平台流向世界不同文化背景受众时，节目原有的文化认同塑造面对着海外受众审视，也成为中国民族精神与国家形象“出海”优秀文化载体。本文分析了中国文化类综艺节目“出海”现状，并以YouTube平台一至四季《国家宝藏》为案例，总结“文物·角色·制度：真实可信的文化符码凝结”“物质·社会·主观：多元万象的文化符码解读”与“他者·差异·大同：主流表达的异质文化符码”等节目文化认同海外建构策略。最后，对于文化类综艺海外文化认同建构过程面对的困境与挑战，本文提出了针对性建议。

关键词：文化类综艺节目；海外传播；文化认同；主题分析

如今YouTube等全球性社交平台的广泛流行令世界文化之间的联系比以往时候都更加紧密。飞速发展的广播电视、网络媒体等新媒介推动数字全球化（全球价值链缩短、文化圈层的重叠程度加深），对个体原有文化认同造成冲击的同时也蕴含机遇。但不可否认，电视节目所包含的丰富内容与艺术形式也可以让观众了解特定对象的文化习俗与传统生活方式，折射其制作与消费社会的文化认同。

一、文化类综艺节目的海外传播现状

文化类综艺节目范围界定为采用视听综合表现形式，以传承文化技能、价值观念、精神文明等文化资源为节目出发点，增强人们文化认同与文化共同体凝聚力的综艺类别。2011年起，国家陆续推出的多项重要通知，切实打击了国内综艺市场娱乐化、低俗化、同质化的创作乱象。在这样的背景下，2013年起各大地方卫视率先对文化类节目进行了模式改造与升级。河北卫视的《中华好诗词》和河南卫视的《汉字英雄》以诗词、汉字传统文化结合竞赛模式，深受观众喜爱。湖南卫视《中华文明之美》率先引入故事演绎模式，8分钟趣味短剧场“以小见大”展现中华文化。随后，中央电视台制作的《中国诗词大会》《见字如面》《国家宝藏》等在各地方卫视的创作基础上推陈出新，进一步推动了文化综艺类节目在全国范围内的热度出圈。

2013 年前后，随着国内大量卫视集体入驻 YouTube 等海外视听平台，中国综艺节目的“出海”之旅正式开启。其中东方卫视、湖南卫视等率先入驻 YouTube 平台的国内卫视借助丰富的优秀作品版权，迅速积累了数十万、百万量级的订阅，并形成了成熟的账号矩阵。除各卫视为主导注册的账号外，能量传播官方频道（@ Nengliangmedia_ officechannel）、灿星官方频道（@ CanxingMediaOfficialChannel）等综艺制作商，第艺流（@ BestTalentShow）等资源整合式频道也积极入驻海外流媒体平台（表 1），为海外观众奉献了原汁原味的文化类综艺节目。

表 1　YouTube 平台文化类综艺节目相关官方账号名单（部分）

账号	订阅者/万	注册时间	账号介绍	主要上线的文化类综艺节目
@ kankanewstvshow	93. 3	2012 年 7 月 5 日	中国东方卫视官方频道	《中华好诗词》《这就是中国》
@ MangoTV-Official	489	2013 年 1 月 29 日	湖南卫视芒果 TV 官方频道	《中华文明之美》
@ BestTalentShow	30. 4	2013 年 5 月 21 日	第艺流：以中国音乐及歌舞节目为主的专业频道	《国家宝藏》（第二季）、《2023 新春相声大会》
@ Nengliangmedia_ officechannel	19. 7	2013 年 8 月 2 日	电视及网络视频内容制作发行商“北京能量传播”官方频道	《传承者》《鲁豫有约》《我是演说家》
@ CCTV	158	2014 年 1 月 3 日	CCTV 中国中央电视台官方账号	《开讲啦》《经典咏流传》《中国诗词大会》
@ Brtvofficialchannel	220	2015 年 9 月 29 日	北京卫视官方账号	《遇见天坛》
@ Canxing Media OfficialChannel	21. 6	2018 年 7 月 18 日	上海灿星文化传媒股份有限公司官方账号	《了不起的长城》
@ HeNan Broadcasting System	0. 693	2022 年 9 月 21 日	中国河南广播电视台官方账号	《汉字英雄》《梨园春》

通过各电视平台、制作商、整合频道等的海外平台运营，许多中国文化类综艺节目得到了更加及时的海外传播。由 YouTube 平台信息手动检索结果可知，2016 年前，由于卫视对海外市场关注度较低，其文化类综艺节目更新不及时且缺少官方字幕。而 2016 年后，各卫视文化类综艺节目基本实现了国内外同步上线，中国文化类综艺节目海外影响力持续提升（表 2）。

表 2　YouTube 平台文化类综艺节目上线时间与播放量统计（部分）

节目	国内首播时间	YouTube 上线时间	官方上传方	单期最高播放量/万
《中华好诗词》	2013 年	2016 年	@ kankanewstvshow	13

续表

节目	国内首播时间	YouTube 上线时间	官方上传方	单期最高播放量/万
《传承者》	2016 年	2016 年	@ Nengliangmedia_ officechannel	228
《中国诗词大会》	2016 年	2016 年	@ ChinaHistoryTalks @ CCTV	137
《中华文明之美》	2015 年	2018 年	@ MangoTV-Official	4. 5
《国家宝藏》	2017 年	2018 年	@ BestTalentShow	101
《了不起的长城》	2020 年	2020 年	@ CanxingMediaOfficialChannel	36
《宝藏般的乡村》	2020 年	2021 年	@ ZhejiangStv	10

在众多备受关注的文化类综艺节目中，《国家宝藏》以其卓越的创新性、广泛的海外影响力以及突出的文化代表性而脱颖而出。该节目于 2017 年 12 月 3 日首播，目前已经累计播出四个季度。在 YouTube 这一网络视频平台上，四季《国家宝藏》的播放量高达 206. 4 万次。除在网络传播方面取得成功外，央视还借助《国家宝藏》系列节目进行了中国综艺节目海外推广模式的新探索。首先，央视为《国家宝藏》系列节目配备了俄语、西班牙语、阿拉伯语、法语、英语、日语、韩语、意大利语等多语种的译配版本，以便跨越语言文化障碍进行全球传播。其次，央视为更好地推广中国综艺，陆续在香港国际影视展、法国戛纳电视节、东京国际电视节等活动现场以及英国大英博物馆、东京国立博物馆等文化场所举办《国家宝藏》推介活动。此外，《国家宝藏》还与意大利克拉斯传媒集团和新加坡 Singtel 频道合作，在海外电视台播出，取得了不错的成果。

二、《国家宝藏》的海外文化认同塑造策略

随着《朗读者》《中国诗词大会》《汉字听写大赛》《国家宝藏》等节目大火出圈并带动文化类综艺整体飞速发展，很多学者开始关注这类节目广受好评的认同塑造策略。有学者提出，节目内容与传统文化的深度结合以及节目形式与传播方式的合理融合是文化类综艺突然“火爆”的重要原因。而《国家宝藏》不仅能在国内文化语境下获得成功，还能在国际语境下收获来自不同文化背景观众追捧，离不开节目真实可信的文化符码塑造、多元万象的文化符码解读，以及异质文化符码与主流表达的融合。

（一）文物 · 角色 · 制度：真实可信的文化符码凝结

文化符码（culture icon）是一个文化中的共享知识，通常由被广泛视为代表性符号的人或事物组成。媒体中对文化符码的反复呈现能够建立、激活与它们有关的文化意义，进而影响到自我构想、因果归因等后续反应。节目《国家宝藏》巧妙运用文物、角色榜样与制度等文化符码作为受众文化认同建立的重要桥梁。

《国家宝藏》的制片人于蕾曾在采访中描述节目的创作缘起。在第一季《国家宝藏》节目灵感诞生之前，于蕾就是博物馆的常客。她通过对比国外与国内对博物馆的游览体验，发现中国人民在日常生活中与博物馆以及其中的文物有着疏远的距离。这样的距离

让人们无心踏入博物馆，也不愿探索文物背后更深远的中国文明基因。为了让观众知道中华民族五千年的文明是有很多好东西的，于蕾决定以博物馆与文物作为切入口，制作一档年轻气质的讲解节目，让观众“看里面的国宝，听国宝的故事”，从而“为自己是中国人，为自己的民族走过这样的历史，创造过这样的文明而骄傲”。主持人张国立也曾说，文物是中华民族的密码，这档节目最让人无法拒绝的就是它能让文物活起来，让年轻人走进博物馆。

文化符码所代表的意义超出他们自身，代表着文化社会史的某些方面。在《国家宝藏》中，一切节目设置围绕着文物展开，节目组利用纪录片形式介绍文物的考古与馆藏情况，用小剧场形式讲述文物背后的社会历史，以“今生故事”挖掘文物所代表秉性的现代传承。《国家宝藏》第二季第八期节目中，山东博物馆所呈递的“银雀山《孙子兵法》《孙膑兵法》汉简”“战国铜餐具”与“明衍圣公朝服”分别从书籍、饮食、服饰等方面展现了“率万世师表，礼成家国”的山东文化特色。第二季第九期节目中，山西博物院则以“侯马盟书”“侯马金代董氏墓戏俑”“木板漆画”三件文物从契约精神、戏曲与绘画三方面凝聚成山西历史与文化特色。利用文化符码，节目将中国上下五千年中浩浩汤汤的文化特质凝聚在具体可感、真实可信的文物之上，达到有的放矢的认同塑造效果。

如果说文物是凝结的历史间隙，与每个人的生活还有一段间隔，那么节目对历史人物的沉浸式演绎与现代人物榜样的呈现则是一种更易引发人们共鸣的文化符号。角色榜样可以是虚拟的，也可以是真实的。《国家宝藏》第一季第二期节目中，演员段奕宏所饰演的角色正是“越王勾践剑”的剑灵，节目组和演员对古剑的人物化演绎为它赋予了古人强国之梦与矢志不渝的人性特质，也深刻体现了文物本身的生命力与“人才是历史创造者”的妙言要道。此外，《国家宝藏》也是通过在文物与人之间建立连接为历史符号赋予现代意义。在节目的今生故事中，负责文物挖掘与保护的考古工作人员、传统技艺的传人与复原者等现代人物榜样同样代表了真实的文化符码。例如，《千里江山图》中王希孟所使用的传统颜料制法依旧在仇庆年等非遗国画颜料传承人手中继承，尽管面临着传统绘画失落与现代科技的重重压力，仇庆年依然坚持以最高标准制作传统颜料，守护传统技艺，他在节目中代表的正是如今备受社会关注的“匠人精神”。此外，节目在选择助演嘉宾时注重嘉宾本身的品质、专业水平以及与文物本身的契合，如邀请北京大学法学专业毕业的撒贝宁来饰演“云梦睡虎地秦简”故事中的主人公秦吏“喜”，也将主演嘉宾本身特质融入故事角色里。节目将抽象精神凝聚在榜样人物的文化符码上，使人们能够从这些形象里马上识别、确认这些符码所代表的事物，进而自动提取与这些符码所象征的共享文化有关的认知表征。与人物的共情则更容易激发人们识别这种认知表征后的认同情感。

除了文物与人物榜样，节目组对于文化认同的塑造还来自对于古代制度的展示。一直以来，国际包括国内的大众一直存在着中国古代依赖“人治”而西方依赖“法治”的片面理解，《国家宝藏》第一季第二期节目中的“云梦睡虎地秦简”中记载的秦朝法律却打破了这一观点，展现了我国古代秦律就存在的先进法律制度与法治精神。第一季第七期节目中的“商鞅方尊”与秦始皇诏书里则体现了由变法得来的国家大一统制度。而第二季第四期节目中的“杜虎符”则展示了古时军队调动制度的严谨。此外，还有对于礼制、文制等中国传统基础性制度的体现。这些珍贵文物所折射出的古代制度健全了观众对古代中国社会与国家运行的认知，并通过“今生故事”将该印象延续至现代中国。

（二）物质·社会·主观：多元万象的文化符码解读

根据形成原因与功能，文化可区分为三种关联紧密又有所不同的文化维度：人群对自然环境、经济和技术的适应性反应发展而来的物质文化（material culture）；用以维持一个人群的基本社会功能，包括食物生产策略、经济体系和技术等共同准则在内的社会文化（social culture）；以及由共享的信仰、价值观和观念等形塑人们思考世界的主观文化（subjective culture）。《国家宝藏》节目通过对文化符码的多元化解读使受众能够从物质文化、社会文化、主观文化等多文化维度认知中国，形成立体化文化认同。

物质文化指的是人们交换和分享物品或服务的方法、技术手段及其他一些内容，是为了自然环境、经济和技术的适应性反应发展而来的文化。《国家宝藏》虽然较少直接展现我国古代先人在农耕、游牧、狩猎采摘等不同自然环境下衍生出的生存策略，但却利用文物与故事剧场隐晦地传达了一代代中国先辈因地制宜、筚路蓝缕创造出灿烂物质文化的智慧与艰辛，并由此引申出对于中国文明的积极情绪及认同。同时，《国家宝藏》中的今生故事也让中国古代的物质文化在现代环境中得到了继承与新生。如第一季第五期云南博物馆呈送的文物“四牛鎏金骑士铜贮贝器”古代故事里体现出的先民对牛等自然造物的尊崇与现代故事里杨丽萍等云南舞者对自然的以舞关照一脉相承，而文物“大理国银鎏金镶珠金翅鸟”古代故事中段氏国王愿身化大鹏鸟吞毒龙消灾厄，与现代云南人对大理洱海的自然保护治理行动同根同源，又有现代语境下的新演化。

《国家宝藏》同样也关切到了如家庭、婚姻、性别角色与权力距离（社会权力关系）等共有准则与社会制度在内的社会文化体现。在对于中国古代文物的现代解读中，《国家宝藏》节目组将现代社会思想纳入了古代文物内涵。例如第二季彩绘散乐浮雕文物中，节目将一直被忽视、冷落的宫廷乐女形象从文物浮雕中“唤醒”，用一句“先怪红颜祸水，再来问山河在不在”歌声，为在历史中长期受到不公平对待的女性发声。同时，对于古代大一统制度、共克外敌、孝悌、尊师重道、敬业，现代法治建设、科教兴国、可持续发展等正式与非正式社会制度的文物载体与故事讲述，将观众对社会文化的认同延伸至对国家的认同。

主观文化指一个人群共享的一套观念或知识，包括广泛持有的信念、文化价值观和共同的行动模式。节目主要通过文物的“前世传奇”剧场与“今生故事”中的人物符号与语言符号寓教于乐地向观众传达了较为明确的价值观指导。如第一季湖南省博物馆呈送的“长沙窑青釉褐彩诗文执壶”前世故事中，何炅饰演的匠人号召伙伴将各种釉彩、诗文图样创新融入瓷器，制作出独树一帜的诗文瓷器，还大胆融入西方文化元素使产品收到海外热捧，体现出了独立思考创造、勇于接受新鲜事物的价值观念。

《国家宝藏》中的宝藏是文物，却又不只是文物。节目将物质文化、社会文化、主观文化融入文物内涵，一同构成了真实可信、具体可感的中华文化精髓，即真正的“国家宝藏”。

（三）他者·差异·大同：主流表达的异质文化符码

由中央广播电视台出品的文化类综艺节目《国家宝藏》对于中国文化认同的塑造处于主流话语下，但其在实践中注重关照国家内部文化差异，积极纳入他国异质文化，体现了《国家宝藏》节目组放眼全球的创作格局与“天下大同”的文化理念。

《国家宝藏》对于他者、内在异质文化的塑造随着节目实践而逐步深化。第一季的《国家宝藏》节目中绝大多数文物的前世今生故事都是以汉族政权、汉族文化、男权社会等单一视角展开，少数民族、女性等弱势文化群体依然在节目叙事中缺位。而第二季中，随着云南省博物馆、四川省博物馆、新疆维吾尔自治区博物馆、甘肃博物馆等加入，呈送文物中多了大理金翅鸟、格萨尔唐卡、绢衣彩绘木俑、“五星出东方利中国”锦护臂等文物。大大增强了节目所呈现的文化多元性与地区差异、民族差异。正视国家内部文化差异也是实现中华民族认同与国家认同的必要基础。而在第三季中，总导演于蕾明确表示在遗址选择上“从节目呈现的丰富性、表达的多元性出发……展现不同的文化风貌，呈现千姿百态的样子”，依据布达拉宫、法王洞文成公主像、《四部医典》布达拉宫版、《清代布达拉宫红宫修砌图》等文物与遗迹将藏族等少数民族文化再度深挖。

而在中国与国际关系处理中，《国家宝藏》展现了丰富多面的中国国际交流史以及大国外交风范。在第一季中陕西博物馆所呈送的“阙楼仪仗图”前世故事中出现了新罗人、拂林人、粟特人等外国友人身影，以及胡旋舞、鸿胪寺等与其他民族交往的文化、政治实证，揭示了与其他民族友好交往的真实历史。第一季湖南省博物馆所呈送文物“长沙窑青釉褐彩诗文执壶”、第二季广东省博物馆所呈送的文物“清乾隆农耕商贸图外销壁纸”等文物的前世故事里则从外贸经济领域展现了中西方繁盛贸易交流与紧密关系。此外，第三季节目在前两季的基础上加深了中国文化融入世界叙事方式的尝试，提出并回答了“中华民族究竟曾为世界文明贡献过什么？”这一关键问题。

三、文化类综艺节目海外传播问题

通过对于中国文化类综艺节目整体发展历程与《国家宝藏》具体案例的分析，可以看到文化类综艺节目的旺盛创造力与乐观的发展方向，但也从中发现了一些文化类综艺节目海外语境下文化认同塑造中存在的问题。由《国家宝藏》的海外播放量与评论量可知，即使是每季始终保持高品质与合理创新的央视文化类综艺品牌，也依然面临着由第一季至第四季、第一期至最后一期稳定的影响力减弱（图 1、图 2）。在 2018 年后，同类的文化类综艺也再未能跨出汉语文化圈或者达到同量级的海外影响效果，这意味着文化类综艺节目的海外文化认同面临着严峻的传播问题。

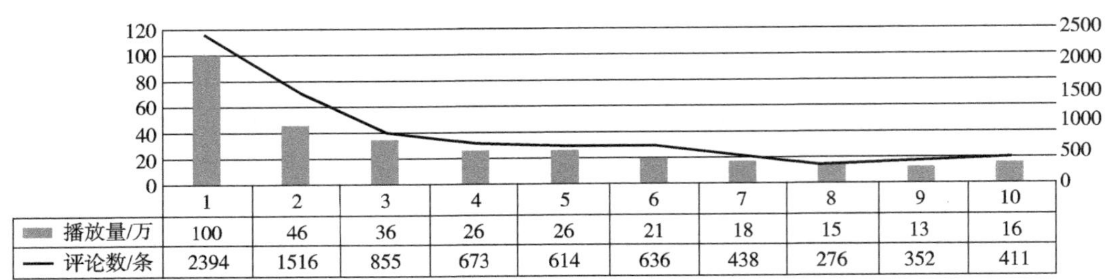

	1	2	3	4	5	6	7	8	9	10
播放量/万	100	46	36	26	26	21	18	15	13	16
评论数/条	2394	1516	855	673	614	636	438	276	352	411

图 1　《国家宝藏》第一季播放量与评论数据

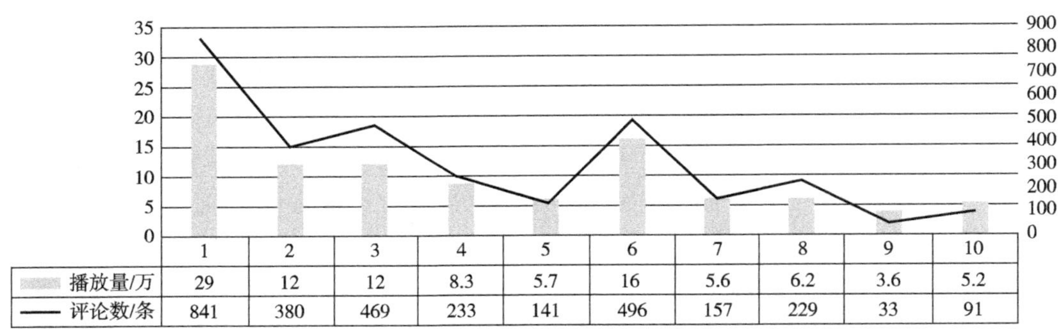

	1	2	3	4	5	6	7	8	9	10
播放量/万	29	12	12	8.3	5.7	16	5.6	6.2	3.6	5.2
评论数/条	841	380	469	233	141	496	157	229	33	91

图 2　《国家宝藏》第二季播放量与评论数据

（一）审美疲劳导致类型海外热度下降

文化类综艺节目自身的相互模仿、继承、借鉴使该类型节目创作难逃窠臼。通过梳理不同阶段文化类综艺节目的文化认同塑造特征，不难发现，央视《中国汉字听写大会》模式实际与河南卫视《汉字英雄》一脉相承，《中国诗词大会》《中国戏曲大会》《中国成语大会》等模式相似，仅改变表现载体的诸多文化类综艺又在《中国汉字听写大会》播出后如雨后春笋般涌出。而《国家宝藏》四季节目接近尾声之时，同样以“小剧场+纪录片”模式推出的《典籍里的中国》《故事里的中国》接棒上线。这些文化类综艺节目尽管在节目模式上有所优化，不断挖掘其他文化载体内涵，扩充了中国电视节目对于中华文化认同、国家认同与民族认同的创意塑造手段，但这些相对形成稳定的节目模式依然使国内外观众陷入审美疲劳中。

实际上回看 2013 年后的中国文化类综艺，政府基于电视台的一系列有力政策与当时大众对于具有文化内涵节目的呼唤共同造就了《国家宝藏》等文化类综艺节目的走红。而当综艺市场逐渐走入以网络平台与电视台共同主导市场阶段，更加适应网络端的“垂类化”“碎片化”娱乐生产模式对现有沉浸式、整体性、高信息强度的文化类综艺形式相对不利。在政府政策支持下过度涌现的文化类综艺与大众对于电视媒介文化教育需求的逐渐饱和共同导致了文化类综艺面临着越发严重的“叫好不叫座”现象。

另外，在同一文化类节目的创作中，文化认同塑造策略雷同，回避伤痛历史、单纯赞美、批判缺失等问题使许多文化类综艺出现“歌功颂德”的“面子工程”倾向。有观众在评论里表示，《国家宝藏》存在第二季选取的国宝政治色彩比较浓，“国宝”代表性比不上第一季等问题。因此，文化类综艺还需以理智精神反思、批判归纳、升华中国文化表述，更加严谨地应对观众日益严格审视与不断提升的审美标准，以引导人们更立体的认识文化、民族、国家。

（二）“借船出海”难以跨越“文化壁垒”

虽然 YouTube 平台原则上能够为来自全球各文化的观众提供中国本土节目作品，但大部分中国文化类综艺面临着“传而不通、通而不受”的尴尬局面，除《国家宝藏》外的许多中国文化类综艺乃至其他类综艺海外影响力较为有限。

YouTube 作为带有强烈情绪传播与娱乐化风格的网络平台，平台调性与文化类综艺节目不符同样不利于其“破壁”传播。如在《国家宝藏》的海外走红过程中，担任宣传主力的仍是来自中国文化圈的媒体、平台与华人华侨等的自发宣传，平台仅能够作为最终观看的渠道，缺乏自主性与话语权，难以突破原有受众圈层。由四季《国家宝藏》评论数据可知，非中文评论仅 45 条，评论者主要身份为海外留学生、海外华人华侨以及少量中国明星外国粉丝等。这些因素同样限制了节目的海外文化认同塑造效果。另外，《国家宝藏》在 YouTube 平台最初上传时并未同时上传英文字幕，这也阻碍了外国友人的理解。

同时也应区分识别中华文化圈内成员与其他文化成员的文化类综艺节目需要。在面对外国友人、海外华人华裔等海外受众时需要明确，作为来自不同国家、生活于不同文化背景的观众，他们没有直接建立起对中国国家、文化和民族认同的必要性。如果强制性的灌输国家认同与文化认同意识，也是一样会招致反感甚至是排斥反应。

四、文化类综艺节目海外文化认同塑造建议

（一）内容创新：挖掘中国文化多元属性

在文化类节目已接近饱和的市场现状下，提升中国文化类综艺的受众范围，首先可以通过积极开创垂类赛道，根据不同群体需求进行节目创新升级。既面向广大国际受众的创作需求，又发挥了中国文化丰富多元的文化优势。

分众指受众不再以同质的孤立个人形式出现，而是具备了社会多样性的人群。而在互联网社会中，分众趋势催生了各行业中垂类赛道的开创。在文化类综艺的赛道中，各文化主体也应根据自身创作资源优势，基于目标人群圈层特质更新节目文化载体与文化认同塑造策略，进行泛类与垂类并行的节目制作。如中央广播电视台作为国家级媒体在整合全国文化资源方面具有突出优势，由此推出了《国家宝藏》《典籍里的中国》等一系列以“国”为名的文化类综艺节目，对中国文化形象进行了整体展示。但在《国家宝藏》的节目创作中，节目组依然考虑到不同地域间、民族间文化多元性展示，因而引发许多海外华人共鸣。

中国文化体量之大为中国综艺创作预留了充分创作空间。将中国文化进行拆分表达以吻合国内乃至国际范围的受众分众化趋势，有助于抵消文化排斥效应，营造重叠共识区间，令中国文化“使巧力”融入世界主流文化叙事，展现中国多元文化形象与国家吸引力。同时，巧妙运用娱乐化元素，以不同娱乐化程度适应不同受众的不同消费需求，

也是文化类综艺有别于纪录片、电影等严肃文化产品的天然优势。如对于追求娱乐消遣的综艺消费群体与其他文化圈受众，可以更加大胆地利用明星热点以及全球性节目模式，降低文化壁垒，如将文化内容转化为故事背景、环境背景、游戏环节，在潜移默化中实现文化认同塑造。

（二）产业升级：激发节目品牌自我生命力

市场的快速发展不仅给电视节目带来“娱乐化”的滥觞，也为节目带来了品牌化运作的可能性。文化综艺节目可以基于制作方、平台、文化活动、周边创作等产业环节，激发产业活力，延长节目品牌生命力。

在制作主体方面，既要发挥央视带头作用，又要积极发挥国内地方卫视、网络平台、国内外电视节目制作单位积极性与创意性。如《了不起的长城》节目由北京电视台、灿星制作联合出品，河南卫视、湖北卫视也积极与哔哩哔哩共同推出的《舞千年》《非正式会谈》等身受年轻人喜爱的文化类综艺节目。在海外播出平台环节，YouTube平台作为美国本土视频平台为全球观众提供了自发上传、观看各类形式视频的数字平台，成为中国文化类综艺节目“借船出海”最重要的网络渠道之一。自2013年来各大央视与中央广播电视台也积极建立、运营YouTube官方账号，但内容往往疏于管理。

此外，中国文化类综艺等产品还需整合发力形成稳定宣传渠道。如央视为《国家宝藏》先后于中国香港国际影视展、法国春季及秋季戛纳电视节、东京国际电视节、英国大英博物馆、东京国立博物馆等举办《国家宝藏》现场推介活动，并积极与其他国家传媒集团与电视台达成合作。但该模式在持续性与普适性方面有所缺陷。如央视其他综艺类节目以及地方电视台所制作的文化类综艺节目难以复制这一模板，达到如此宣传力度。因此，我国文化类综艺节目的海外传播还需建立起官方主导、民间积极合作、公众广泛参与的长效可持续性海外推广。除传统的宣传形式外，利用海外社交媒体、短视频平台等新媒体，为中国文化类综艺与可能受众提供更多接触机会，建立起节目与海外受众直接交流的宣传渠道，让中国文化类综艺节目能够萌发出更强的自我生长力。

（三）新型他者：文化综艺海外交流特殊渠道

“他者”是指与自身文化、身份、价值观等有所不同的个体或群体，常常被用来描述一个人或群体之间的文化差异。长期以来，国内学界对于中国文化产品海外输出的研究多处于一种“整体对抗整体”的二元对立维度语境，“文化霸权”“文化壁垒”“文化扩张”等具有战争化与对抗性的学术概念层出不穷。在这种语境之中，东西方文化被塑造为“你是我非”的二元性关系，彼此互为“他者”，却忽略了同一国家和民族文化内部本身存在的异质性，以及不同国家、民族文化的融通性。

文化类节目的海外认同塑造需要更多建立“新型他者”，扩大不同文化间融通性与重叠空间。“新型他者”指摒弃原本“他者”研究中将“他者”与“我”对抗式塑造、以维护自我认同的话语习惯，以共存、关照态度尊重彼此文化多元性，挖掘彼此之间的融通性，塑造出的“他者”形象。《国家宝藏》节目则在节目内容中深化了汉族、藏族等不同民族间的文化表征，又体现出了古代中国与西方、现代中国与世界的文化交流，以国内、国际不同维度间的文化异质性与融通性折射出立体中国形象。《国家宝藏》

YouTube 评论数据也显示出，海外观众既能够接收到不同地区与民族之间的异质性表现，引发地域身份认同，又由于海外生活经历而更易体会到不同国家间的文化异质性与重叠空间。

通过与不同文化的“他者”接触和交流，个体或群体也可以更好地了解自己所处文化的优势、不足之处，进而更加深入地认识自己的文化身份，强化自身的文化认同感。如湖北卫视《非正式会谈》邀请来自不同国家的嘉宾对同一议题结合不同国情文化进行讨论，以帮助观众更好地了解和认知不同的文化。因此，在文化类海外文化认同构建中，需要注重文化差异的尊重和保护，鼓励多元文化的交流，实现文化多元性与包容性的发展。

作者简介：范家萁，山东大学新闻传播学院硕士研究生。

被书写的记忆：论工业遗址的空间再构

——以重庆“鹅岭二厂”为例

邓颀杭　徐仲博

摘　要：工业遗址正在经历多种形式的改造，形成了以文创园为代表的多种复合型空间。旧有空间与现代空间的冲突融合形成了文化生产空间、消费空间等多重空间形式。但以往研究多局限于空间的改造方式以及其对于城市意象的再书写，而忽略了对于工业遗址所包含的工业记忆如何延续与发展的讨论。本研究以重庆“鹅岭二厂文创公园”为例，基于列斐伏尔的空间生产理论，分析工业遗址改造为文创公园后，工业记忆的解构与重塑。研究发现，工业遗址改造的文创园区存在表面化、同质化等问题，工业记忆被现代符号解构，沦为文创园区的“背景墙”。工业遗址中工业记忆的再现与传承应是今后工业遗址改造中的焦点问题。

关键词：工业遗址；文创园；空间再构；工业记忆；鹅岭二厂

一、引言

工业遗址由工业文化的遗留物组成，这些遗留物拥有历史的、技术的、社会的、建筑的或者是科学上的价值。随着社会进入后工业时代，原有的工业建筑逐渐在时间的推移与历史的沉积下成为“被遗忘的空间”。2003 年 7 月通过了《关于工业遗产的下塔吉尔宪章》，而后《都柏林原则》《台北亚洲工业遗产宣言》两份国际文件均对国际工业遗产保护提出建议。工业遗产是城市工业文明的表达方式之一，也是城市历史的一部分。其不仅对城市发展以及空间肌理的形成有着重要贡献，也为城市积淀了文脉，构成城市的集体记忆。

工业遗址作为文化遗产之一，其作为重要历史与保护问题在西方国家展开了广泛的研究与讨论。在西方国家，从工业考古开始便关注工业遗产的保护，重视工业遗产的管理，近年来研究集中于工业遗产的再利用等案例。伴随着我国城市现代化的推进，城市建设与城市历史保护之间日益形成了空间转换的逻辑，将城市生产空间作为工业遗产保存下来，并改造为文创园等旅游景点，如北京 798 艺术区、上海红坊创意园、广州红砖厂、成都东郊记忆等。此类空间将工业遗址等旧有生产空间进行改进，并赋予了其新的文化空间意涵。

而在遗产研究领域，原真性是文化遗产保护理论的基础和核心概念。所有文化遗产的申报必须经受“原真性”检验。随着工业遗址改造进程的不断推进，“原真性”的概念也在不断地发展。2005年，《实施世界遗产公约操作指南》将原真性的信息内容扩充为形态与设计、材料与材质、使用与功能、传统与技术、位置与环境、语言和其他非物质遗产、精神与情感、其他内部因素与外部因素，同时将概念“完整性”引入遗产保护。但当下，随着工业遗址改造数量的增多，工业遗址的保护也出现了大量问题。如林涛、胡佳凌等对上海工业遗产进行考察，发现其存在搭拆大建式、文物造假、以单体保护取代整体保护等问题。刘彬、陈忠暖的研究发现成都“东郊记忆”在混合空间中进行过多的商业实践，东郊记忆逐步沦为了一个文化空壳，并且其商业化也导致了消费群体之间的社会区隔。而已有研究中对于工业遗址与工业记忆之间的讨论较少。基于此，本研究选取重庆“鹅岭二厂文创公园”（简称鹅岭二厂）为例，探究工业遗址被改造为文创公园之后，通过空间再构对工业遗址进行记忆书写。

二、空间互构：从工业遗址到文创园

重庆是中国的历史文化名城，也是西部重要的老工业基地之一。直辖以后，重庆城市化进程加快，在全球化背景下，城市发展进入“退二进三”“退二优三”阶段，城市面临转型，曾经功勋卓著的大量老工业厂区面临更新，原有的大型国有工业企业需要搬迁。经历了洋务运动、民族工业建设、三线建设和改革开放等重要的历史演变，重庆积淀了大量工业遗址，老工业企业留下了大量的独具特色的历史文化和宝贵的物质文明财富。鹅岭二厂是重庆工业企业之一，其曾经为“重庆印刷二厂”，前身为民国中央银行印钞厂，专印钞券、税票、邮票等有价证券和政府文件，后迁至台湾，1953年成为重庆印刷二厂。20世纪50~70年代，印刷二厂成为重庆的彩印中心和西南印刷工业的彩印巨头。但随着城市化进程的加快，印刷二厂在2012年整体搬迁，带走了曾经的辉煌，逐渐演变为一处工业遗址。

借鉴英国国际艺术园区“TESTBED”理念，艾尔索普等人历时四年时间打造了“鹅岭二厂文创公园”。鹅岭二厂位于长江一侧的半山腰上，毗邻渝中区商圈，靠近两路口，与鹅岭公园、浮屠山公园相邻，从二厂远眺可以欣赏嘉陵江和长江的两江四岸风光。因此，鹅岭二厂拥有“看与被看”的双重价值。同时，相比于其他工业遗址的改造，重庆鹅岭二厂具有以下优势。首先，重庆市的经济与文化发展，有利于工业遗址生产空间向文化消费空间转化；其次，重庆拥有着与工业相关的丰富历史人文底蕴以及多变的环境景观，具有多重空间叙事因素。当前，鹅岭二厂的改造主要呈现为“新旧空间并存”与“新空间创造”两种形式。

（一）新旧空间并存下的“粗野的奢华”

鹅岭二厂在改造时保留了原有的历史空间，并基于此加入现代化元素令空间呈现“新旧并存”的状态，也将原有的生产空间转变为工业文化的审美空间。而“粗野的奢华”是设计师赋予二厂一个重要的理念。“粗野”一方面意味着“粗糙”，即体现出工业“原真性”特色；另一方面也强调着历史留下来的斑驳痕迹。如在建筑外立面上，对于白色瓷砖的不同区域进行了不同处理。白色瓷砖是20世纪80年代的固有象征，但随着时间的推移，产生了大量安全隐患。但完全拆除也将导致工业记忆的磨灭。因此，设计时决定由工人对外墙的白色瓷砖进行监测，拆除黏结性较差的瓷砖，保留黏结性好的瓷砖。因此，鹅岭二厂的外墙呈现着代表“旧有记忆”的白色瓷砖与代表着“新记忆”的瓷砖脱落后自然形成的墙面肌理（图 1），形成了特有的空间互构景观。

图 1　鹅岭二厂外墙

而二厂厂牌、楼房阶梯等旧有厂区标识点被完整地保存下来，加入了现代元素，如“TESTBED 2 贰厂”logo、灯饰（图 2）等，其形成的空间意象符合当下人们对于“工业风”的审美特点。借助旧有厂区的工业特点，构筑现代元素，与过去进行对话，并且借助工业遗址的空间记忆构筑出独特的新旧空间交叠的感官错觉。基于此，该地点已成为著名的“工业+景观”旅游打卡点，空间记忆也呈现出多重意涵。

图 2　灯饰

（二）新空间创造下的艺术激活与文化展演

在鹅岭二厂的设计中，图像、色彩、艺术装置与建筑、街巷、广场、道路、阶梯等空间相结合，以艺术激活和文化展演的形式，在旧有空间中嵌入了新空间。例如园区内 Street of Nature 街道，以印刷为主题，将文字印于地面，将植物图案印于红砖墙，将现实生活的活动符号嵌入新空间中（图 3）。新空间完全脱离原有空间的语境，艺术家通过新观念、新材料、光媒介与场地的结合，在鹅岭二厂中呈现独特的艺术之景。亨利·列斐伏尔认为，艺术为同质化的空间秩序带来不一样的生产方式，它通过激发空间区域所属人群的思想活力和创造性的发挥，促使空间不再是被动的生产，而是自我不断更新、重塑的生产。依托这些感官代码，来访者可快速接受新空间并形成特有记忆，体验现代艺术创造者所铺设的空间文本。过去在空间里是物化的，而现在的展演是现实的实践。来访者与鹅岭二厂空间的关系在过去与现在中相互连接，体现过去的工业生产空间与现代文化空间之间的交错，形成关于时代、记忆和身份的基本认知，空间再造打破了人的认知与体验的局限性，以其独特的叙事方式进行着记忆书写。

图 3　Street of Nature 街道

三、空间多棱镜：工业想象与记忆叠加

过去与现在的空间交叠，形成了“多棱镜”一般的空间展现。正如福柯在《词与物》中所讨论的“物的书写”，认为在词与物之间，人们借助语言“认识这些物，也就是去解释那个使它们彼此接近和相互依赖的相似性体系”，鹅岭二厂的“物的书写”正是通过其对于空间展现之物的“相似性体系”，剥离了物的实用性，从而体现出其叠加性与复杂性。“鹅岭二厂”在经历了一系列变迁后，现有的空间已形成多重记忆。

第一种是在对空间的建构中强调空间本身对人们历史记忆和集体记忆的还原。鹅岭二厂对于旧有空间的改造和再现，便是通过老旧的厂房、厂牌、外露的楼梯等空间意象形成的。除了保留原有工业符号外，鹅岭二厂还设立了贰厂造币坊（图4）等体验点，再现民国中央银行印钞厂旧址的历史印记。如鹅岭二厂的介绍多提及“厂房”“历史”“工业”等关键词，以其保留的历史与文化特色作为叙述方式。而相

图 4　贰厂造币坊

关视频与照片也多提及旧有空间的再现。由此可见，鹅岭二厂正以一种“过去的工厂”景观作为文创园的空间意象，而作为“工业空间”的呈现也充满着吸引力。正如段义孚所言，一处特定地方之所以能够被特定人群赋予特定意义，甚至让人群对其产生依恋的情感，一个重要原因即在于人们将地方视为自我的“记忆储藏之地”。而旧有记忆带来的熟悉感以及“时空穿越”的错觉，造成了空间体验的“情感动机”，从而使空间吸引大量人群，通过空间消费形成产业链，创造商业价值。鹅岭二厂中种种对工业文化和工业生活的想象，让老一代群体内心深藏记忆被短暂唤醒，也满足了新一代群体对于工业文明和工业社会的幻想与体验。

第二种记忆呈现方式是在对空间的再现中突出其与人们的常识性经验相悖的特征。其使人们的认知常规遭到破坏，所带来的兴奋和刺激使人们能够短暂地从机械的日常中抽离。鹅岭二厂关于“艺术空间”“记忆空间”等空间的表达与再构，利用富有冲击力的艺术装置在来访者脑海中书写下感官刺激与陌生冲击。艺术理念的融入让二厂有了新生命力，但工业空间逐渐被艺术空间取代，而在艺术空间打造中，缺失了工业痕迹、工业史、工业文明的支撑。一旦失去工业文明的支撑，艺术空间就变为可被快速复制的通用商品，二厂的价值则难以体现。艺术空间的生命周期将相应缩短，也掩盖了景观空间原真性的空间表达，即保护工业遗址中蕴含的历史文化。当前，鹅岭二厂的诉求都在于吸引游客进入空间进行参观，激发人们“接近的冲动”，在冲动的驱使之下，人感觉自己必须来趟旅行。有学者将身体与空间的关联形式称作“空间芭蕾”，即身体在模式化体验下于空间中完成一项特定任务的一系列完整的姿势和动作。“空间芭蕾”式参观使记忆的书写具有表面化与同质化，空间在一系列特定的规则中进行交错，在具身接触中对建构出的记忆进行不断“重复的书写”。鹅岭二厂对于来访者而言，在“空间芭蕾”的趋势下形成身体与空间辩证关系的认识，让“网红目的地”取代了“工业文化”，从而形成对空间的单一认知。

随着媒介产业的发达，电影、电视剧、社交平台等媒介对于空间的建构更是形成“想象的共同体”。电影《从你的全世界路过》在鹅岭二厂的天台取景，浪漫的情节、绚丽的夜景与老旧的天台成为电影中的“优美一瞥”，从而该地点成为媒介赋予的“神话”，吸引大量游客前往参观。电影《少年的你》大热，也使其在鹅岭二厂的拍摄地引来游客驻足。而在各大社交媒体对于“鹅岭二厂”的宣传上，更是以“最热门打卡背景墙”“出片率100%的潮流聚集地”“随处可见的打卡点”等关键词将鹅岭二厂赋予媒介符号。而这些空间拟像形成了游客的想象，从而成为吸引游客的原动力，并逐渐覆盖其作为工业遗址的属性。由此，游客到工业遗址的目的仅在于体验网红打卡点的诉求，工业遗址与工业文化只能沦为“打卡消费”的背景墙。

四、对话“复数”的文化产业：文创园的工业记忆何在

工业文化遗产对于一座城市经济发展的影响，正是来源于在所有工业文化遗产身上的全部历史美感与理性。没有历史的美感和理性，就不能构成文化遗产，没有价值。鹅岭二厂的问题并非特例，而是代表着当下中国工业遗址改造的“沉默的大多数”。工业

遗址改造的成功案例所带来的经济效益与社会效益，吸引着各大城市对原有工业遗址进行改造。但表面化、同质化的问题是，在空间交错与多重记忆书写的冲突矛盾之下，由现代审美逻辑所建构的空间体验占据了“工业记忆”的原有价值。随着日常生活审美化的时代到来，快餐文化兴起，商业逻辑主导下的空间建构催生出“麦当劳”式工业遗址改造，从而越发成为一种城市消费文化景观。

本雅明在《拱廊街计划》中表达了一个观点：现代人的欢乐与其说在于“一见钟情”，不如说在于“最后一瞥之恋”。让本雅明感到遗憾的是，曾经代表巴黎19世纪现代性的拱廊在一瞬间被拆毁和遗忘，他意识到“现代性的非永恒特征及变动不居性”。基于此，他深刻地批判了资本主义逻辑下的商品消费和崇拜。而在新媒体语境下，该现象体现在大大小小的媒介评论中。在国内旅游网站携程网上检索到的有关于鹅岭二厂的评价大多以“商业气息过于浓郁”“适合拍照”，关于“工业遗址”“印刷厂”等关键词的提及聊胜于无。当来访者在工业遗址中进行游玩、拍摄照片之时，无处不在的同质化空间常常使人们对空间意向的感受和接触偏离。而人们对于空间“原真性”的不可抵达与“真实性”的崩溃，来自工业遗址管理者“真诚性”的缺失。当工业遗址任由媒介与现代化进行重复书写，历史的稍纵即逝成为无意义的付出。

工业遗址代表着城市发展史的缩影，更是国家工业发展史的剪影。对于工业记忆与工业文化的再现，是历史的挖掘，也是对基层社会生活框架的重新构建，从而形成对于大众生活文化的回归。工业遗址代表着工人宝贵财富的积累，代表着新中国成功崛起和工人阶级斗争胜利的历史，是现代社会对集体主义精神回归的需要。相较于能够带来商业利益的“网红打卡点”，工业遗址实则负担着更加沉重的文化与历史意涵。因此，工业遗址管理者应深切认识到该问题，在今后的工业遗址改造中，注重对工业文化的保护。一方面，管理者应明确工业遗产保护在工业特色文化建设中的作用，让工业遗址的固有历史文化发挥其可持续的人文精神与永不磨灭的灵魂支柱作用。另一方面，应突出工业遗址特色，让“每一座城市讲述自己的故事”。重庆是西部的老工业基地，也是当下热门的旅游城市，以适当的方式对重庆的工业遗址进行改造，也为重庆的历史和都市文化发展找到一个新的方向。

工业遗址的改造为当代空间再构与生产提供了一个历史与文化视域。在其中探讨工业遗址的再造，就是要回到历史和存在的本源处来理解其本体价值和实践意义。工业遗址的当代性意义的生产，需从重构的机制、叙事、传播、产业等多重角度加以审视。而工业遗址的当代消费，离不开现代空间的加入与现代语义的生成。研究工业遗址的历史意义与当代意义的双重结构，追问遗产保护视域下工业遗址的本质、观念和存在的意义，是迄今为止国内工业遗址改造实践与空间再构研究依然没有予以足够重视的领域。因此，对于这一领域的研究探索，不失为一种十分有益且必要的开拓与尝试。

作者简介：邓颀杭，成都兴城人居营销咨询有限公司媒体公关专员；徐仲博，纬创软件AI训练师。